本书为国家社会科学基金项目"双循环新发展格局下中国高端装备制造业双联协同机理、模式与策略研究"（项目批准号：22BJL117）成果。

经济新视野
New Economic Horizons

装备制造业全球价值链升级机制研究：基于服务化视角

董思思　著

厦门大学出版社　国家一级出版社
XIAMEN UNIVERSITY PRESS　全国百佳图书出版单位

图书在版编目（CIP）数据

装备制造业全球价值链升级机制研究 ：基于服务化
视角 / 董思思著. -- 厦门 ：厦门大学出版社，2023.7
（经济新视野）
ISBN 978-7-5615-9055-3

Ⅰ．①装… Ⅱ．①董… Ⅲ．①制造工业-产业结构升
级-研究-中国 Ⅳ．①F426.4

中国版本图书馆CIP数据核字(2023)第129255号

出 版 人	郑文礼
责任编辑	施建岚
美术编辑	李嘉彬
技术编辑	朱 楷

出版发行 *厦门大学出版社*

社 址	厦门市软件园二期望海路 39 号
邮政编码	361008
总 机	0592-2181111　0592-2181406(传真)
营销中心	0592-2184458　0592-2181365
网 址	http://www.xmupress.com
邮 箱	xmup@xmupress.com
印 刷	广东虎彩云印刷有限公司

开本	720 mm×1 000 mm　1/16
印张	18
插页	2
字数	265 千字
版次	2023 年 7 月第 1 版
印次	2023 年 7 月第 1 次印刷
定价	68.00 元

本书如有印装质量问题请直接寄承印厂调换

厦门大学出版社
微信二维码

厦门大学出版社
微博二维码

前　言

　　装备制造业是支撑国家高质量发展的战略产业,是国民经济的脊梁。我国装备制造业在历经了数十年的发展后,已逐步形成了产业规模庞大、产业体系完善的新发展格局,并已深度嵌入装备制造业全球价值链体系之中。在国际分工不断细化的背景下,我国装备制造业主要依靠全球价值链的低端嵌入来逐步实现其全球化发展。受西方发达国家制造业回流以及新兴工业国家利用成本优势奋力追赶的双重挤压,我国装备制造业大而不强、多而不精、增长乏力等问题进一步凸显,严重制约了我国制造强国发展战略的实现。而产业服务化凭借优化制造流程、降低生产成本、拓展产品功能和培育核心竞争优势等方面的突出效应,为优化产业结构和推动产业升级提供了新的思路,正逐步成为国际新分工格局的重要特征。基于此,本书通过揭示基于服务化的装备制造业全球价值链升级机理,设计其全球价值链升级机制,构建其全球价值链升级机制保障策略体系,不仅有利于正确认识和理解服务化视角下我国装备制造业发展和成长的规律与约束,解决其在全球价值链体系下的发展问题,而且对促进服务化视角下装备制造业的良性发展,进而实现其全球价值链升级和国际竞争力提升具有重要的理论意义与现实价值。

　　本书在对相关概念进行界定的基础上,从升级动因、升级条件、升级演

001

化过程和升级关键因素等方面对基于服务化的装备制造业全球价值链升级机理进行系统揭示。首先，从产品内分工、服务贸易自由化、技术进步、结构性供需失衡和消费升级方面对基于服务化的装备制造业全球价值链升级动因进行揭示；其次，从政策环境、战略合作联盟、数字技术和管理创新能力等方面对基于服务化的装备制造业全球价值链升级条件进行解析；再次，遵循工艺升级、产品升级、功能升级和链条升级的产业全球价值链升级轨迹，提出基于服务化的装备制造业全球价值链升级演化过程；复次，通过质性研究的扎根理论方法，识别出驱动因素、匹配因素、调节因素和控制与保障因素等四类产业全球价值链升级的关键因素；最后，以战略实施理论为基础验证基于服务化的装备制造业全球价值链升级四个关键因素在升级中的战略地位，进而构建由动力机制、组织机制、协调机制以及评价与反馈机制构成的基于服务化的装备制造业全球价值链升级机制理论框架。

本书基于升级机制理论框架，从机制内涵和功能、机制构建和机制运行三个层面分别对基于服务化的装备制造业全球价值链升级的动力机制、组织机制、协调机制、评价与反馈机制进行具体设计。

首先，以驱动因素、匹配因素、调节因素、控制与保障因素等四类关键因素对装备制造业全球价值链升级的作用为依据，界定动力机制、组织机制、协调机制、评价与反馈机制的内涵与功能。

其次，根据驱动因素、匹配因素、调节因素、控制与保障因素等四类关键因素的具体特征，进行机制分析并设计机制框架，在此基础上进行四个机制的详细构建。一是从驱动因素分析、驱动因素作用关系和动力机制详细设计三个层面提出动力机制框架，并据此设计由价值主导动力机制、需求主导动力机制和价值-需求协同动力机制组成的动力机制体系；二是基于对匹配因素的分析，设计产业全球价值链服务化升级的组织机制框架，进而从面向服务的组织目标、服务要素价值筛选和组织结构匹配三个方面，对组织机制进行了详细设计；三是基于对调节因素的分析，设计产业全球价值链服务化升级的协调机制框架,进而从服务价格协调、利益协调和风险分担三个方面,对协调机制进行了详细设计;四是构建基于服务化的装备制造业全球价值链升级评价体系并提出反馈路径,进而设计由驱动因素评价与反馈机制、匹配因素评价与反馈机制和调节因素评价与反馈机制组成的评价与反馈机制。五是,揭示动力机制、组织机制、协调机制、评价与反馈机制的运行过程。分析动力机制运行过程,构建动力机制协同度模型并进行实证研究,对实证结果进行分析并提出运行策略;分析组织机制运行过程,构建组织机制社会网络分析模型并进行实证研究,对实证结果进行分析并提出运行策略;分析协调机制运行过程,构建协调机制演化博弈模型并进行仿真,对仿真结果进行分析并提出运行策略;分析评价与反馈机制运行过程,构建评价与反馈机制系统动力学模型并进行仿真,对仿真结果进行分析并提出运行策略。

基于以上研究,以基于服务化的装备制造业全球价值链升级机理与升级机制为基础,设计了基于服务化的装备制造业全球价值链升级机制保障策略。从制度保障策略、资源保障策略、文化保障策略三个方面设计了基于服务化的装备制造业全球价值链升级机制的保障策略体系。制度保障策略包括政策保障策略、法律制度保障策略和企业制度保障策略;资源保障策略包括人力资源保障策略、金融资源保障策略和物力资源保障策略;文化保障策略包括社会文化保障策略和企业文化保障的策略。

本书通过对基于服务化的产业全球价值链升级机理的揭示,系统设计了基于服务化的装备制造业全球价值链升级机制体系。相关研究成果不仅有益于服务化理论、全球价值链理论和产业升级理论的进一步完善,而且对通过服务化解决我国装备制造业面临的发展问题,进而促进其全球价值链升级具有重要的实践指导意义。

董思思

2023 年 4 月

目　录

1 绪 论

1.1 基于服务化的装备制造业全球价值链
升级机制研究背景与意义

1.1.1 基于服务化的装备制造业全球价值链升级机制研究背景

装备制造业是我国工业体系的核心产业和现代产业的脊梁，是推动我国走新型工业化道路的重要引擎。作为支持国家发展战略的重要领域，我国装备制造业以全球分工细化为契机嵌入全球产业链，并已逐步形成产业规模大、科技成果多、产业带动力强的发展态势，使我国成为名副其实的世界制造工厂。但不可否认的是，关键领域核心技术不足、产业规模发展不均、要素优势逐渐丧失等发展短板，成为制约我国装备制造业稳定发展的瓶颈。这种发展格局严重制约了我国由装备制造大国向装备制造强国的转型，阻碍了我国装备制造业实现其全球价值链位势上移的发展战略。与此同时，西方发达国家纷纷将制造业回归作为其经济重回增长轨迹的战略手段，导致我国装备制造业高级稀缺技术要素的短缺问题进一步加剧。此外，中美贸易争端引起的"转出口"现象和部分产业链及投资的转移现象，也使得我国世界工厂的绝对优势逐渐弱化。《中华人民共和国国民经济和社会发展第十四个五年规划和 2035 年远景目标纲要》明确提出将改造提升传统产业、推动产业布局优化和结构调整作为促进产业转型升级的主要方向。面对国际竞争局势变化和我国经济结构拐点的到来（刘志彪 等，2020），党中央提出以国内大循环为主体，构建国内国际"双循环"新发展格局，明确了从"以客观视角融入全球竞争体系"向"以主观视角融入全球竞争体系"转变的发展战略（江小涓 等，2021）。在"双循环"新发展格局下，提高我国装备制造业全球竞争力的目标虽未改变,但主被动参与竞争模式的转变势必会引起我国装备制造业产业链布局的变化和全球价值链的重构,进而引发产业空间结构、各个经济体国际分工以及未来产业发展格局发生前所未有的新变局(陈爱贞 等,2022)。因此,如何培育超大规模市场、扩大内需,以国外循环打通国内循环堵点、补齐装备制造业产业链短板、形成供需双方的良性互动(王一鸣,2020),是提升我国装备制造业国际竞争力以及实现装备制造从国产替代向国产超越转变的关键问题(Dong et al.,2022)。

随着国民经济增长格局和消费环境的变化,装备制造业的竞争不单单只体现于最终产品中,越来越多的企业开始将关注的重点从产品本身转移到产品价值的实现过程上。尤其是在乌拉圭回合谈判及《服务贸易总协定》的签订消除了服务贸易壁垒后,服务要素红利被快速释放。《国务院关于加快发展生产性服务业促进产业结构调整升级的指导意见》的提出更加明确了生产性服务对产业结构调整以及国际竞争力提升的重要性。服务化作为我国建设制造强国、加快新旧发展动能转换、推动产业迈向中高端的重要举措,成为提升产业全球价值链位势的重要战略手段(李蕾 等,2022)。装备制造业是服务化战略的重点领域,也是探索服务化促进产业升级的先行行业。装备制造业服务化聚焦提高要素配置效率,以提高制造环节中的服务要素比重为手段,在提高装备制造供应链效率、深化装备制造价值链延伸、培育装备制造产业链优势,进而推动装备制造业高质量发展方面的优势越来越明显。事实上,国际上一些大型知名装备制造型企业正在通过制造业务转型和服务模式创新来提高自身增值能力、提升国际竞争力,如通用公司、IBM 公司等。中国西电集团、中国通用技术集团、中国机械工业集团等大型装备制造业企业,也在原有的制造基础上,逐步拓展金融、商务租赁服务等生产性服务领域,加快了其服务化转型的步伐。

在我国经济面临新旧动能转换,由高速度发展向高质量发展转型的背景下,以服务化促进装备制造业全球价值链升级的环境和条件均随之变化,使得基于服务化的装备制造业全球价值链升级呈现出新的特征。因此,对基于服务化的装备制造业全球价值链升级进行系统研究,以产业升级理论、全球价值链理论和服务化理论为基础,揭示基于服务化的装备制造业全球价值链升级机理,系统设计基于服务化的装备制造业全球价值链升级机制体系,进而提出升级机制的保障策略,相关研究成果对进一步完善产业升级、产业服务化理论与全球价值链理论体系,突破我国装备制造业发展桎梏,实现其全球价值链升级,具有重要的理论和现实意义。

1.1.2 基于服务化的装备制造业全球价值链升级机制研究意义

（1）理论研究意义

本研究的理论意义:一是揭示服务化视角下装备制造业全球价值链升级机理,从而延伸服务化理论和全球价值链升级理论;二是设计基于服务化的装备制造业全球价值链升级机制框架,从而丰富和完善装备制造业全球价值链升级理论体系;三是构建基于服务化的装备制造业全球价值链升级动力机制、组织机制、协调机制以及评价与反馈机制,通过协同度模型、社会网络分析模型、演化博弈模型和系统动力学模型对各个机制的运行规律进行研究,从而丰富和拓展装备制造业全球价值链升级机制的理论体系。

（2）现实研究意义

本研究的现实意义:一是本研究揭示的基于服务化的装备制造业全球价值链升级机理,有利于正确认识和理解服务化视角下我国装备制造业全球价值链升级的特征与规律,对实现以服务化提高装备制造业全球价值链地位具有重要的现实意义;二是本研究设计的基于服务化的装备制造业全球价值链升级机制,系统地阐述了以服务化实现装备制造业全球价值链升级机制运行过程,对促进装备制造业服务化良性发展,推动服务化视角下装备制造业全球价值链升级和国际竞争力提升具有重要的现实意义;三是本研究提出基于服务化的装备制造业全球价值链升级机制保障策略,可为制度保障、资源保障和文化保障三个维度制定装备制造业服务化策略与全球价值链升级策略提供现实依据。

1.2　基于服务化的装备制造业全球价值链升级机制研究评述

围绕基于服务化的装备制造业全球价值链升级机制这一研究主题,将相关的研究成果从装备制造业服务化研究现状、装备制造业全球价值链升级研究现状、基于服务化的装备制造业全球价值链升级研究现状三个层面进行梳理。

1.2.1 装备制造业服务化研究现状

1.2.1.1 产业服务化

"服务化"最早由 Vandermerwe 和 Rade(1988)提出,他们指出现代企业越来越多地提供更完整的市场包装,是将以用户为中心的商品、服务、支持、自助服务和知识组合的"捆绑包",服务业开始占据主导地位。Szalavetz (2003)率先按服务化内容的不同将服务化分为投入服务化和产出服务化两个层次。Cook 等(2006)和 Andrew(2006)依据各种服务在服务系统中的占比,将服务划分为结果导向、应用导向和产品导向三类。基于 CPS(cyber-physical systems,信息物理系统)技术的产品服务系统、基于 ICT (information and communications technology,信息通信技术)的智能产品服务系统等出现(Wiesnet et al.,2017;Valencia et al.,2015),代表着产品—服务—信息集成的新型产品服务系统在新信息等科技手段支撑下逐步发展起来。Johnson 等(2021)从产品服务系统和集成解决方案延伸了服务化概念，从平台、生态系统、模块化角度构建服务业研究理论框架。在对产业服务化的研究中发现，实现产业服务化转型的生产模式、组织机制、运作模式等均不同于传统企业。可见，产业服务化的本质是经营范围的拓展和丰富，从提供产品组合到提供产品组合＋服务组合的过程。服务化的研究经历了模式变化、内容变化、产业边界模糊等视角的讨论。

1.2.1.2 制造业服务化

国内外学者主要从制造业服务化内涵、服务化水平、服务化悖论、服务化路径等方面对制造业服务化问题进行系统研究。

(1)制造业服务化内涵。Reiskin 等(2000)从服务过程视角进行内涵界定，指出制造业服务化是"制造企业角色的转变"。Baines 等(2008)和 Visnjic 等(2012)则从服务创新视角进行内涵界定，强调服务化是一种组织能力和流程的革新以及一种商业模式创新。中国学者也针对性地提出了"制造业服务化""制造业服务增强""服务型制造"等概念，认为服务化是从以产品为中心向以服务为中心转变的一种重大变革策略(黄满盈 等,2021)。从模式变化的角度看，服务化是企业供应模式由仅仅提供物品或物品与附加服务向"物品—服务包"转变。"物品—服务包"相较于物品与附加服务的内涵更丰富，包含物品、服务、支持、自我服务和知识，且服务将居于主导地位。这种模式的变化将颠覆传统商品和服务的概念并成为市场战略转型的新思路(Eloranta et al.,2015；Reiskin et al.,2010；Wilkinson et al.,2013；Vural et al.,2017)。从内容变化的角度看，服务化实际上是由提供物品向提供服务转变(Vendrell-Herrero et al.,2017)。制造商并不单单是物品提供商，更是服务提供商，通过拓展功能提高用户价值，即"卖物品的功能或服务，而不是卖物品本身"(Reiskin et al.,2000；Fishbein et al.,2000)。制造业服务化是制造业企业为实现利润最大化而提供"产品＋服务"的包或直接提供服务的行为总称。总之,服务化作为一种全新范式,是一些行业和企业通过增加服务来创造竞争优势,从支持产品的活动向支持客户的活动转变,也是增加实物产品价值的过程。

(2)制造业服务化水平。制造业服务化是服务投入逐渐增加,服务产出也逐渐增加,通常认为制造业服务化包括投入服务化和产出服务化两方面(周大鹏,2013)。前者重在从制造企业投入品的结构角度分析(刘斌 等,2016),后者强调分析制造企业提供业务的形态和内容(黄群慧 等,2015)。但由于制造企业微观角度的服务投入数据难以获得,现有研究多是从产出服务化角度来衡量制造企业服务化程度,投入服务化程度则从中观制造行业角度,通过投入产出表来进行衡量。

从现有研究成果看,测算制造企业的产出服务化程度主要采用以下两种方法。一是经营范围分析法,以 Neely 等(2009)的研究为代表,认为可以从制造企业提供的与产品相关的服务活动的数量和类型、服务活动的质量和产品战略对服务定位两个方面来衡量其服务活动。陈雯等(2018)通过经营范围服务化程度的测算均得出中国制造业(细分行业)的服务化水平处于偏中低端程度。高翔等(2022)基于投入产出法和企业贸易增加值法对制造企业服务化水平进行测度,从而得出制造企业服务化水平的影响因素。二是收入比重法,Fang 等(2008)以上市公司中制造企业财报数据中的收入结构、服务业务收入占比衡量制造业服务化水平,但因财务信息对称性弱,导致衡量口径难以统一。Crozet 等(2013)以法国制造公司数据为样本,分析得出服务化与公司绩效的因果关系,得出服务化对公司的盈利能力、就业水平和总销售额均起促进作用。但由于我国上市公司对收入披露方式的特殊性,该方法的应用较少。

(3)制造业服务化悖论。Gebauer 等(2005)最早提出"制造企业服务悖论"概念,将其界定为成本上升、缺乏相应回报,服务收入增长未能达到预期目标的现象。这一现象使制造企业无法实现产品向服务的转型，导致离开过渡线，产生"服务化悖论"。国内外学者通过对制造业服务化与绩效间的关系研究检验是否存在"服务化悖论"现象。归纳起来主要有以下几种观点：

一是正向促进关系。正向促进关系研究成果认为服务化有利于降低生产成本和交易成本，同时有利于实现资源的优化配置和制造业的专业化及精细化，提高企业的生产效率（刘斌 等，2016）。Stephen 等（1971）证实制造业运输服务化在企业层面有助于生产要素调整的有效性，减少出口交货的时间成本，降低出口风险和不确定性，提高生产率和产品附加值。Crozet 等（2017）研究发现与只生产商品的公司相比，开始销售服务的公司盈利能力更强。郝凤霞等（2019）通过分析不同类型投入服务化对我国制造业全球价值链参与程度的影响发现，投入服务化对全球价值链的参与程度和地位均有提升作用，且不同类型服务化的促进作用有所不同。潘安等（2020）分析得出技术创新非线性影响一国全球价值链分工地位，且在不同发展阶段的国家和不同类型的制造业服务化中存在着异质性。顾雪芹（2020）发现，生产性服务业开放通过提高劳动报酬促进了制造业价值链位势的提升。韩峰等（2020）指出生产性服务业专业化集聚通过发挥规模经济效应和技术外溢效应，对本地区和周边地区制造业结构升级均产生了显著促进作用，而多样化集聚仅通过规模经济效应促进了本地区制造业结构升级，且长期效应大于短期。窦大鹏等（2022）从微观角度构建服务化对全球价值链位势的影响模型，并提出服务化是通过促进技术创新和提高生产成本两个机制来实现全球价值链升级的。

二是反向抑制关系。反向抑制关系研究成果认为尽管采取服务化战略可能带来更多的收益，但大多数制造业服务化转变相当缓慢和谨慎。Reiskin 等（1999）以化学品管理服务为例指出采购化学品的同时也需要对其进行管理和存放，服务化转型能够带来服务的补偿和收益分享，但也会增加环境成本。肖挺（2019）认为制造业服务化活动和产品创新活动存在互补性作用并对两者对绩效的协同性关联进行分析,得出两种活动可能造成制造企业短时间内盈利压力,但长久来看是能够带来发展潜力的。Brax 等(2021)验证服务化悖论确实存在,但通过重新聚类服务化指标和绩效指标,得到服务化对制造业的正负向影响取决于如何实施服务化。

三是迂回关系。迂回关系研究介于前两种观点之间,服务化在很多情况下会促进企业绩效的提升,也会有一定的抑制作用,甚至在针对部分行业的研究中发现,抑制与促进作用会多次反复出现。Suarez 等(2013)的研究相对较为全面,分析了服务化对于企业绩效、人员结构、产品销售额等多方面的影响,但问题在于其研究样本集中于软件业,行业面较窄,其研究结论无法推而广之,小样本的研究结论也无助于总体性的规律用于指导企业生产与战略转型等活动。Zhang 等(2019)通过资源基础理论和交易成本经济学分析服务化利益和成本间的非线性作用关系,指出随着服务化水平的进一步提高,协调成本成为主导,服务化与绩效之间的负相关关系再次出现。Xie(2021)利用 903 家制造业上市公司数据分析服务化对制造业绩效的影响,指出服务水平与股本回报率、总资产回报率、人员回报率呈 U 形关系。

可见,多数学者认为制造业服务化的正向促进关系明显,并从优化要素投入、促进分工深化、提高劳动报酬、推动技术创新等方面有利于价值链位势的提高。而反向抑制关系的观点主要认为服务与产品的适应性、服务投入的短期性以及服务异质性是产生反向抑制关系的原因。由此,也有学者通过实证分析揭示两者之间正向与负向关系的交替产生。因此,本研究认为服务化有利于产业发展,由于服务投入的周期性和服务要素的异质性,需要采取相应技术手段促进服务化与产业发展正向关系的实现。

(4)制造业服务化路径。罗建强等(2013)认为制造企业追求服务化,既要保证核心研发能力与生产技术领先,又需要塑造增值性服务与产品融合的服务型制造。苏向坤(2017)提出了先转变制造业发展理念,再由政府引导打造以制造业服务化为特征的产业聚集区并投入高级服务要素,最后学习国外制造业服务化转型成功经验的发展路径。杨蕙馨等(2019)的研究发现完全去制造化并不适用于所有制造企业,企业需要掌握核心零部件的生产制造技术,积极引导和支持研发创新与技术进步,掌握产品盈利的核心要素。总之,从微观企业内部服务化变革角度,制造企业大多数以客户需求为导向,以增强企业盈利能力和综合竞争力为目的,以大数据、云计算和移动互联网等现代先进科技为支撑。

1.2.1.3 装备制造业服务化

服务化是促进我国装备制造业转型升级的重要途径(李庆雪 等,2020)。在服务化过程方面,王命宇等(2013)研究认为服务创新和技术进步是装备制造企业服务化过程的两个重要支撑维度。綦良群等(2014)研究认为服务化过程由服务附加阶段、产品＋服务阶段、服务型装备制造 3 个阶段构成;在服务化水平测度方面,郑国姣等(2019)研究认为中国各装备制造业高端投入服务化率水平因技术密集度不同而具有明显差异。李庆雪等(2021)针对装备制造企业开展服务化转型但绩效并未得到提升这一现象,以我国装备制造业 988 家上市公司为研究样本,分析行业要素错配是否能够影响企业服务化意愿,并揭示行业要素错配对服务化企业绩效的影响。彭永涛等(2022)通过构建影响装备制造业与现代服务业融合过程的驱动模型发现,服务主导型融合路径是装备制造业与现代服务业融合的重要路径。因此,服务化是振兴我国装备制造业,提升装备制造业竞争力的重要趋势。

1.2.2 装备制造业全球价值链升级研究现状

Michael 在《竞争优势》中首次将企业运营过程中的产品设计、生产、销售、物流以及售后等各价值活动集合为一个价值整体,并提出价值链概念。随着环境的变化和研究的深入,这一系统性概念又以"增值链""全球商品

链""全球价值链"等名词出现(Gereffi,2001)。Fritsch 等(2020)从世界范围
介绍了全球价值链的内涵、成因和起源,并实证研究全球价值链容易受到保
护主义抬头的影响。

1.2.2.1 全球价值链治理体系

全球价值链治理旨在建构全球价值链的组织结构以解决链条权力分配
以及协调价值链中各经济主体的关系。Havice 和 Campling(2017)指出全
球价值链这一组织形式塑造了全球经济体系。

(1)全球价值链治理方面。Esther 等(2015)指出当前的全球价值链治
理机制有利于发展中国家扩大市场规模,形成规模经济效应,从而促进企业
边际利润率增加,使企业有能力针对技术改进和产品创新进行研发投入,从
而进一步提升全球价值链治理效率。Thangavelu 等(2018)的研究发现,政
府治理全球价值链下实现国内产业发展的主要障碍之一,对全球价值链治
理效率具有负向影响。Choi 等(2019)分析了采用全球价值链综合解决方案
的决定因素及其对出口企业全球价值链改善和出口绩效的影响,其研究表
明全球价值链集成解决方案的实施水平对 G-SCM 绩效有正向影响。Ryan
等(2020)以跨国公司子公司全球价值链升级为视角,提出全球价值链的核
心活动通过"层级"治理模式进行协调。

(2)全球价值链分工方面。Michael 最早注意到产业内部企业间的价值
链分工现象。随着国际贸易频繁并趋于模块化发展,Krugman 等(1995)开
始关注国际资源禀赋差异所导致的全球价值链片断化和空间重组问题。
Arndt 等(2001)使用了"片断化"来描述生产过程的分割现象。曹明福等
(2005)从进出口利益的角度指出,发达国家能从全球价值链分工中获取分
工利益和贸易利益,而落后国家能获得分工利益,但其贸易利益会受到限
制。谭人友等(2015)认为全球价值链分工会影响世界经济失衡程度,且这
种失衡会随着分工的深入不断持续,改变这种失衡的有效途径是平衡分工

中的产业结构失衡问题。程大中(2015)利用跨国投入产出关系评估了我国参与全球价值链分工的程度及演变趋势。戴翔等(2016)认为对外贸易增速下降与全球价值链分工深化有关，但并不意味着对外贸易作用和重要性的减弱。Xiong 等(2020)分析了航运业的全球价值链发展进展，指出全球价值链分工正在成为产品分工和生产的最新模式。Fernandes 等(2021)分析了中国、波兰、越南等国家随着全球价值链概念兴起后，如何积极参与全球价值链分工，并提出参与全球价值链贸易的关键因素。

(3)全球价值链重构研究。毛蕴诗等(2015)通过系统分析梳理全球价值链重构，提出全球经济体在国际市场上的地位将受到价值链各环节在全球价值链重构后的调整以及各细分环节的重新分配的影响。杜传忠等(2017)指出新一代信息技术推动制造模式和组织改革，以微笑曲线为代表的国际分工发生改变，我国应积极响应全球价值链重构红利，提升全球价值链位势。宋怡茹等(2021)构建了参与 GVC 重构路径选择的分析框架，提出主动嵌入全球价值链、被动接入国家价值链和主导创建区域价值链三种路径。Wu 等(2021)认为中美关系紧张而引起的"脱钩"会引发现有全球价值链的重构，并模拟全球价值链重构对经济增长和就业的影响。Song 等(2021)认为全球价值链由发达国家主导的局面正在发生变化，各国产业参与全球价值链重构的路径不同，包括积极嵌入全球价值链、构建国家价值链、引领区域价值链的创建。李坤望等(2021)通过研究 GVC 受到新冠肺炎疫情以及金融萧条的影响，从长远的角度提出国际化分工、产业在国际范围内的分布以及价值链上不同国家和地区的布局都会受到全球价值链重构的冲击。

(4)全球价值链位势测度研究。出口技术复杂度和全球价值链地位指数是目前测度全球价值链地位较为常用的两个指标(Hausmann et al.，2007)。在出口技术复杂度方法方面，Lall 等(2006)在该计算方法中利用标准化方法处理不同国家贸易出口附加值，从而解决出口附加值占比偏低导致计算效果不理想的问题。王直等(2015)通过贸易增加值分解法讨论了产业层面的 GVC 地位指数,并将显性比较优势指数和垂直专业化在此基础上进行了探讨。葛海燕等(2021)综合经济地位和技术地位构建全球价值链地位指数模型,并以此得出我国全球价值链分工地位演变规律。

上述研究成果表明,全球价值链分工格局面临重构和调整,我国装备制造业将以新模式、新布局参与全球价值链分工,GVC 地位指数综合考虑中间投入品供给方和需求方的双重角色常被用于全球价值链位势测度。

1.2.2.2 制造业全球价值链升级

国内外学者主要围绕制造业全球价值链升级现状、影响因素和机制等方面进行系统性研究。

(1)制造业全球价值链升级现状。制造业升级是在国际分工比较优势的理论下,以波特的全球价值链理论为基础,研究制造业如何沿全球价值链从低附加值环节向高附加值环节转移的过程。孙天阳等(2018)依据实际情况讨论得出目前相对于我国,发达国家在全球价值链网络返回国内增加值方面优势明显,但是我国在不断向制造业全球价值链的核心区域靠拢。潘文卿等(2018)利用 2002 年、2007 年和 2012 年中国投入产出表从产出供给和投入需求的双重视角度量了中国制造业国家价值链上所处的位置,考察了我国制造业国家价值链是否存在位置与增值能力之间的"微笑曲线"关系。Kong 等(2020)验证进口技术复杂性的增加对中国制造业全球价值链的地位产生了积极影响。

(2)制造业全球价值链升级影响因素。魏龙等(2017)指出加大创新投入、人才培养、制度改革和培育环境是推进制造业嵌入全球价值链位势的有效途径。苏杭等(2017)认为人才要素和技术要素的投入作为动态比较优势的关键能够促进产业内升级,且人才要素是基本要素向高级要素转换的纽带。李晓琳(2018)结合我国装备制造业发展现实和制造强国发展经验,提出政府在优化升级环境、增强收集普惠性方面影响装备制造业升级。陈瑾等(2018)构建装备制造产业升级指标体系,指出产业政策的精准制定、技术转化能力、信息技术与装备制造业的融合以及产学研结合是促进装备制造业升级的重要因素。García-Garza(2019)分析了技术融合对制造设备性能提升的影响,结合新技术对传统环境的影响,指出技术融合对制造过程监控、制造检验质量和速度的提升作用。丁秀飞等(2021)依据我国制造业全球价值链地位指数,指出对外直接投资与制造业全球价值链升级之间的双向影响关系,同时指出不同技术含量制造业受对外直接投资的作用效应不同。Zhu等(2021)以莫兰指数和耦合协调度揭示了东亚国家产业承接能力与全球价值链地位的运行规律,提出自主创新能力和升级产业结构有利于提升东亚产业全球价值链位置。Sun等(2021)实证分析出劳动力供给减少、消费需求疲软等因素对制造业在后疫情时代全球价值链升级的影响。

(3)制造业全球价值链升级机制。Raymond等(2013)通过构建研发、创新和生产力的关系模型,认为创新对劳动生产率的作用方式不同。余东华等(2017)通过探讨提出我国制造业转型升级水平与国内制造业 GVC 嵌入水平之间的关系特点,呈正 U 形分布,并认为制造业的转型升级可以通过非静态的嵌入方式来助力。张建清等(2020)利用制造业面板数据验证出低技术制造业更加容易存在价值链低端锁定效应,通过夯实软硬件基础,提高技术学习能力才能通过"干中学"提升制造业技术水平。杨连星等(2021)提出跨国并购通过提高制造业全要素生产率成为推动其全球价值链升级的重要手段。

1.2.2.3 装备制造业全球价值链升级

国内外学者主要围绕装备制造业全球价值链升级困境、模式和机制等方面进行系统性研究。

(1)装备制造业全球价值链升级困境。Lu(2017)测算指出我国全球价值链收益的主要来源是资本投资所得,与高技能和高价值活动获取收益相比,国际竞争力容易被削弱。周维富(2018)以高端装备制造业为例,指出供需结构失衡、产业间发展失衡、虚实经济结构失衡是实体经济发展的主要问题。张其仔等(2020)认为新冠肺炎疫情和中美贸易摩擦加速全球价值链重构,容易引发需求端和供给端产业链"断链"的现象,通过"长鞭效应"影响我国的全球价值链。任保平等(2021)指出产业基础能力薄弱、新经济与实体经济融合度较低、产业发展的区域差异、制度体系不完善、产业链整体水平不高等问题制约了我国制造业产业结构升级和全球价值链的中高端迈进。

(2)装备制造业全球价值链升级模式。Yang(2015)验证了制造执行系统提升敏捷生产管理的效率,满足信息交互以及库存、分配等方面的限制,从而促进装备制造业升级。赵桐等(2018)认为在国内国际双价值链并行下,我国装备制造业仍以"进口—加工—再出口"为流程的加工贸易为主嵌入全球价值链,技术密集型行业尤其明显,且我国装备制造业在全球价值链分工中仍具有"低端锁定"效应。刘金全等(2022)分析高技术水平制造业沿全球价值链左上方移动的路径,并通过提高研发投入,实现附加值含量的提升。张月月等(2020)指出创新是国内国际价值环流背景下装备制造业转型升级的必经之路,并从企业层面、政府层面提出相应的保障策略。杨瑾等(2020)运用模糊集定性研究方法识别基于颠覆式创新的装备制造业转型升级关键要素,并以此设计市场型和创新策略型升级路径。

(3)装备制造业全球价值链升级机制。何宁等(2018)提出应将自主创新作为主要途径,来实现具备高技术含量特点的装备制造业产业升级。在我国装备制造业进军全球价值链核心领域的过程中,同样依赖于自主创新能力的逐步提高和技术吸收能力的持续进步,才能达到获得更多技术溢出的目的。潘秋晨(2019)利用面板数据验证了我国装备制造业嵌入全球价值链对转型升级的作用,认为提高要素投入质量,深化技术学习对高技术装备制造业转型升级尤为重要。余海燕等(2020)提出采取对外直接投资提升全球价值链中母国影响力的方法,对于身处不同发展阶段的国家,所收获的效果存在差异。非发达国家通过这种投资活动在全球价值链中发挥的作用也存在两面性。王成东等(2020)通过构建产业研发效率体系对装备制造业研发效率进行分析并指出不同研发阶段下，研发效率不同。总体来看，研发投入可以促进装备制造业发展实现从量到质的提高。

1.2.3 基于服务化的装备制造业全球价值链升级研究现状

1.2.3.1 服务化与制造业全球价值链升级关系

关于服务化与制造业全球价值链升级关系研究，大多数研究从服务化与制造业绩效的角度展开。企业知识资本的沉淀、制造业国际竞争力和制造业附加值提高的目标，可以通过来自制造业服务化供给的人力资本和知识资本等重要服务要素来实现(Low et al.,2013)，以上要素还可以帮助企业在产品研发上推陈出新以及创造更多附加值，同时还可以发挥为企业在创新过程中提供关键支撑与有效渠道的作用(许和连 等,2017)。多数研究认为服务要素在产业的全部投入中占据着越来越重要的地位，有利于降低成本、提升生产率，利用规模经济促进出口，提升价值链分工体系位势和国际竞争力(Robinson et al.,2002;Lodefalk,2014)。Hoekman 等(2015)通过实践分析服务业和制造业生产力绩效之间的联系中发现，服务贸易限制指数显著影响着制成品出口水平，运输和零售分销服务的限制对制成品出口的负面影响最大。陈丽娴等(2019)从微观角度对我国制造业上市企业进行数据分析，并依据分析结果对制造业产出服务化怎样提升企业劳动收入开展了实证研究，结果表明二者之间确实存在前者对后者的正向促进作用。乔小勇等(2020)根据贸易壁垒对我国制造业服务化影响效应，认为产出服务化水平高于投入服务化，且产出服务化的行业异质性较明显，数据波动较大。陈丽娴等(2020)通过 Heckman 模型测量出产出服务化程度与企业出口决策和规模呈现 U 形关系。邵朝对等(2020)通过外资参股开放政策提高服务资源的开放水平,能够充分释放服务业对我国制造企业全球价值链升级效应。魏作磊等(2021)通过梳理产出服务化对企业绩效的影响和机理,指出产出服务化通过市场势力效应和产品差异化效应提升企业绩效水平,但存在明显的地域区别。提升制造业生产率、国内出口技术复杂度和企业出口国附加值率的目标,可以依靠减少中间品关税费率从而推动服务贸易自由化的方式来实现。周念利等(2021)通过测算指出不同发展阶段国家采取数字服务贸易限制性措施对制造业服务化水平的影响不同,经济体在对数字服务贸易实施限制时有必要搭配提升网络发展水平及其他的金融支持政策,以弥补或降低贸易限制措施对制造业服务化水平带来的抑制效应。

1.2.3.2 基于服务化的制造业全球价值链升级机理

现有研究对制造业以服务化推动其全球价值链升级的机理揭示主要包括升级效应、升级机制、升级模式。

(1)升级效应研究。Humphrey 等(2002)认为制造企业通过融入全球价值链,有利于加强企业间合作和地方机构在升级中的作用,产业集群以不同的方式融入全球价值链,从而带动产业集群的升级。罗军(2019)指出在生产性服务进口贸易对出口国内附加值方面,提升技术创新的效应大于降低生产成本的效应。Zheng(2020)认为服务化以一种新的商业发展模式通过影响消费者对产品功能的获取途径,改善产品生产销售模式,从而促进产品的迭代实现升级。李方静(2020)则验证了投入服务化程度与创新活动之间的正向关系,投入服务化程度越高越能激发企业有关创新的研发活动、市场投放等。刘维刚等(2020)通过研究制造业与服务业如何融合才能支撑高质量发展中发现,制造业生产投入服务质量对企业创新的作用机制主要有生产投入成本的抑制效应和技术吸收能力的提升效应。喻胜华等(2020)验证了生产性服务业专业化和多样化集聚均能显著促进我国制造业价值链攀升,但不同类型集聚在企业生产率和成本方面的表现不同。高康等(2020)通过分析生产性服务业空间集聚效应得出,生产性服务集聚是通过知识溢出效应、规模经济效应推动制造业升级的。吴迪等(2021)指出市场机制下制造业与服务业的融合应体现为两产业的共同发展,而数字技术有利于促进资源和信息的互动从而推动两产业相互融合,是促进制造业新旧动能转变的关键点。

(2)升级机制研究。Kindstroem 等(2009)分析发现制造业服务化发展中企业与消费者互动关系的本质发生改变,由交易型向关系型转变的特征决定了价值共创是实现制造业升级的机制。Martin 等(2013)发现服务业从业人员中的管理人员、专业服务人员、技术人员的比例与制造业服务化显著正相关。简兆权等(2017)认为组织设计是制造业服务化为企业带来财务收益、竞争优势和用户满意的同时,解决管理挑战和"服务化悖论"问题的关键因素和保障机制。Liu 等(2020)以制造业数据为例,验证逻辑推理和实证建模验证人工智能通过知识创造机制和技术溢出机制影响技术创新。张丽等(2021)认为我国制造业全球价值链低端锁定的关键因素是服务业的对外开放水平不足,服务业对外开放通过中间品替代效应和成本加成率效应影响制造业企业升级的主要方式。

(3)升级模式研究。令狐克睿等(2018)将价值链延伸到价值网络,构建制造业服务生态系统,在系统内,将服务化程度和社会资源整合程度组合成四种模式,提出制造业服务化升级的三种路径,同时升级的机制并非唯一的,制造企业应根据自身现状和目标定位选择合适的服务化路径和在服务生态系统中的位置。唐国锋等(2022)利用扎根理论从多案例中指出制造业服务化模式创新的影响因素包括服务化模式创新前期基础、模式创新外部环境、模式创新内在需求、平台支撑能力、服务化模式创新等。朱兰等(2022)通过分析企业要素相对价格变动对升级模式的影响,并对比不同升级路径提出制造业转型升级模式。

1.2.3.3 基于服务化的装备制造业全球价值链升级机理

现有研究对装备制造业以服务化推动其全球价值链升级的机理揭示主要包括升级动因、升级影响因素以及升级路径等三个方面。

(1)在升级动因方面。王青等(2019)以东北地区为例,分析生产性服务业发展对不同类型装备制造业效率的影响,以此论证差异化发展战略的实施有利于东北地区两产业协调发展战略。高智等(2019)以装备制造业与高技术服务业融合为例,指出产业融合通过创新效应、制度效应、配置效应、协同效应影响装备制造业的创新效率,从而促进装备制造业突破自主创新的桎梏,实现转型升级。黄满盈等(2021)以高端装备制造企业为例,从财务竞争力视角指出资金能力、发展能力、管理能力、营销能力对其转型升级有显著正向作用。

(2)在升级影响因素方面。李子伦等(2017)以陕西重型汽车为例,提出在装备制造企业服务化转型过程中,国家政策、外部环境、自身能力是装备制造企业服务化转型的驱动力,同时服务化转型必须依托企业的运营模式和商业模式转型。黄满盈等(2021)以高端装备制造业企业为例,得出营销能力、管理能力、发展能力是转型升级的主要驱动因素,以高铁为例分析专业技术装备平台、设计公司、咨询服务能够推动组织变革以提升公司的管理能力。胡峰等(2021)认为构建线上、线下服务平台,实现本土企业在配套硬件和软件设施上的互联互通,有利于后发装备制造企业实现全球价值链的跃升。

(3)在升级路径方面。薛纯等(2019)揭示信息化对装备制造业转型升级有正向的促进作用,而研发投入不足和信息技术发展滞后可能导致服务化程度不足。胡峰等(2021)对后发装备制造企业提升全球价值链位势的路径进行探讨,根据后发企业的参与特征提出以服务化促进本土企业互联互通,实现线上线下行业互联的服务体系有助于提升全球价值链位势。齐俊妍等(2020)以生产性服务业开放对不同类型制造业的作用进行研究,指出生产性服务业开放对高技术制造业提升效应最为明显。张旭梅等(2021)通过案例研究提出企业视角下产品服务价值链基本服务增强基础制造、增值服务推进高端制造和一体化服务引领数字化制造的构建路径,并指出不同阶段能力和价值链范围的变化情况。

1.2.4 国内外研究评述

在对国内外学者相关研究成果梳理中发现,现有研究对服务化、制造业全球价值链升级相关问题的研究取得了较为丰硕的成果。服务化活动通过促进装备制造业生产效率提升、用户需求获取、附加价值提升等方面,最终实现装备制造业全球价值链位势的上移。这一结论已得到学术成果的验证并基本达成一致。在服务化与制造业全球价值链升级关系研究方面,学者们对两者之间的关系持有不同的态度,主要集中在正向促进论、反向抑制论和 U 形迂回论三个方面,这主要是因为我国装备制造业和生产性服务业种类繁多且发展趋势不均衡,导致不同发展阶段下服务化效果不同。此外,研究方法和研究角度的不同也是两者关系不统一的原因。而在基于服务化的制造业全球价值链升级机理研究方面,多数研究集中在升级效应、升级机制和升级模式方面。对基于服务化的装备制造业全球价值链升级机理与机制研究方面,多从升级关系的验证、升级影响因素的分析、升级路径的分析几个方面展开。通过现有成果分析来看,虽然相关学者在服务化活动学习机制、创新机制、利益分配机制方面取得了一定的研究成果,但相关研究成果尚处于起步阶段,对服务化视角下装备制造业全球价值链升级内涵也未达成共识。但仍明确了服务化视角下升级系统在各个层面与服务化战略相匹配对促进服务化升级的正向作用。

进一步分析发现,研究成果中多以制造业服务化推动升级为研究对象,或是以问题导向探讨制造业服务化升级过程、效应、影响因素。同时,现有以装备制造业为对象的研究,多从企业视角研究服务化对其全球价值链升级的作用,或是以问题导向的尚未形成系统的理论框架和研究体系。导致以产业视角,探讨服务化推动装备制造业全球价值链升级的策略方面缺少系统性、针对性的理论支撑。

鉴于此,本研究突破现有研究中问题导向的研究思路,对基于服务化的装备制造业全球价值链升级进行系统研究,以产业升级理论、全球价值链升级理论和服务化理论为基础,揭示基于服务化的装备制造业全球价值链升级机理,系统设计基于服务化的装备制造业全球价值链升级机制体系,进而提出升级机制的保障策略,弥补现有以企业视角研究服务化对微观层面绩效提升的局限,为指导基于服务化的装备制造业全球价值链升级实践,推进我国装备制造业服务化的发展具有重要的理论意义和现实意义。

1.3 基于服务化的装备制造业全球价值链升级机制研究内容与框架

1.3.1 研究内容

从揭示基于服务化的装备制造业全球价值链升级机理入手,设计基于服务化的装备制造业全球价值链升级机制,对升级机制进行系统的研究,具体内容包括以下几个方面。

(1)基于服务化的装备制造业全球价值链升级机理和机制框架。在对相关概念进行界定的基础上,从升级动因、升级条件、升级演化过程和升级关键因素等方面对基于服务化的装备制造业全球价值链升级机理进行系统揭示。在此基础上，通过质性研究的扎根理论方法，识别出驱动因素、匹配因素、调节因素和控制与保障因素等四类升级的关键因素。以战略实施理论为基础验证基于服务化的装备制造业全球价值链升级四个关键因素在升级中的战略地位，进而构建基于服务化的装备制造业全球价值链升级机制理论框架。

（2）基于服务化的装备制造业全球价值链升级动力机制研究。界定动力机制内涵和功能，分析升级驱动要素作用关系并进行验证，以此设计动力机制框架，构建价值主导动力机制、需求主导动力机制和价值-需求主导动力机制。价值主导动力机制包括附加值增值驱动作用；需求主导动力机制包括服务化促进政策推动作用、产业链需求拉动作用和市场竞争环境引领作用。在此基础上，分析动力机制运行过程，构建价值主导动力机制、需求主导动力机制和价值-需求协同动力机制协同模型，以此提出动力机制运行稳定的运行策略。

（3）基于服务化的装备制造业全球价值链升级组织机制研究。界定组织机制内涵和功能，根据升级匹配要素设计组织机制框架，构建面向服务的组织目标、服务要素价值筛选、组织结构匹配的组织机制。从面向服务的组织目标体系设计和评价提出面向服务的组织目标机制；从盘点服务要素价值和评价提出服务要素价值筛选机制；从升级组织结构网络布局分析提出组织结构匹配机制。在此基础上，分析组织机制运行过程，构建组织机制社会网络分析模型，对组织机制网络中心性和网络密度进行分析，以提出组织机制运行稳定的运行策略。

（4）基于服务化的装备制造业全球价值链升级协调机制研究。界定协调机制内涵和功能，根据升级调节要素设计协调机制框架，构建由服务价格协调、利益协调、风险分担构成的协调机制。从服务价格组成和协调方法模型分析提出服务价格协调机制；从服务化利益组成和协调方法模型分析提出利益协调机制；从服务化风险识别和评价提出风险分担机制。在此基础上,分析协调机制运行过程,构建装备制造业、生产性服务业和政府三方的协调机制运行演化博弈模型并进行仿真,依据仿真结果提出协调机制运行稳定的运行策略。

(5)基于服务化的装备制造业全球价值链升级评价与反馈机制研究。界定评价与反馈机制内涵和功能,根据升级控制要素构建基于服务化的装备制造业全球价值链升级评价指标体系,指出评价与反馈路径并设计评价与反馈机制框架,以此构建驱动要素评价与反馈机制、匹配要素评价与反馈机制、调节要素评价与反馈机制。在此基础上,分析评价与反馈机制运行过程,构建反馈机制系统动力学模型,并对评价与反馈机制运行稳定性进行分析。

(6)基于服务化的装备制造业全球价值链升级机制保障策略研究。依据关键因素中保障因素识别过程以及以上四个机制运行中运行策略的需求,从制度保障、资源保障、文化保障三个层面对基于服务化的装备制造业全球价值链升级保障策略进行系统性设计,保障基于服务化的装备制造业全球价值链升级机制的顺利实施。

1.3.2 研究框架

本研究框架如图 1-1 所示。

本章从研究背景、研究目的及意义、研究现状和研究内容与方法四个方面对基于服务化的装备制造业全球价值链升级机制研究的重要性和迫切性进行了梳理与分析。通过研究背景引出研究方向,以研究目的和意义论证研究问题的重要性,基于装备制造业服务化研究、装备制造业全球价值链升级研究、基于服务化的装备制造业全球价值链升级研究三方面层层递进的内容提出研究问题,从而概括出本研究的研究内容与方法。

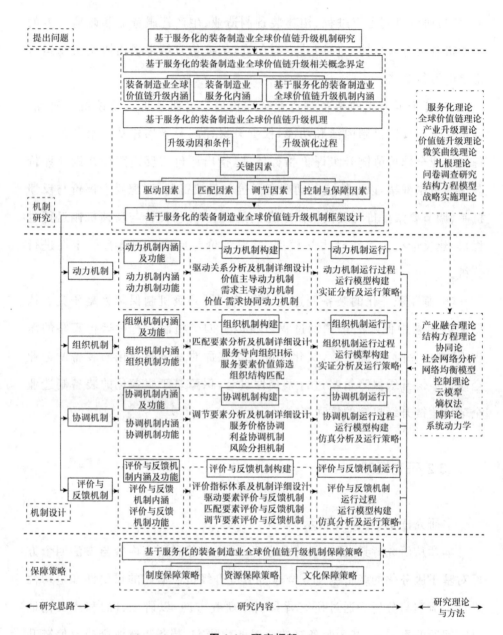

图 1-1　研究框架

2 基于服务化的装备制造业全球价值链升级机制及其框架设计

服务化在提升我国装备制造业全球价值链位势中的重要作用不断凸显，本章对基于服务化的装备制造业全球价值链升级相关概念进行界定，从升级动因条件、升级过程、升级关键因素三个方面揭示基于服务化的装备制造业升级机理，并以此设计升级机制框架。

2.1　机制基本概念

2.1.1 装备制造业全球价值链升级内涵

与一般制造业不同的是，装备制造业是我国独有的负责生产机器和生产工具的制造业，其发展为我国经济发展和产业带动提供了动力。"装备制造业"一词是在 1998 年中央经济工作会议中正式出现并被明确其在经济发展中的重要引擎作用，也标志着装备制造业成为国与国竞争中的重点领域。多数研究将制造业分为装备制造业和最终消费品制造业，将装备制造业界定为国民经济进行简单再生产和扩大再生产提供生产技术装备的工业的总称。

由此可知，装备制造业具有如下特征：首先，投资成本大。装备制造产品的输入往往以生产设备和成套设备为主，需要很大的财力投入。其次，技术水平高。装备制造产品往往依托高水平技术和高科技含量实现加工制造，对生产工艺、研发水平都有较高要求。最后，流程复杂度高。装备制造业往往包括更复杂的制造过程，这需要大量人力参与成品的制造过程。因此，装备制造业对投资、技术进步和就业的拉动作用非常明显，不仅是制造业的核心，也是国民经济的重要产业。

从全球价值链的发展过程来看，全球价值链是由全球范围内许多个彼此联系、相互作用的价值环节构成的。全球价值链覆盖了产品的价值全过程,如上游链条包含研发、技术等环节;中游生产链条包含制造、加工、存储等;下游营销链条包含销售、广告、品牌管理、售后服务等管理过程。在全球价值链的管理过程中,物质材料、知识和人力资本、信息技术在整条链条中进行流动,但价值不等。因此,全球价值链升级就是研究产业如何通过参与全球价值链中的分工,获得先进的生产技术,扩大市场份额,从而实现全球价值链上位势的上移。本研究将从升级模式视角、微笑曲线视角对装备制造业全球价值链升级进行阐述。

2.1.1.1 基于升级模式视角

从升级模式的角度可以将全球价值链升级划分为工艺升级、产品升级、功能升级和链条升级的演变过程。第一,推动工艺升级是指加强工艺创新。通过加快工业互联网、物联网等建设,借助新一代信息技术改造提升生产工艺流程和技术的新型智能化制造模式,实现材料、人员、工位的优化配置,从而提高生产质量和效率。第二,推动产品升级是指提高核心基础零部件的产品性能。通过加大技术改造力度,大力推广智能制造、数字化制造,提高产品的性能稳定性、质量可靠性和环境适应性,加快科技成果转化,从而提升产品品质。第三,推动功能升级是指加速价值链的核心环节和优势环节整合。集聚社会各类资源解决共性关键技术难题并突破工程化、产业化瓶颈,推动新一代信息通信技术、高档数控机床、新材料等新兴产业发展壮大从而促进产品功能的提升。第四,推动链条升级是指价值链重构和价值创造环节再造。运用大数据、云计算、人工智能等高新技术对传统制造业进行升级改造,实现制造创新、管理创新和商业模式创新。

2.1.1.2 基于微笑曲线视角

全球价值链上所有环节都能够创造价值,但创造的价值并非等额价值(Doni et al.,2019)。现有研究中,微笑曲线和武藏曲线常被用于探讨全球价值链升级规律。微笑曲线和武藏曲线并不是割裂地反映升级规律,而是揭示产业发展不同阶段时，由于技术水平、产业规模、管理水平等差异而产生的附加值被不同环节激发的现象。我国装备制造业经历了从自主加工到自主品牌的发展阶段，提高技术研发水平和品牌营销水平仍然是实现升级的主要路径。因此，更符合微笑曲线升级规律。微笑曲线视角下研究全球价值链升级更有利于揭示我国装备制造业价值链上不同价值环节对应的附加值水平，微笑曲线能形象地反映出产业内各价值环节附加值的分布情况，具有重要的应用价值。

微笑曲线视角下的装备制造业全球价值链升级过程主要包括三个方面，如图 2-1 所示。首先，沿着微笑曲线左侧价值环节上移，即通过提高研发投入实现技术跨越或者关键部件突破。此时，装备制造业位势向图 2-1（a）所示方向移动。然后，沿着微笑曲线右侧价值环节上移，即通过提高产品销售端服务增加装备制造业附加值。此时，装备制造业位势将向图 2-1（b）所示方向移动。最后，沿着微笑曲线价值环节左右两端同时上移，这一过程体现为通过代工嵌入全球价值链向以原始设计制造商和原始设计品牌商嵌入全球价值链，以实现升级，如图 2-1（c）所示。

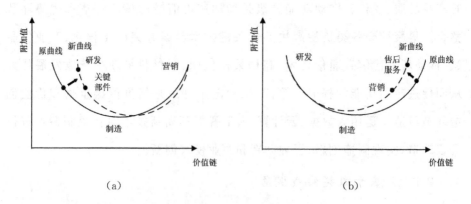

图 2-1　沿微笑曲线底部向两端上移

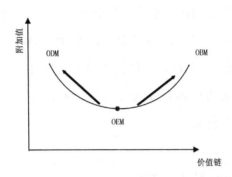

ODM：原始设计制造商   OBM：原始品牌生产商   OEM：原始设备制造商

（c）

图 2-1   沿微笑曲线底部向两端上移（续）

根据微笑曲线视角下对全球价值链升级的描述,装备制造业全球价值链升级是指随着全球产业分工的深入,不同国家在价值链上占据的价值战略环节具有不同的分工位次,我国装备制造业以制造环节优势为基础,向全球价值链两端高附加值环节延伸,从而提高我国装备制造业全球价值链位势,提升国际竞争力的过程。其特征有:第一,价值活动较长且复杂。装备制造业整体技术含量较高,产业关联性强,涵盖材料、研发、生产、销售、维修、物流、服务等多个价值活动。以航空装备制造为例,航空装备制造的价值活动包含航空零部件制造、发动机、航电、新材料研发、总装、试飞、维修等多个价值环节,单一制造商或单一国家很难高效独立完成。第二,价值活动呈现中心—边缘分工。装备制造业的价值活动需要全球协同,具有技术领先国家主导的趋势。欧美发达国家一般处于装备制造业价值活动的中高端,具有成熟的技术基础、研发水平和资本运作水平,掌握装备制造产品的标准制定权以及品牌运营、设计和销售的主导权。而新兴经济体国家往往处于装备制造业价值活动的低端,以劳动要素优势嵌入全球价值链,从事全球价值链的低附加值环节,技术含量低、利润低、易复制,导致长期被低端锁定。第三,价值活动服务对象较为集中。与一般的制造业不同,装备制造业产品应用场景一般为影响国民经济发展的基础领域，如航空、铁路等。这类产品的订单金额一般较高且服务对象相对集中，如铁路产品的消费者一般集中于中国铁路总公司，船舶产品的消费者一般集中于海运物流等，海工装备产品的消费者一般为中国石油天然气集团有限公司、中国石油化工股份有限公司等石油巨头公司。

2.1.2 装备制造业服务化内涵

服务化是通过与服务要素的深度融合改变产品结构、运营模式和管理方法，以优化传统要素资源和要素禀赋，实现由单纯提供产品向提供"产品＋服务"打包品转变的过程。服务化的作用主要是"助力制造"，而非"摒弃制造"。因此，服务化具有如下特征：第一，形态的无形性。服务化活动内嵌于产品设计、产品运营、产品物流、售后服务等诸多环节，并催生新兴产业的不断崛起。服务作为隐性知识将始终在产品内部进行传递。第二，内容的整合性。服务化活动强调服务要素与价值环节的无缝融合，为产业提供整合性服务成为服务化的核心优势，单项服务的优势逐渐弱化。第三，种类的延伸性。服务化活动会主动设计相关服务内容或者将相对固定项目制的服务内容转化为新的服务产品或工具。第四，模式的垄断性。服务化活动丰富产品内涵，创造出产品的水平异质性、垂直异质性和技术异质性。服务化活动不仅使产业主体获取商业价值，同时能够依托服务化实现持续消费过程。第五，管理的灵活性。产品和服务的复杂程度不同，使服务化活动在提供产品和服务的质量管理、正本管理、资产管理、项目管理和用户管理等多个方面提出了更高的要求。

装备制造业服务化反映了装备制造业和生产性服务业的融合程度，通过"以制造要素为主"向"以制造和服务双要素为主"的要素投入模式的转变，由"以产品为中心"向"以产品＋服务为中心"转变的动态过程。首先，服务化有效提升装备制造产品的新增价值,对开拓竞争市场具有良好的促进作用。装备制造业产品大多具有生产工序多、技术复杂度高、占用资金量大等特征,如何使产品更好更快地匹配用户需求,且能在用户使用过程中提供源源不断的技术支持和服务支持是获得竞争力的重要因素。要素投入模式的转变,一方面能够优化业务流程和整个运营模式,从而降低装备制造业的能耗;另一方面能够快速将产品设计与终端用户需求精准匹配,通过了解用户对产品需求和功能的反馈进行产品本身或产品性能的调整,最终以新的价值创造形式融入装备制造业价值活动。其次,服务化有效促进生产效率的提升,明显优化装备制造业产品结构。服务要素投入一方面通过知识溢出带动装备制造业对新技术、新知识的学习,提升装备制造业发展水平;另一方面提升装备制造产品专业化水平,提高市场份额,实现生产效率的提升。最后,服务化提高产业附加值,是获取市场竞争优势、培养核心竞争力的有效方式。增加服务要素投入有利于拓展产品的服务功能,实现服务要素与装备制造价值活动的良好互动,最终实现竞争优势的持续性。

2.1.3 基于服务化的装备制造业全球价值链升级机制内涵

根据以上分析可知,装备制造业以服务化实现其全球价值链升级是装备制造业以服务化转型的内容、方法、模式为基础,将生产性服务要素融入工艺升级、产品升级、功能升级和链条升级的升级过程,优化和重整价值获取模式,最终实现低附加值环节向高附加值环节移动的动态过程。由此,基于服务化的装备制造业全球价值链升级机制就是指装备制造业将服务化内容、方法、模式应用于全球价值链升级过程中,以实现装备制造业附加值提升的具体方式和运作规律。该内涵可以从以下几个方面理解:

(1)基于服务化的装备制造业全球价值链升级是面向用户需求和技术发展需求,通过装备制造业服务化内容、方法、模式对传统装备制造业价值获取模式进行重组的行为,促使单一形态的商品或服务具有产业复合的特性和价值。

(2)在以服务化推动升级的过程中,装备制造业服务化过程与全球价值链升级过程相辅相成,遥相呼应,共同整合成装备制造业重整价值获取模式的手段。

(3)在基于服务化的装备制造业全球价值链升级过程中,并不是一直沿着基于服务化的工艺升级、产品升级、功能升级和链条升级这一轨迹一成不变的,而是结合装备制造业不同行业发展背景和服务化发展阶段,根据要素禀赋优势,调整基于服务化升级的步骤和节点。

(4)在以服务化推进升级时,并不是将服务要素和装备制造要素进行简单加和,或是简单地认为有生产性服务要素就是服务化。而是应根据装备制造过程需要和产品需要,从管理模式、管理方法、加工流程、管理流程等各个方面将生产性服务与装备制造进行融合,从而衍生出的一种新型战略模式。

(5)服务化活动通过深化全球价值链分工、提升要素投入质量以及优化要素投入结构推动装备制造业全球价值链升级。首先,服务化使装备制造业充分发挥优势环节禀赋,提高国际分工中的竞争能力;其次,服务化活动通过与用户需求的互联,降低要素投入成本,提高要素投入质量,进而提高产品国际竞争力;最后,服务化通过增加高附加值环节的投入比例,提升产品质量和性能,实现全球价值链的攀升。

2.2　动因与条件

装备制造业服务化是全球产业发展的重要趋势,发达国家的制造与服务结构关系中的"两个 70%"的现象更是很好地验证了这一趋势。互联网数据中心(Internet Data Center, IDC)行业调研报告中显示,世界 500 强企业中 56% 的企业从事服务业,在服务化程度最高的美国,制造与服务融合型企业已占其全部制造企业总数的 58%。目前,对产业层面服务化水平的测量常通过投入服务化和产出服务化两个方面进行,以 GERT(graphical evaluation and review technique,图形评审技术)模型对装备制造业服务化水平进行测度(綦良群 等,2021),可得图 2-2。

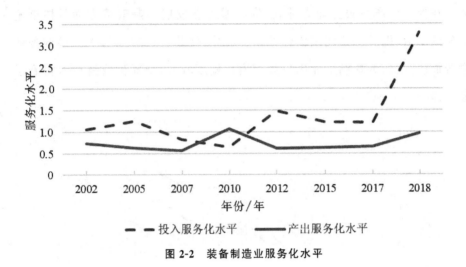

图 2-2 装备制造业服务化水平

图 2-2 显示,我国装备制造业投入服务化水平与产出服务化水平处于波动状态,且投入服务化整体高于产出服务化水平。在投入服务化方面,2010 年后整体呈现阶段性上升趋势,2017 年至 2018 年大幅增长;在产出服务化方面,2007 年后产出服务化水平波动,后呈现稳步上升趋势,整体上在 0.5~ 1.5 间波动。由此可知,随着装备制造业服务化程度的深入,服务价值占总产出的比例不断上升,装备制造业全部消耗中服务要素的占比亦不断提升,从而促进服务化水平的提高。与此同时,基于进出口贸易规模扩大与我国产业优化升级之间的正相关关系(赵振波 等,2019),以 2002 年至 2018 年装备制造业进出口贸易额来反映装备制造业升级位势,如图 2-3 所示。2002 年我国装备制造业的出口额为 3255.96 亿美元,进出口总额为 6207.66 亿美

元，远低于美国、德国、日本等国家进出口规模。而 2018 年我国装备制造业出口额为 24942.30 亿美元，进出口贸易总额达到 46292.13 亿美元。结合上述分析可知，装备制造业以服务化深化产业分工、降低交易成本、促进行业合作提高产能利用效率，提升装备制造业内部要素配置效率和生产要素活跃度，从而促进技术创新能力，实现产出质量和技术水平的提升，进而推动我国装备制造业全球价值链位势的上移。尤其是 2017 年以后，党中央、国务院在促进生产性服务业专业化、完善服务业发展体制改革方面具体措施的相继出台，以及供给侧结构性改革的深化，使装备制造业与生产性服务业融合加快，我国装备制造业出口规模增长幅度较大，全球价值链位势得到了显著提升。

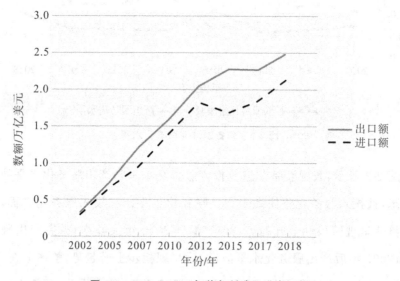

图 2-3　2002—2018 年装备制造业进出口额

数据来源：根据 UNCTAD 数据整理。

2.2.1 升级动因分析

从产品内分工、服务贸易自由化、技术进步、结构性供需失衡和消费升级方面分析基于服务化的装备制造业全球价值链升级因何产生。

2.2.1.1 产品内分工

在经济全球化发展的背景下,中间品贸易增长速度超过了 GDP 增长速度,引发国际分工形式从产业间分工向产品内分工变化的趋势(张衔 等,2020)。发达国家的制造模式也随之转变,衍生出全球外包、海外外包、分包、转包等不同的产品内分工形式,逐步形成了制造环节、加工工序等过程跨企业、跨区域、跨国别的全球化生产网络。国际分工的对象从制造产品向制造要素不断深化,贸易理论中的绝对优势、比较优势及规模经济是分工发生的基础。加工贸易的快速发展使我国装备制造业通过"技术溢出效应""干中学"效应充分获取技术增量,培育我国装备制造的动态优势,引领我国装备制造产业分工细化和产业结构优化。在分工的推进下,装备制造业对中间品的高需求促进了生产性服务业的增长,为装备制造价值环节间的沟通和协调注入高质量的中间投入,促进装备制造业产业结构优化和产业规模提升,从而推动装备制造业全球价值链升级。

2.2.1.2 服务贸易自由化

服务贸易自由化使分工更加方便,促进产品内分工的进一步深化,为服务化促进升级提供必要的基础(马盈盈,2019)。服务贸易自由化有利于我国装备制造业服务化对标国际先进规则和成功经验,改善传统装备制造中"大而全""小而全"的发展模式,通过制度创新助力顶层设计的优化,解决装备制造业服务化推动升级制度建设中存在的实际问题。同时,服务贸易自由化促进我国服务外包,是装备制造业服务化风险规避、专业化服务要素获取等现实需求，更是整合内外部资源，培育高质量装备制造服务的发展策略，促进以服务化促进装备制造业全球价值链升级。

2.2.1.3 技术进步

技术进步一方面通过提高服务要素技术含量，提升服务要素供给质量，增加服务产出隐性附加值，甚至能够催生新兴的服务要素，进而促进升级。尤其是以数字化为代表的新一代信息技术的进步有利于装备制造业获取更便捷、更高效、更低价的服务要素，降低服务要素获取成本，以促进升级。同时，技术进步有利于人力资源水平的提高，通过加强技术的更新和迭代，提高人力资源的素质和技能，扩大人力和知识的供给规模，从而驱动以服务化促进升级。另一方面技术进步通过深化分工程度使产业间的关联越来越复杂，提高装备过程的迂回度，刺激装备制造环节对高质量服务要素的需求，促进升级。技术进步的不同特征也会通过影响金融结构与经济发展的匹配水平，从而促进升级（王文倩 等，2022）。

2.2.1.4 结构性供需失衡

装备制造业的行业结构不合理以及产能过剩，容易引发销量的锐减，导致装备产品的同质化产品挤压、低价竞争、利润下降，加剧行业恶性竞争。而服务化以满足用户需求为中心，将价值的增长点从产品本身转移到产品功能，拓展装备产品的盈利点，决定了装备制造业服务化转型的方向和基础。服务化有利于提高能源利用效率、加快推进节能技术进步、调动市场资源配置的决定性作用，通过面向需求的产品服务系统实现资源共享以减少资源消耗，降低同质化竞争，是我国装备制造产业在去产能、调结构、促进产业升级发展过程中的重要手段。装备制造业服务化改善高能耗、高投入的生产方式，由以销售产品为主转向以利用产品提供配套服务为主，减少能源和原材料的投入，对于传统装备制造业实现全球价值链升级的意义巨大。

2.2.1.5 消费升级

消费需求的升级提高了用户对装备产品的功能需求、技术需求和内容需求,以服务化深化产品内容的深度和广度,满足用户已有需求、预判用户潜在需求成为装备制造业应对消费升级的主要途径。为了追求更优质、更人性化的消费体验,用户关注的重点不仅局限于装备产品本身,更将关注点放在产品带来的后续服务和产品功能的拓展上。服务化转型很好地满足了这种装备市场的需求变化。装备制造业服务化以用户需求为核心,通过提供研发、设计、采购、配套、售后等全周期服务,完美解决了用户在产品使用中对产品设计、产品更新、产品服务等配套内容的需求。

2.2.2 升级条件分析

从政策环境、战略合作联盟、数字技术和管理创新能力分析基于服务化的装备制造业全球价值链升级因何发展。

2.2.2.1 政策环境

政策环境是指国家制定的决定或影响服务化转型健康可持续发展的自然条件和社会环境,是政府作用于市场经济的具体体现。良好的政策环境有利于服务化产业政策的制定和实施,能够引导以服务化推动升级的发展方向(韩永辉 等,2017),如中央和地方财政支持、增值税和所得税减免,金融创新、建立宽严分级的金融政策、贸易政策、产业准入制度等。事实证明,良好的服务化政策环境,有利于以信息交互、数字技术和信息服务为引领的新兴生产性服务业市场主体迅猛增长,提升装备制造业的增值服务能力、个性化生产能力、产品价值增值能力,从而实现我国装备制造业价值链升级。因此,良好的服务化政策环境对升级过程中的技术研究、产品实现和市场拓展等会产生良性的影响,是推动以服务化促进升级的外部条件。

2.2.2.2 战略合作联盟

战略合作联盟为以服务化促进升级搭建交流、协同、创新、合作的共享平台，有利于相关组织开展服务化前瞻性研究，通过服务化应用场景的互联共享服务化促进升级的经验。通过战略合作联盟，装备制造业更容易丰富服务内容、整合服务资源，组成信息沟通、相互合作、利益共享、风险共担的服务化合作平台，从而开展各项服务化活动，为装备制造业服务化促进升级提供全方位支撑和保障。以航空制造产业为例，其产业链包括航空零部件制造、发动机与航电等系统制造、新材料开发、飞机总装、试验试飞、维修与售后等多个环节，内含基础设施、机场建设、装备制造与贸易、仓储与物流、航空与会展以及航空咨询与服务等相关产业。航空制造产业通过战略合作联盟，与关联产业建立战略合作关系，共享技术需求和标准化运作规程，在内部管理、产业链互联和对外服务方面，为提供标准化产品和服务以及程序化设计提供了必要条件。

2.2.2.3 数字技术

数字技术浪潮带动了整个行业的发展变化，越来越广泛、越来越便捷的数字技术影响着服务化创新、服务化内容、服务化模式等，是促进经济社会发展、推动商业模式变革的重要技术基础（楼永 等，2021）。装备制造业服务化对数字技术的要求不再局限于管理以及电子商务方面的简单应用，而是不断向数字化、平台化应用延伸，如构建研发平台、供应链平台、营销售后平台、运维平台和经济效益管控平台等。在以服务化推动升级的过程中，信息化平台将装备制造需求和生产性服务供给建立良好的沟通平台，以实现相互促进、相互改善。如福田雷沃重工利用 Siemens PLM Software 推动解决标准化业务的统一管理、产品配置管理、不同产品线之间的数据借用和协同设计等攻坚问题并取得了跨国、跨广域网的协同研发设计等项目的成功推进。远景能源利用"格林威治"风场设计云平台有效解决战略机会与投资风险间的回报问题，以及低风速风电场投资中优化设计和风险管控的问题。

2.2.2.4　管理创新

以服务化推动装备制造业全球价值链升级过程中，新的管理理念被引入到价值活动管理系统，使产品制造流程、管理模式、定价策略、价值组成、产品结构等方面均发生改变。管理创新是夯实装备制造业服务化组织管理工作的基础，有利于服务化转型企业实现运营联合化、技术共享化、平台网络化等转型模式的落地。围绕服务化活动在基础管理、绩效管理、财务管理、研发与技术管理等方面的渗透，以管理创新促进服务化升级的实践为引领，推进服务化的管理创新，提升综合管理水平，促进装备制造业的升级。如海尔打破研发设计、生产制造、营销服务这一完整的家电制造产业链，将生产制造环节外包，交给专业代工企业去做，实现从制造型企业向营销型、服务型企业的转型，专注于研发、品牌、渠道和服务，通过创新强化管理，提升服务化效率和效果。

2.3　演化过程

在分析升级动因和条件后，遵循全球价值链升级轨迹，提出基于服务化的装备制造业全球价值链升级演化过程，包含基于工艺优化服务、基于产品增效服务、基于功能创新服务和基于链条升级服务的价值链升级演化过程框架（吕文晶 等，2019；Dong et al.，2020），如图 2-4 所示。

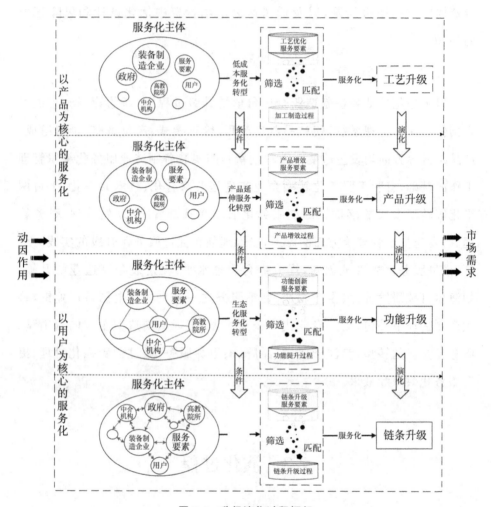

图 2-4 升级演化过程框架

2.3.1 基于工艺优化服务的价值链升级

基于工艺优化服务的价值链升级是基于市场对高性能、低功耗、低成本产品的需求，通过提高工艺流程中的服务要素比例，实现工艺流程的重组和某个环节效率，从而推动工艺升级的过程。我国装备制造业经历较长时期的全球价值链低端锁定，劳动力要素优势和批量化生产带来的产能过剩和

盈利能力乏力问题凸显。在这一阶段,装备制造业全球价值链升级的主要
关注点在于生产加工制造环节,如何在以服务化保证装备产品的配套性的
同时,降低装备产品成本,提升生产效率是这一阶段关注的核心内容。虽
然,批量化生产所带来的成本优势被装备制造业广泛采用,加之我国装备制
造业发展初期是通过学习、模仿和再创新进行发展,从而导致的产品同质化
严重、核心竞争力缺乏以及盈利能力受限等问题(Kastaui et al.,2013),在竞
争环境恶化、消费环境升级的背景下制约了装备制造业的发展。面对这种
发展困境,服务化活动促进分工深入,保留优势核心业务,并通过外包提高
非核心业务的专业性和优质性,降低制造加工成本,从而促进流程升级。因
此,服务化活动通过增加流程优化的制造服务,以低成本效应突破装备制造
业在流程升级中的围墙,利用资源优化配置实现各个同质化产业链资源共
享和互补,以实现升级的目的。以汽车零部件供应为例,对单一产业链上汽
车零部件进行仓储多级多层次管理,包括汽车零部件的中心仓库、各地区仓
库和中转仓库,再至经销商、服务商等终端。这种面向经销商和服务供应商
的仓储多级多层次管理使价值链中一个节点能够在多种同质化产业链节点
中应用,以区域划分业务辐射范围并为相关价值环节提供售后配件供应。
因此,当存在多条产业链时,同一区域内会存在多个不同产业链的同质化节
点。这些节点在传统的仓储零部件协作框架下是独立存在的,而在服务化
场景中,基于工艺优化服务通过优化和连接这些同质化节点,使其在全球价
值链环境中彼此作用,实现不同产业链间整合和重组不同地域间的资源配
置。特定时期 $T(t)$ 内企业的库存成本是这个时期内每单位时期库存成本
的累计,故特定时期 $T(t)$ 内的库存成本 $Cs(t)$ 是:

$$Cs(t) = \sum s(t)Q \tag{2-1}$$

如果企业在 T 时刻有 p 周期,则在 T 时刻的库存成本为:

$$Cs(T) = \sum Cs(q) \tag{2-2}$$

企业在 $T(t)$ 期间的缺货成本为 t 子期间单位时间内的累计缺货成本。此时，$T(t)$ 期间缺货成本记为 $Cr(t)$：

$$\left. \begin{cases} Cr(t) = \sum \mathrm{os}(t) \\ \sum Cr_i = 1 \end{cases} \right\} \xrightleftharpoons{i=t} (Cr_1, Cr_2, \cdots) \qquad (2\text{-}3)$$

在周期 $T(t)$ 基于工艺优化服务的协作成本是整个周期 T 价值链内服务业务集和 $B_{rc}(t)$ 的成本总和。此时，服务业务协作的总成本记作 $C_{kc}(t)$：

$$\left. \begin{cases} C_{kc}(t) = \sum \mathrm{bcc}(t) \\ C_{kc}(T) = \sum C_{kci} \end{cases} \right\} \xrightleftharpoons{i=t} (C_{kc1}, C_{kc2}, \cdots) \qquad (2\text{-}4)$$

2.3.2 基于产品增效服务的价值链升级

基于产品增效服务的价值链升级是为满足单位产品附加值提升的需求，通过提高自主设计和加工中的服务要素比例，实现新产品的引入或已有产品的改进，推动产品升级的过程。基于产品增效服务以金融、物流、信息等服务要素与制造环节关系日益密切为契机，充分发挥装备制造业与生产性服务业的耦合效应，培育产品新的竞争优势，增加了装备产品的增值点。因此，基于产品增效服务活动通过增加产品延展服务实现产品增效，为用户提供围绕产品的专业化维修、保养、资源协调、组装、售后以及远程升级等服务，丰富产品的盈利模式，以实现升级的目的。尤其是在核心竞争能力缺失、产能过剩和利润挤压的竞争市场中，产品增效的延展服务一方面提高了用户的黏性，培育用户忠诚度和依赖度；另一方面优化要素输入结构，调节加工制造低级环节和运作管理、产品应用高价值环节之间的比例，逐步向提供产品和服务的模式转变。例如，装备制造产品往往存在复杂多样的零件需求，设整个周期 T 内容易因缺货而遭受的损失为 $C_r(T)$，由于本周期服务化业务协调补货及时，以至于弥补零件需求企业缺货损失。在子周期 T

中的服务化增值是服务化协作创造的价值与成本损失的差,即：

$$V_{dx}(t) = C_r(t) - C_{kc}(t) = \sum os(t) - \sum bcc(t) \tag{2-5}$$

如果企业在第 T 时刻中存在 p 循环,则该企业在周期 T 的服务化业务增值 $V_{dx}(T)$ 为：

$$V_{dx}(T) = \sum V_{dx}(t) - \sum bcc(t) \tag{2-6}$$

基于产品增效服务促进了原本没有业务关系的不同产业链上各节点企业之间供需交易信息,进而创造附加价值。当零件供应商和零件需求企业通过服务化产生协作时,价值回报为 V_s,基于产品增效服务业务集合在周期 $T(t)$ 中所获得的协同增值收益总价值为：

$$V^c_{s(\beta)\to\alpha}(t) = \sum V^c_s(t) \tag{2-7}$$

基于产品增效服务一方面解决了零部件供需匹配信息交互,另一方面有效释放库存压力,缓解库存积压。此时,零件供应商子周期 t 内通过服务化带来的仓储增值为释放库存积压的成本,即：

$$V^c_{s(\beta)\to\alpha}(t) = cs \times nkc \tag{2-8}$$

上述分析从成本缩放和价值增值的角度构建了服务化业务协同模型,基于产品增效服务实现了价值链、供应链、产业链上的协调和共赢,应从降低协同成本、提升博弈价值和价值链协同等方面进行优化。

2.3.3 基于功能创新服务的价值链升级

基于功能创新服务的价值链升级是基于整体竞争优势提升的需求,通过提高自主品牌生产中的服务要素比例,实现价值链增值环节的重组和产品新旧功能的迭代,推动功能升级的过程。服务经济兴起和消费需求升级衍生出不同区域和目标特征下市场用户对装备产品的差异化需求,而产品延伸服务的技术含量低、进入壁垒低,导致产品差异化水平不足,无法满足市场需求的变化,差异化服务战略应运而生(Marjanovic et al.,2020)。服务化活动借助新知识、新方法、新技术整合内部资源,以标准化、规范化、统一化、合理化的管理流程为基础,通过了解用户需求、设计价值定位、产品方案选择、制订产品方案、实施方案和沟通反馈等闭环流程培育差异化优势,强化自身的服务提供能力,以促进功能升级。以中钢邢机的定价为例,传统销售定价主要采用按吨计价的模式,难以体现企业的质量优势,中钢邢机将企业生产每吨钢消耗的轧辊数量转化为价格,由按材料卖向按功能卖转变,以功能定价方式实现由提供产品向提供服务的转变,凸显企业的技术优势和质量优势。此外,基于功能创新的服务在供应环节中的优势也十分明显,当需求企业聚集导致需求突然增加,或者当企业收集的采购清单出现缺货,延长订单交货期,都会增加短缺成本。服务化活动通过建立供需双方的物料链接,避免供应中断和可能导致的后续需求企业库存短缺的影响。值得说明的是,基于功能创新服务的价值链升级协作活动在有相关业务往来的企业集合中选择,选择过程主要考虑供应企业目前的市场供求状况和供应企业的地理位置。简单地跨链条补货只是为了将风险转移到其他产业链上,达不到规避风险的目的,而筛选更好的供应来源才是解决问题的根本。因此,基于功能创新服务在多个产业链间进行协作活动时,应考虑如何进行服务要素价值选择,构建跨链条业务关联企业集合,设计业务流程优化体系,必须考虑多个产业链间进行协作选择的协调优化博弈策略问题。

2.3.4 基于链条升级服务的价值链升级

基于链条升级服务的价值链升级是为满足产业链条升级的需求,通过提高价值链生态中的服务要素比重,实现现有价值链的能力和资源向高级价值链移动,推动链条升级的过程。传统认知中,装备制造的价值增值是通过产品向用户传递,而服务化战略下的价值是始于用户需求,通过产品和服务进行传递的。具体体现为:从价值活动组织上,面向用户的服务价值活动能够将外部价值需求和内部建制目标相结合,构成基于用户感知的创新服务组织系统;从价值活动衔接上,通过服务要素将制造要素进行串联,形成为用户提供创新服务的有机整体,通过价值活动组织和衔接,形成高效的创新"链"活动,改善经营环境、提升服务理念并加强经营管理,从而促进价值链升级。如图 2-5 所示。

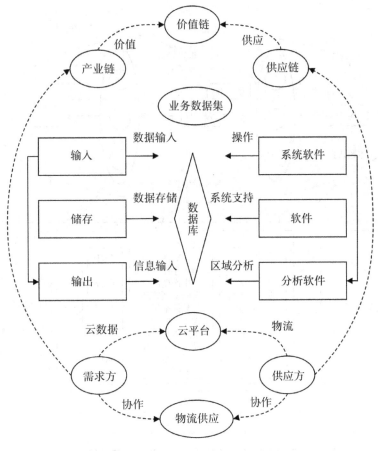

图 2-5 云平台下的价值链协同

基于链条升级服务的价值链升级依托技术平台和服务生态,涉及同质和非同质的装备制造产业链间供应商、工具制造商、中心配件库、区域配件库、经销商、服务商等的商业协作，通过纵向协调和横向协调以及横向跨链条协作和纵向跨链条协作（Dong et al.，2020），所产生的经济利益和风险在各价值节点中分配和承担，从而使企业协作关系呈现出纵横交错、错综复杂的网络形态。为了有效整合各产业链的信息资源和配件资源，并在此基础上构建配件多价值链的业务协同。本部分提出了云平台下基于链条升级服务的价值链升级协同系统，如图 2-6 所示。

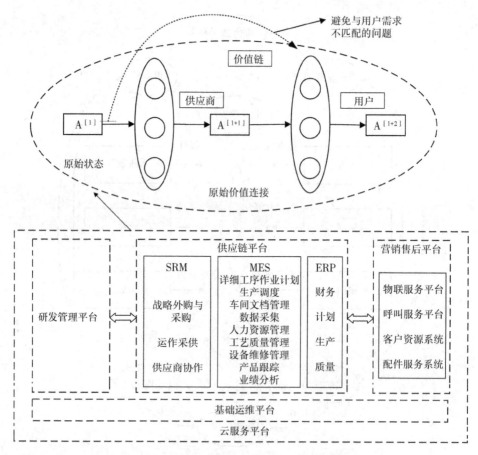

图 2-6　云平台下基于链条升级服务的价值链升级协同系统

　　基于链条升级服务的价值链升级过程借助云平台来支持多产业链、价值链中不同层次企业之间各项业务的多链协同。在复杂的业务协同规则下,云平台为升级中不同企业之间的业务协同提供支持,并满足多链条间的数据和信息资源以及各种价值活动的协同需求。如何构建良好的信息处理机制并利用有效的信息资源,设计合理策略,保证参与主体之间协同效果是云平台需要考虑的关键问题。为支持基于链条升级服务的价值链升级业务协调,云平台需要优先整合多个组织业务的信息资源,形成多组织价值协同模式的业务数据集,如零部件采购、库存管理、零部件销售、零部件售后、物流配送等业务环节,包括支持不同组织之间协同的业务环节。整合后的数据资源需要进一步分类、处理和分析,以提高多组织数据资源的质量,更有效地发挥数据资源的价值。

综上,提出基于服务化的装备制造业全球价值链升级演化过程包括基于工艺优化服务、基于产品增效服务、基于功能创新服务和基于链条升级服务的价值链升级演化过程。值得说明的是,四个过程并不一定遵循线性模式升级,也可能存在非线性模式升级。这是因为,在升级过程中可能存在装备制造业与生产性服务业之间或是装备制造业内部企业之间的相互影响,从而产生产业间升级和产业内升级的分岔,发生升级的跃迁行为。因此,分析装备制造业服务化的经济环境、要素禀赋、发展条件以及运行阶段,准确识别影响服务化促进升级的影响因素是装备制造业以服务化推动其全球价值链升级的关键问题。

2.4　关键因素

为遵循研究的客观性和实用性,本研究通过质性研究扎根理论方法,通过系统收集相关性强的实践资料,自下而上地提取出能够反映以服务化实现升级关键因素的核心问题,并进行实证检验。

2.4.1 关键因素模型数据收集和研究设计

扎根理论是一种在实际情境中解决问题，从资料经验中梳理逻辑，通过"持续比较"和"理论抽样"（王璐 等，2010），在事实和理论之间进行检验和补充直至饱和状态的质性研究方法。该方法规避了仅通过量化研究反映事实的抽象性，对于现象的揭示和预测有一定的优势（Urquhart et al.，2010）。考虑到基于服务化的装备制造业全球价值链升级关键因素的作用效果存在阶段性、差异性，故采用以"情景范式"为特点的扎根理论方法（Goldkuhl，2010），阐述升级的影响因素及作用关系并进行验证，初步识别基于服务化的装备制造业全球价值链升级关键因素作用模型。

2.4.1.1 数据收集

为使调研内容能够将符合升级的关键因素更加客观、真实地反映出来，本研究主要通过开放式问题与预进行、正在进行和有服务化转型经验的相关部门从业人员进行一对一访谈。考虑到实施服务化战略过程中提供服务需求的类型、服务转型效果的差异性较大等问题，采用理论抽样遵循理论饱和原则展开研究。借鉴国内外扎根理论研究的成熟经验，遵循典型性和多样性的原则，最终确定 30 名受访者，其中 18 名来自年收益 2000 万元以上的中大型服务化转型的装备制造业企业（即除生产外，还提供围绕产品的其他增值服务，如研发、设计、营销、售后等）；6 名来自年收益 1000 万元以上的中型生产性服务业企业（为装备制造业提供生产性服务的企业，包括提供研发设计与其他技术服务、金融服务、生产性租赁服务等业务的企业）；剩余 6 名来自与装备制造业全球价值链升级政策发布关联性较强的政府部门（包括国家、地方和行业）。

2.4.1.2 研究设计

通过编码过程识别基于服务化的装备制造业全球价值链升级影响因素

并进行实证检验,指出关键因素,形成理论分析－模型构建－实证检验的总体研究框架。根据受访对象明确访谈问题,详见附录1。采用非正式访谈和一般性访谈的方式,始终以基于服务化的装备制造业全球价值链升级的影响因素为主线,精准收集受访者访谈资料,共得到 55 份基础资料,随机抽取 12 份用于理论饱和度检验。以收集的基础数据为依据进行编码。

2.4.2 关键因素数据编码过程和检验

2.4.2.1 基于三级编码的数据编码过程

通过开放式编码、主轴式编码、选择式编码三级编码可对信息进行整理(Seidel et al.,2013)。

(1)开放式编码。开放式编码旨在通过原始资料中对基于服务化的装备制造业全球价值链升级有影响的现象进行归纳,实现对资料原始状态中研究问题的概念化和范畴化。通过深度访谈和相关资料的收集整理,对 77 条初始概念进行分类和组合,并剔除频次低于两次的初始概念,最终形成 17 个范畴化概念和 56 个原始语句,见表 2-1。

表 2-1　开放式编码形成的编码结果

范畴化概念	语句编号:原始资料
市场竞争环境	E01:发达国家存在向更低用工成本国家转移的趋势(要素优势转移)
	E02:发达国家在核心技术上垄断程度高,重要战略性新兴产业参与国际市场竞争中利益受损(国际市场竞争)
	E03:本土装备制造业面临市场空间障碍的直接原因在于下游倾向于进口国外装备(进口产品竞争力强)
	E04:国际市场萎靡、品牌竞争白热化和原料成本的高涨(要素环境变化)

续表

范畴化概念	语句编号:原始资料
服务化 促进政策	E05:服务转型有赖于政策的有力支撑(政策支持)
	E06:服务化产业政策大力扶持装备制造业对先进服务化技术的开发和应用,对促进装备制造业服务化有积极的引领(服务化扶持政策)
	E07:依托重大工程,集技术政策、产业政策、财税金融政策等为一体的政策扶持体系,有力推动装备制造业服务化转型(政策系统性)
产业链 需求	E08:产品优质化和技术独有性有利于推动产业链上下游联动(产业链技术联动)
	E09:装备制造业通过服务化能够打造全生命周期的产品服务创新体系,更好地满足定点式需求(需求挖掘和培育)
	E10:需求市场变化使装备产品产业链横向延伸和纵向拓展,激发服务要素与制造要素的互动(需求导向)
附加值 增值	E11:提高装备产品中的高附加值的服务要素比重,有利于丰富装备制造产品增值服务(价值增量)
	E12:服务经济发展提高了装备制造产品对新环境的适应性,为企业带来持续稳定的利润收入(经济利益)
	E13:将产品与服务结合,打包进行销售,既改善服务不好计量的问题,又提高产品的增值能力(产品增值能力)
	E14:在工业制成品附加值构成中,研发、设计、物流、售后等服务占比不断增加,制造加工环节占比越来越低(收入结构)
	E15:用户参与制造过程,使企业对用户需求有更准确的把握,获得隐性价值,也使价值的获取和实现变得便捷(隐性价值)
领导者 决策能力	E16:管理者服务化意愿、用户的开发方式以及管理文化会影响服务化的效果,决定了服务化的实施是否提升装备制造业的经营能力(管理能力)
	E17:服务产出效率和质量与服务从业人员中管理人员、技术人员的比例有关(人才结构)
资本支撑 水平	E18:服务化战略转型需要以推动产业获得稳定、高边际利润的持续性收入为前提(资本投入能力)
	E19:服务化转型对资金的依赖程度高,需大力引入政府资金、企业资金、资金机构资金,并做好项目实施的监管(融资渠道)
战略 定位	E20:服务化战略实施,企业必须具有较强的知识积累和响应能力,以匹配服务化目标(目标与能力匹配)

范畴化概念	语句编号:原始资料
组织 目标	E21:服务导向的组织目标有利于倒逼服务化转型的工作进度、优化措施改进、促进各项活动的落实(目标服务化)
	E22:参照日本引入欧美式管理方式,实施模块化改革,有助于开展产业新价值,明细工作任务(组织目标原则)
	E23:目标导向有利于聚焦服务化转型的短板(目标导向)
	E24:服务化战略的实施对于产业结构、规则流程和管理体系是一个巨大挑战,亟须有导向性的组织目标引领(目标影响)
	E25:组织目标要明确服务化方向和标准(组织目标导向性)
服务要素 价值	E26:服务内容确实能推动全球价值链升级,但是不同服务内容的推动效果不同(服务内容差异化)
	E27:并不是所有服务都适用于所有企业的服务化转型,设计符合自身能力的方案,产品和服务的匹配很重要(服务要素比重)
	E28:服务化转型要整合与全球范围内的供应商、竞争对手、服务要素供应者、用户、金融机构、科研机构和大学等创新主体(服务要素供应协同)
组织 结构	E29:服务化转型需要调整传统管理层级,将业务流程整合成模块式单元,增强单元间协同能力,小而精(组织模式匹配)
	E30:结构简洁,反应灵敏、迅速,灵活多变,刚性减弱(组织柔性)
	E31:独立的服务组织,承担盈亏责任,使用绩效评估系统,在员工层面分解服务策略(组织绩效)
人力资源 水平	E32:装备制造业服务化的高技术人力资源保障不足,服务化促进升级发展的质量更取决于高水平的服务运营人才(人力资源水平)
	E33:产业的发展从比例上有重销售轻专业的趋势,具有专业资深经验的人才比重较少(人才结构)
服务 价格	E34:服务化产品开发后,服务价格决策是影响服务化产品市场份额、市场供需的一个问题(服务价格决策)
	E35:服务网络节点无缝连接,各自向核心资源靠拢(服务供应)
	E36:根据不同来源、不同层次、不同类型服务要素的识别与选择,与制造环节整合,创造出新产业的复杂动态过程(服务与制造环节调节)
利益 分配	E37:生产性服务比重增加使产品的内涵不断扩大,通过差异化实现价值创造,并分配到制造和服务中(价值分配)
	E38:服务化转型投入成本与服务化转型产出利润之间的关系影响服务化(投入与产出关系)
	E39:服务业务收入占销售收入比重增加(服务效益)

续表

范畴化概念	语句编号：原始资料
风险 分担	E40：服务备件的需求不可知，无法进行准确预测（经营风险）
	E41：政策变化导致交易成本增加或者交易价格变化（政策风险）
	E42：服务化转型损害部分组织利益，导致其对服务化转型抵触（战略风险）
	E43：技术问题导致的功能性错误（技术风险）
	E44：市场的恶性竞争阻碍服务化转型（市场风险）
升级 评价	E45：制造企业对高端服务需求不足，大多停留在组装环节，不同类型装备制造行业的服务需求不同，且生产性服务对提升装备制造业全球价值链位势具有异质性特征（位势评价）
	E46：制造业总体采用传统生产模式，竞争策略在采用低成本和价格优势，对服务需求层次低（服务化水平）
	E47：面向生产性服务要素市场开放和改革相对滞后（服务与产品不匹配）
过程 控制	E48：企业对转型中竞争格局、新商业模式控制能力非常重要（控制能力）
	E49：服务流程设计合理性在服务转型中不断摸索和磨合（流程控制）
	E50：服务要素选择不合理应及时调整（服务要素控制）
	E51：收益分配足够合理（分配过程控制）
保障 策略	E52：成功识别转型过程中的竞争者并认清竞争对手的资源和能力，从而保持自身的独特竞争优势（行业资源保障）
	E53：政策环境、社会环境、创新环境为服务化促进升级提供了沃土和养分（社会环境保障）
	E54：创新能力的构建是服务化转型和价值链延伸升级的关键（技术保障）
	E55：加强人才提升制度、激励制度、技术引进制度，有利于提供服务化资源，保障服务化促进升级的软实力（企业制度保障）
	E56：强化知识产权保护，提高服务化成果转化效率，发挥中介机构的积极作用，完善相关法律制度建设，以及减税、金融的促进政策是保障服务化促进升级的基本（政策环境保障）

（2）主轴式编码。在进行完开放式编码之后，对各个范畴化的词进一步总结，采用因果关系对其进行排序，通过得到的 17 个基于服务化的装备制造业全球价值链升级的影响因素间的内在关联和逻辑关系，最终得到 4 个主范畴，具体逻辑详见表 2-2。

表 2-2　主轴式编码的范畴

主范畴	子范畴	关系结构
驱动因素 （D）	附加值增值 D_1	服务化转型带来的装备产品增值能力提高装备制造业整体收入和利润水平
	服务化促进政策 D_2	有效的服务化产业政策能发挥装备制造业服务化战略政府引导的导向性作用
	产业链需求 D_3	由产品向产品功能转变的用户需求推动服务化转型的迫切
	市场竞争环境 D_4	国际装备供需不平衡、核心技术缺失导致装备制造产品市场竞争环境复杂、竞争形势严峻
	领导者决策能力 D_5	服务化环境和管理水平影响装备制造业进行服务化
	资本支撑水平 D_6	资本投入能力和资金渠道推动服务化转型是否能够持续地进行
匹配因素 （I）	战略定位 I_1	服务化战略转型渗透到每一个战略层面
	组织目标 I_2	创新服务合作模式,重组业务流程,提升装备产品生产效率,促进其全球价值链升级
	服务要素价值 I_3	服务要素的来源广泛,在众多服务要素中需要结合产品属性进行要素选择
	组织结构 I_4	组织匹配度、组织柔性和服务化考评有助于支撑服务化战略实施,提升我国装备制造业全球价值链位势
	人才资源水平 I_5	专业的服务化战略转型人才是确保转型成功的软条件
调节因素 （O）	服务价格 O_1	服务化转型面临不同服务商之间调节服务价格
	利益分配 O_2	服务要素比重的提高能够促进装备产品附加值,并在相关利益体间协调和分配
	风险分担 O_3	经营风险、政策风险、战略风险、技术风险和市场风险限制服务化转型的质量
控制与保障 因素（T）	升级评价 T_1	高水平、高质量的服务,持续的服务创新和服务供给保障装备制造产品的附加值水平,支持装备制造业全球价值链升级
	过程控制 T_2	服务化过程控制反映以服务化促进升级中物质、能量、要素之间的作用过程和转换过程
	保障策略 T_3	保障政策有效性直接影响服务化转型的效果

(3)选择式编码。选择式编码是通过假设或关系图形式将不同概念和范畴组织起来,揭示各主范畴与子范畴的逻辑关系。本研究的核心范畴是

基于服务化的装备制造业全球价值链升级,围绕这一核心范畴确定有显著影响的驱动因素、匹配因素、调节因素和控制与保障因素四个方面。各核心范畴的典型关系结构如表 2-3 所示,构建基于服务化的装备制造业全球价值链升级影响因素作用关系模型,如图 2-7 所示。

表 2-3　主范畴典型关系结构

关系	典型关系结构	关系结构内涵
关系一	驱动因素→基于服务化的装备制造业全球价值链升级	驱动因素是基于装备制造业发展环境的优势和条件,聚集服务化转型的驱动力,直接影响基于服务化的装备制造业全球价值链升级
关系二	匹配因素→基于服务化的装备制造业全球价值链升级	匹配因素是装备制造业实施服务化转型的基础,战略定位、组织目标、服务要素价值、组织结构和人才资源水平几个方面直接影响基于服务化的装备制造业全球价值链升级
关系三	调节因素→基于服务化的装备制造业全球价值链升级	调节因素是服务要素与装备制造价值环节互动的过程体现,其协调过程有利于解决服务化视角下装备制造业价值链上的瓶颈问题,直接影响基于服务化的装备制造业全球价值链升级
关系四	控制与保障因素→基于服务化的装备制造业全球价值链升级	控制与保障因素反映了装备制造业进行服务化转型效果的保障,直接影响基于服务化的装备制造业全球价值链升级
关系五 (1)(2)	驱动因素→匹配因素→基于服务化的装备制造业全球价值链升级	驱动因素同时可以通过促进匹配因素间接影响基于服务化的装备制造业全球价值链升级
关系六 (1)(2)	驱动因素→调节因素→基于服务化的装备制造业全球价值链升级	驱动因素同时可以通过促进调节因素间接影响基于服务化的装备制造业全球价值链升级
关系七 (1)(2)	调节因素→控制与保障因素→基于服务化的装备制造业全球价值链升级	调节因素同时可以通过促进控制与保障因素间接影响基于服务化的装备制造业全球价值链升级

注:表中(1)和(2)代表中介效应作用阶段

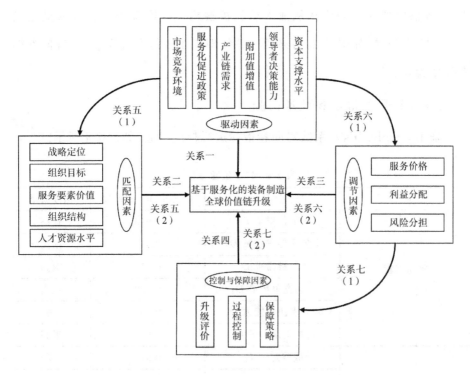

图 2-7 关键因素作用关系模型

2.4.2.2 理论模型饱和度检验

饱和度检验完善理论模型的严密性。用剩余 12 份原始访谈资料作为理论模型饱和度检验数据,对其进行重复编码,以验证关键因素的关系结构。经校验,与之前编码结果相比,没有产生新的概念集合,可以确定构建的基于服务化的装备制造业全球价值链升级影响因素理论模型在理论上达到饱和。

2.4.3 关键因素识别

采用李克特 5 级量表对各变量的测量量表进行量化,1 到 5 代表各项指标由低到高的程度。利用问卷调查对研究内容进行数据的收集,结合扎根理论分析结果设计问卷内容。为保证合理性,本研究向装备制造业的从业人员、提供服务要素的机构从业人员和接触相关政府政策的从业人员定向发放 562 份问卷,如附录 2,最终回收并整理了 498 份有效问卷,调查问卷的有效率为 88.6%。

2.4.3.1 量表信度和效度检验

采用 Cronbach's α 系数对问卷指标进行信度检验,如表 2-4 所示。

表 2-4 信度检验结果

检验项目	变量(简写)	Cronbach's α 系数	信度质量
驱动因素 （D）	附加值增值 D_1	0.919	很高
	服务化促进政策 D_2	0.914	很高
	产业链需求 D_3	0.917	很高
	市场竞争环境 D_4	0.930	很高
	领导者决策能力 D_5	0.891	高
	资本支撑水平 D_6	0.907	很高
匹配因素 （I）	战略定位 I_1	0.840	高
	组织目标 I_2	0.897	高
	服务要素价值 I_3	0.902	很高
	组织结构 I_4	0.918	很高
	人才资源水平 I_5	0.896	高
调节因素 （O）	服务价格 O_1	0.920	很高
	利益分配 O_2	0.907	很高
	风险分担 O_3	0.908	很高
控制与保障因素 （T）	升级评价 T_1	0.854	高
	过程控制 T_2	0.921	很高
	保障策略 T_3	0.892	高

借助 SPSS 计算得到各检验项目的 Cronbach's α 系数均大于 0.7,故都满足信度要求,利用 KMO 检验统计量和 Bartlett 对各检验项目进行效度分析(Thomas et al.,2021)。若介于 0.7~0.8 之间,说明研究数据适合提取信息。Bartlett 球形度检验表明该检验项目是否相互独立,当 Sig 值小于 0.05

时,则检验项目呈球形分布。当满足以上两个条件时,问卷具有结构效度,可以进行因子分析。通过表 2-5 效度检验结果可以看出,所有检验项目的 KMO 值大于 0.7 以上,且 Sig 值均小于 0.05,球度检测具有显著意义,说明效度检验很好。

表 2-5　效度检验结果

主范畴	副范畴	KMO	KMO 值效度表现	Bartlett 球形检验
驱动因素（D）	附加值增值 D_1	0.871	很好	Sig＜0.05
	服务化促进政策 D_2			
	产业链需求 D_3			
	市场竞争环境 D_4			
	领导者决策能力 D_5			
	资本支撑水平 D_6			
匹配因素（I）	战略定位 I_1	0.825	很好	
	组织目标 I_2			
	服务要素价值 I_3			
	组织结构 I_4			
	人才资源水平 I_5			
调节因素（O）	服务价格 O_1	0.862	很好	
	利益分配 O_2			
	风险分担 O_3			
控制与保障因素（T）	升级评价 T_1	0.822	很好	
	过程控制 T_2			
	保障策略 T_3			

2.4.3.2 相关性分析

对各变量与校验项目的相关性进行分析,采用 Pearson 值反映关系强弱水平,如表 2-6 所示。基于服务化的装备制造业全球价值链升级与附加值增值、服务化促进政策、产业链需求、市场竞争、组织目标、服务要素价值、组织结构、服务价格、利益分配、风险分担、升级评价、过程控制、保障策略等 13 项之间的相关系数呈现出 0.01 水平的显著性,说明以上 13 项与基于服务化的装备制造业全球价值链升级呈现正相关关系;而与领导者决策能力、资本支撑水平、战略定位、人力资源水平等 4 项之间的相关系数没有呈现显著性,说明其与基于服务化的装备制造业全球价值链升级之间没有显著的正相关关系。

表 2-6　相关性分析

影响关系	相关系数	p
附加值增值→升级	0.391**	0.000
服务化促进政策→升级	0.264**	0.000
产业链需求→升级	0.303**	0.000
市场竞争→升级	0.264**	0.000
领导者决策能力→升级	0.076	0.089
资本支撑水平→升级	0.083	0.076
战略定位→升级	0.081	0.105
组织目标→升级	0.305**	0.000
服务要素价值→升级	0.280**	0.000
组织结构→升级	0.219**	0.000
人力资源水平→升级	0.084	0.015
服务价格→升级	0.235**	0.000
利益分配→升级	0.355**	0.000
风险分担→升级	0.173**	0.000
升级评价→升级	0.167**	0.000
过程控制→升级	0.148**	0.000
保障策略→升级	0.287**	0.000

注:***、**、* 分别表示在 1%、5%、10% 水平显著。

　　将附加值增值、服务化促进政策、产业链需求、市场竞争、组织目标、服务要素价值、组织结构、服务价格、利益分配、风险分担、升级评价、过程控制、保障策略作为自变量,将基于服务化的装备制造业全球价值链升级作为因变量进行线性回归分析,结果如表 2-7 和表 2-8 所示。

表 2-7 ANOVA 检验

项目	平方和	df	均方	F	p
回归	29.591	17	1.741	522.613	0.000
残差	1.289	387	0.003		
总计	30.880	404			

表 2-8 影响因素线性回归分析

项目	非标准化系数		标准化系数	t	p	VIF	R^2	调整 R^2	F
	B	标准误差	Beta						
附加值增值→升级	0.092	0.003	0.339	32.135	0.000**	1.032			
服务化促进政策→升级	0.072	0.003	0.255	23.978	0.000**	1.049			
产业链需求→升级	0.068	0.004	0.235	22.347	0.000**	1.026			
市场竞争→升级	0.071	0.002	0.261	24.753	0.000**	1.034			
领导者决策能力→升级	0.021	0.003	0.076	7.107	0.058	1.065			
资本支撑水平→升级	0.020	0.003	0.077	7.315	0.062	1.038			
战略定位→升级	0.021	0.003	0.083	7.874	0.059	1.033			
组织目标→升级	0.096	0.003	0.343	32.552	0.000**	1.030	0.958	0.956	$F(17,387)$ $=522.613,$ $p=0.000$
服务要素价值→升级	0.090	0.003	0.337	31.882	0.000**	1.037			
组织结构→升级	0.063	0.003	0.232	21.738	0.000**	1.053			
人力资源水平→升级	0.027	0.003	0.096	9.014	0.056	1.061			
服务价格→升级	0.046	0.003	0.168	15.953	0.000**	1.030			
利益分配→升级	0.098	0.003	0.375	35.356	0.000**	1.040			
风险分担→升级	0.045	0.003	0.170	15.692	0.000**	1.084			
升级评价→升级	0.047	0.003	0.169	16.024	0.000**	1.031			
过程控制→升级	0.042	0.003	0.168	15.913	0.000**	1.035			
保障策略→升级	0.073	0.003	0.256	23.725	0.000**	1.077			
常数	0.014	0.044	—	0.319	0.750				

注：***、**、* 分别表示在 1%、5%、10% 水平显著。

模型公式为：基于服务化的装备制造业全球价值链升级＝0.092×附加值增值驱动＋0.072×服务化促进政策驱动＋0.068×产业链需求驱动＋0.071×市场竞争驱动＋0.021×领导者决策能力＋0.020×资本支撑水平＋0.021×战略定位＋0.090×组织目标＋0.096×服务要素价值＋0.063×组织结构＋0.027×人力资源水平＋0.046×服务价格＋0.098×利益分配＋0.045×风险分担＋0.047×升级评价＋0.042×过程控制＋0.073×保障策略＋0.014。

从表 2-8 可知，模型 R^2 值为 0.958，表示以上指标可以解释基于服务化的装备制造业全球价值链升级中的 95.8％变化原因。分析模型共线性发现，模型中 VIF 值均小于 5，意味着不存在共线性问题；$D-W$ 值等于 2.055，说明模型不存在自相关性，样本数据之间并没有关联关系，模型较好。对关键因素回归系数进行分析，得到驱动因素、匹配因素、调节因素和控制因素对升级都存在正向影响关系，如表 2-9 所示。

表 2-9　各关键因素回归系数表

项目	非标准化系数		标准化系数	p	VIF
	B	标准误差	Beta		
驱动因素	0.846	0.019	0.916	0.000**	1.000
匹配因素	0.777	0.064	0.517	0.000**	1.000
调节因素	0.911	0.028	0.852	0.000**	1.000
控制与保障因素	0.841	0.025	0.860	0.000**	1.000
项目	R^2	调整 R^2	F	$D-W$	
驱动因素	0.838	0.838	$F(1,403)=2089.636$, $p=0.000$	1.498	
匹配因素	0.268	0.266	$F(1,403)=147.340$, $p=0.000$	1.243	
调节因素	0.726	0.725	$F(1,403)=1067.892$, $p=0.000$	1.564	
控制与保障因素	0.740	0.739	$F(1,403)=1144.697$, $p=0.000$	1.523	

2.4.3.3 中介效应检验

为验证表 2-3 主范畴关系结构中的中介效应,参考温忠麟等提出的中介效应检验模型和检验流程,建立如下关系方程:第一,验证驱动因素对基于服务化的装备制造业全球价值链升级的直接效应:$Y = \alpha_0 + \alpha_1 X_1$;第二,验证驱动因素对匹配因素的直接效应 $M = \beta_0 + \beta_1 X_1$;第三,将驱动因素和匹配因素关系纳入模型检验其中介效应:$Y = \gamma_0 + \gamma_1 X_1 + \gamma_2 X_2$。中介机制检验思路为:检验 α_1,当 α_1 显著,继续检验 β_1 和 γ_2,否则,终止中介效应检验;若 β_1 和 γ_2 显著,继续检验 γ_1,若有一项不显著,进行 Sobel 检验,若 Sobel 检验显著,部分有中介效应,若 Sobel 检验不显著,无中介效应;若 γ_1 显著,部分有中介效应,若 γ_1 不显著,中介效应完全。参照表 2-3 有中介作用的关系结构进行检验,结果如表 2-10 所示。表 2-10 中驱动因素对基于服务化的装备制造业全球价值链升级的回归系数为 0.846,驱动因素对匹配因素的回归系数为 0.314,加入中间变量匹配因素后驱动因素对基于服务化的装备制造业全球价值链升级的回归模型中的回归系数呈现显著性,说明存在中介效应,其他中介关系的论证相同,此处不再赘述。

表 2-10 中介作用分析表

	基于服务化的装备制造业价值链升级		匹配因素		基于服务化的装备制造业价值链升级	
	B	标准误差	B	标准误差	B	标准误差
常数	0.581**	0.078	3.216**	0.111	0.253	0.136
驱动因素	0.846**	0.019	0.314**	0.026	0.814**	0.021
匹配因素					0.102**	0.035
R^2	0.838		0.260		0.842	
调整 R^2	0.838		0.259		0.841	
F	$F(1,403)=2089.636,$ $p=0.000$		$F(1,403)=141.904,$ $p=0.000$		$F(2,402)=1068.967,$ $p=0.000$	

	基于服务化的装备制造业价值链升级		调节因素		基于服务化的装备制造业价值链升级	
	B	标准误差	B	标准误差	B	标准误差
常数	0.581**	0.078	1.295**	0.109	0.120	0.079
驱动因素	0.846**	0.019	0.691**	0.026	0.600**	0.027
调节因素					0.356**	0.031
R^2	R^2		0.838		0.639	
调整 R^2	调整 R^2		0.838		0.638	
F	$F(1,403)=2089.636$ $p=0.000$		$F(1,403)=712.368$ $p=0.000$		$F(2,402)=1452.012$ $p=0.000$	
	基于服务化的装备制造业价值链升级		控制因素		基于服务化的装备制造业价值链升级	
	B	标准误差	B	标准误差	B	标准误差
常数	0.299*	0.117	0.983**	0.156	$-0.190*$	0.093
调节因素	0.911**	0.028	0.802**	0.037	0.512**	0.031
控制因素					0.497**	0.028
R^2	0.726		0.539		0.845	
调整 R^2	0.725		0.538		0.844	

　　调节因素在驱动因素作用下对基于服务化的装备制造业全球价值链升级中起到部分中介作用；匹配因素在驱动因素作用下对基于服务化的装备制造业全球价值链升级中起到部分中介作用；控制与保障因素在调节因素作用下对基于服务化的装备制造业全球价值链升级中起到部分中介作用，如表 2-11 和表 2-12 所示。根据结果各中介效应占比较小意味着中介关系的影响较为复杂，可能还有其他因素影响。

表 2-11 中介作用检验

项目	c 总效应	a	b	$a \times b$ 中介效应值	$a \times b$ (Boot SE)	$a \times b$ (z 值)
驱动因素⇒匹配因素⇒装备制造业全球价值链升级	0.846**	0.314**	0.102**	0.032	0.001	43.943
驱动因素⇒调节因素⇒装备制造业全球价值链升级	0.846**	0.691**	0.356**	0.246	0.002	136.592
调节因素⇒控制与保障因素⇒装备制造业全球价值链升级	0.911**	0.802**	0.497**	0.399	0.002	252.436

项目	$a \times b$ (p 值)	$a \times b$ (95%BootCI)	c' 直接效应	检验结论	中介效应占比/%
驱动因素⇒匹配因素⇒装备制造业全球价值链升级	0.000	0.008~0.066	0.814**	部分中介	3.781
驱动因素⇒调节因素⇒装备制造业全球价值链升级	0.000	0.198~0.339	0.600**	部分中介	29.071
调节因素⇒控制与保障因素⇒装备制造业全球价值链升级	0.000	0.309~0.433	0.512**	部分中介	43.831

注：***、**、*分别表示在1%、5%、10%水平显著。

表 2-12 中介作用模型回归系数表

$X \to Y$（路径影响关系）	非标准化路径系数	SE	z（CR 值）	p	标准化路径系数
驱动因素→调节因素	0.691	0.026	26.758	0.000	0.799
驱动因素→匹配因素	0.314	0.026	11.941	0.000	0.510
调节因素→控制因素	0.802	0.037	21.781	0.000	0.734
调节因素→基于服务化的装备制造业全球价值链升级	0.474	0.032	14.850	0.000	0.447
匹配因素→基于服务化的装备制造业全球价值链升级	0.093	0.032	2.929	0.003	0.063
控制与保障因素→基于服务化的装备制造业全球价值链升级	0.498	0.028	17.816	0.000	0.513

由表 2-12 可知，驱动因素对于调节因素影响时，标准化路径系数值为 0.799＞0，并且此路径呈现出 0.01 水平的显著性（Cronbach's α 系数），说明驱动因素会对调节因素产生显著的正向影响关系。同理可知，驱动因素对匹配因素、调节因素对控制因素、调节因素对基于服务化的装备制造业全球产业链升级、匹配因素对基于服务化的装备制造业全球产业链升级、控制因素对基于服务化的装备制造业全球产业链升级均产生显著的正向影响关系。

2.4.3.3 拟合度检验

将问卷结果输入基于服务化的装备制造业全球价值链升级影响因素模型中，利用 R^2 进行模型拟合。由表 2-13 和图 2-8 可知，因变量为基于服务化的装备制造业全球价值链升级的 R^2 为 0.845，说明预测结果与实际发生情况的吻合程度较高。

表 2-13   模型拟合结果

因变量	R^2
驱动因素	0.759
匹配因素	0.260
调节因素	0.539
控制与保障因素	0.639
基于服务化的装备制造业全球价值链升级	0.845

由此可知，基于服务化的装备制造业全球价值链升级的关键因素包括驱动因素、匹配因素、调节因素和控制与保障因素。

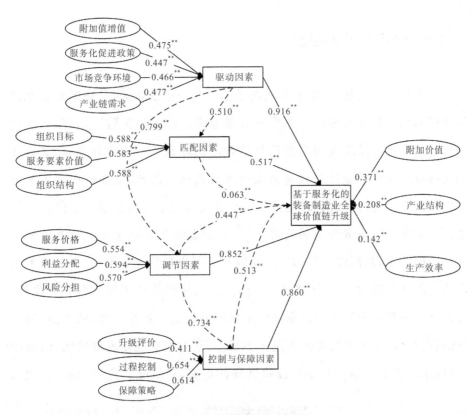

图 2-8 关键因素检验模型

2.5 机制总体设计

为明确以上四种关键因素对基于服务化的装备制造业全球价值链升级的作用场景和运行方式,本节以战略实施理论为基础验证基于服务化的装备制造业全球价值链升级四个关键因素在升级中的战略地位,设计基于服务化的装备制造业全球价值链升级机制总体架构。

2.5.1 升级机制框架结构

由上述分析可知,随着装备制造业服务化程度的深入,装备制造业全球价值链的加工制造环节和生产服务环节越来越频繁地进行互动,从而优化和提升了我国传统装备制造低附加值参与国际竞争的模式和途径,成为我国装备制造业实现全球价值链升级的重要战略。因此,服务化视角下装备制造业全球价值链升级机理是:第一,服务化界定了装备制造业价值链上制造环节和生产性服务环节的边界。第二,依据装备制造业价值链上价值活动的不同需求,对制造环节和生产性服务环节进行选择。第三,在制造和生产服务不断渗透的过程中,两个产业的资源、技术等要素相互融合。此外,要使基于服务化的装备制造业全球价值链升级这一过程扎实、稳定地持续,还需进行升级结果对战略实施过程的反馈,从而形成战略发展的闭环,如图2-9所示。依据安索夫对企业战略管理的定义,将战略管理分为战略分析、

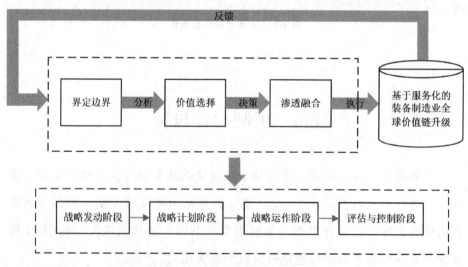

图 2-9 装备制造业服务化战略实施过程

战略选择和战略实施三个阶段。其中,战略实施是将战略分析阶段所确定的意图性战略转化为具体的组织行动,以保障战略目标实现的重要部分。战略实施是一个自上而下的动态管理过程,其中"动态"的特征主要体现在战略实施过程中。也就是说,战略实施要经历"分析—决策—执行—反馈—再分析—再决策—再执行"的不断循环中(Parnell et al.,2008),经过"战略发动阶段—战略计划阶段—战略运作阶段—评估与控制阶段"的过程达成战略目标。

同理,装备制造业服务化战略实施也将经历"服务化战略的发动阶段—服务化战略的计划阶段—服务化战略的运作阶段—服务化战略的评估与控制阶段"。在揭示基于服务化的装备制造业全球价值链升级机理的过程中发现,基于服务化的装备制造业全球价值链升级受驱动因素、匹配因素、调节因素以及控制与保障因素的共同影响。综合上述分析,可构建基于服务化的装备制造业全球价值链升级机制框架结构,如图 2-10 所示。

2.5.2 升级子机制

基于服务化的装备制造业全球价值链升级机制,即"基于服务化的装备制造业全球价值链升级动力机制""基于服务化的装备制造业全球价值链升级组织机制""基于服务化的装备制造业全球价值链升级协调机制""基于服务化的装备制造业全球价值链升级评价与反馈机制"的内容如下。

(1)基于服务化的装备制造业全球价值链升级动力机制是研究附加值增值、服务化促进政策、产业链需求以及市场竞争环境四个驱动因素是如何在服务化战略发动阶段通过相互作用推动装备制造业全球价值链升级的。因此,研究基于服务化的装备制造业全球价值链升级动力机制,一方面要揭示发动基于服务化的装备制造业全球价值链升级的具体因素及其内在关系,以此设计动力机制;另一方面也要揭示各个动力机制对启动升级的协同

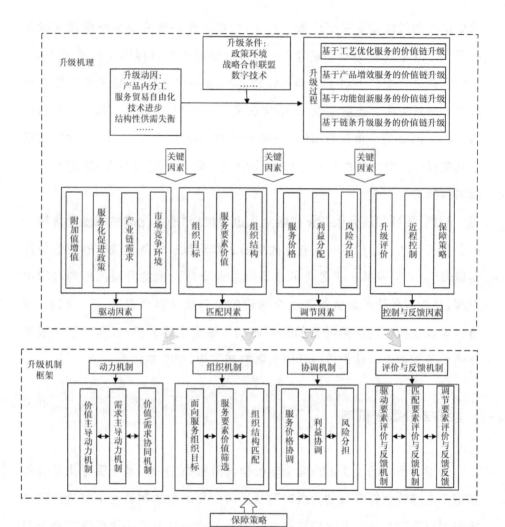

图 2-10　升级机制框架结构

作用方式。

（2）基于服务化的装备制造业全球价值链升级组织机制是研究如何通过组织目标的匹配、服务要素价值匹配、组织结构匹配，确定升级的目标、筛选升级的价值要素，形成升级的组织结构，从而使目标、要素、结构在服务化战略计划阶段按照升级的方向相互联系的过程。因此，基于服务化的装备制造业全球价值链升级组织机制研究应系统设计面向服务的组织目标、服务要素价值筛选和网络结构匹配等组织过程,揭示各个组织机制在升级计划阶段的作用过程。

(3)基于服务化的装备制造业全球价值链升级协调机制是研究装备制造业、生产性服务业、用户之间服务价格、利益分配、风险分担等调节因素是如何在服务化战略运行阶段推动装备制造业全球价值链升级的。因此,基于服务化的装备制造业全球价值链升级协调机制研究通过服务价格协调、利益协调和风险分担等协调过程,揭示各个协调机制在升级运行阶段的作用过程。

(4)基于服务化的装备制造业全球价值链升级评价与反馈机制是通过设计基于服务化的装备制造业全球价值链升级的评价指标体系和评价标准,指出对升级驱动因素、匹配因素、调节因素进行反馈的过程,构建驱动因素评价与反馈机制、匹配因素评价与反馈机制、调节因素评价与反馈机制。因此,研究基于服务化的装备制造业全球价值链升级评价与反馈机制,一方面要构建基于服务化的装备制造业全球价值链升级指标体系,以此设计评价与反馈机制;另一方面也要指出评价与反馈机制在升级控制阶段的作用过程。

除上述四大机制外,保障因素也是基于服务化的装备制造业全球价值链升级的关键因素。与其他四个关键因素不同的是,保障因素并不是单一作用于升级,而是与上述四大机制一脉相承。因此,在构建上述四大机制的同时,还需从制度、资源、文化三个层面提出保障策略,以保障基于服务化的装备制造业全球价值链升级机制取得理想的升级效果。因此,基于服务化的装备制造业全球价值链升级机制的保障策略也是升级机制体系的有机组成部分。

2.5.3 升级子机制间关系分析

由前文分析可知,基于服务化的装备制造业全球价值链升级机制体系包含"基于服务化的装备制造业全球价值链升级动力机制""基于服务化的装备制造业全球价值链升级组织机制""基于服务化的装备制造业全球价值链升级协调机制""基于服务化的装备制造业全球价值链升级评价与反馈机制",且各机制在特定的保障策略体系下得以实现。各个机制具有一定程度的独立性,也相互关联。

(1)子机制间独立性分析。子机制之间的独立性体现在每个机制的内部组成、运行过程均不相同,对应的关键因素不同。在不同阶段和不同场景下作用于基于服务化的装备制造业全球价值链升级,每个机制均能在特定需求下实现装备制造业附加值的提升。具体来看,动力机制主要作用于以服务化推动装备制造业全球价值链升级启动阶段,解决了基于服务化的装备制造业全球价值链升级的驱动问题;组织机制主要作用于以服务化推动装备制造业全球价值链升级计划阶段,解决了基于服务化的装备制造业全球价值链升级的匹配问题;协调机制主要作用于以服务化推动装备制造业全球价值链升级的运作阶段,解决了基于服务化的装备制造业全球价值链升级的调节问题;评价与反馈机制主要作用于以服务化推动装备制造业全球价值链升级的控制阶段,解决了基于服务化的装备制造业全球价值链升级的控制问题,形成基于服务化的装备制造业全球价值链升级过程闭环;保障策略体系解决了基于服务化的装备制造业全球价值链升级机制的顺畅和稳定。

(2)子机制间耦合关系分析。四个子机制除了能够独立地在不同场景下推动基于服务化的装备制造业全球价值链升级,还能够发挥交互作用,产生耦合效应。基于服务化的装备制造业全球价值链升级正是在不同的子机制以及它们之间的交互作用下形成的动态发展过程。在动力机制作用下，装备制造业产生服务化意愿，通过组织机制筛选并获取与之匹配的研发、设计、咨询、售后等相关服务要素，对装备制造业在业务流程、组织结构等运营模式方面提出了新的要求，从而带来产品形态、交易方式、收益分配等变化。政府和行业协会通过政策和规制引导促进服务化的资源聚集，为参与主体提供服务化需求和供给信息，以及政策支持和技术支撑。不同服务化模式下的服务价格将以新的定价政策执行，产生更多的服务化利益和服务化风险，并通过升级结果反馈启动过程、计划过程、运作过程，从而对各环节进行控制。综上所述，可以得到基于服务化的装备制造业全球价值链升级机制关系框架，如图 2-11 所示。

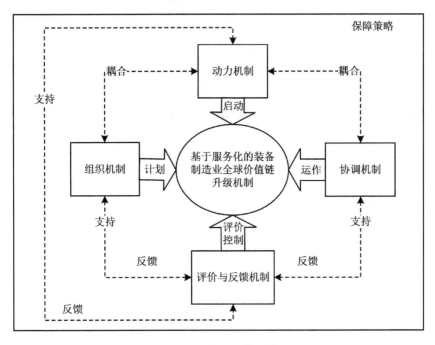

图 2-11 子机制间作用关系

本章在对装备制造业、服务化、装备制造业全球价值链升级、装备制造业服务化等相关概念界定的基础上，首先，从产品内分工、服务贸易自由化、技术进步、结构性供需失衡和消费升级方面对基于服务化的装备制造业全球价值链升级动因进行揭示；其次，从政策环境、战略合作联盟、数字技术和管理创新能力等方面对基于服务化的装备制造业全球价值链升级条件进行解析；再次，提出基于服务化的装备制造业全球价值链升级演化过程；在此基础上，通过质性研究的扎根理论方法，识别出驱动因素、匹配因素、调节因素和控制与保障因素等关键因素；最后，以战略实施理论为基础验证基于服务化的装备制造业全球价值链升级四个关键因素在升级中的战略地位，进而构建由动力机制、组织机制、协调机制以及评价与反馈机制构成的基于服务化的装备制造业全球价值链升级机制理论框架。

3 基于服务化的装备制造业全球价值链升级动力机制

根据前文分析，附加值增值、服务化促进政策、产业链需求和市场竞争环境是基于服务化的装备制造业全球价值链升级启动阶段的驱动因素。本章分析驱动要素作用关系并构建由价值主导动力机制、需求主导动力机制和价值-需求协同动力机制组成的基于服务化的装备制造业全球价值链升级动力机制，从机制内涵与功能、机制构建和机制运行三个层面对升级动力机制进行设计。

3.1 动力机制内涵及功能

3.1.1 动力机制内涵

根据前文关键因素，得出附加值增值、服务化促进政策、产业链需求和市场竞争环境是升级的驱动因素。因此，基于服务化的装备制造业全球价值链升级动力机制可理解为在服务化视角下，附加值增值、服务化促进政策、产业链需求和市场竞争环境及其内在关系对推动以服务化促进装备制造业全球价值链升级过程中持续、有序发挥作用的方式。动力机制涉及经济、社会、需求等各个方面，揭示了实现升级目标而推动和维持升级中各个要素间相互作用、相互联系的方法和规律。在一定的时间和地域范围内，动力机制推动并维持服务化活动主体的聚集，凝聚升级中各种利益要素、经济要素、组织制度等系统的综合。其特征主要包括：

（1）政策导向性。稳健的宏观经济政策和环境是推动我国装备制造业发展的重要因素，例如贸易政策、信贷政策等，对我国稳步实现装备制造业总体增长、技术进步以及竞争力提高都起到了积极的促进作用。基于服务化的装备制造业全球价值链升级动力机制的研究不可能绕开政府部门的各项法规、各类意见及配套政策等。研究以服务化实现全球价值链升级动力机制必须学习和思考的政策导向,更是分析动力要素作用关系、构建动力机制过程中的重要依据。

(2)客观驱动性。动力机制是基于以服务化实现装备制造业全球价值链升级的机理及服务化战略实施的本质,通过若干装备制造业企业实施服务化战略成功实现全球价值链升级的实践中梳理出来的。因此,这种动力机制是实现升级过程中所有参与者内生或被激发后主动萌生的。与一般的规制和约束不同,动力机制是通过升级过程中外界环境变化下装备制造业和各参与主体自然受用的,即使有其他的作用力强行施加于装备制造业和各参与主体,所转化出的动力也是装备制造业和各参与主体主动的,其他个体不能做到强制对装备制造业和各参与主体产生作用,否则会破坏客观动力的产生和发展。

(3)驱动作用差异性。动力机制作用需结合升级过程中不同参与主体的发展阶段和性质特征,不同类型的参与主体对升级的主观意图不同。根据心理学效应可知,成熟组织中往往既存在能够推动发展、激发自身能量的先驱者,也存在容易满足既得利益的跟随者,因此,不同类型的参与主体在不同类型的要素作用下驱动效果不同。

3.1.2 动力机制功能

动力机制功能是依托驱动因素及其作用关系结构对升级发挥的效能。因此,将动力机制功能概括为:

(1)激发功能。动力机制能够激发装备制造业以服务化实现全球价值链升级活动。装备制造业全球价值链升级可以视为一个相对匀速的价值活动,随着政策性环境、市场性环境、需求性环境不断指向服务化趋势,催生以服务化实现升级驱动因素的相互影响和促进,产生了改变原有升级系统的力,刺激基于服务化的装备制造业全球价值链升级活动,最终从多个方面激发其以服务化推动装备制造业全球价值链升级的需求和意愿。

(2)协同效应。动力机制使不同参与主体在特定时间和空间背景下因相互合作、相互影响而产生系统间协同。作为一个开放系统,动力机制功能是基于特定结构的系统特性与能力,具有"1+1>2"的属性。装备制造业作为升级主体基于更高水平的发展需求自发地寻找与之能够进行资源和能力互补的服务化合作伙伴,拓展产业和市场的组织边界,整合强化装备制造业产业链协同功能,以获取竞争优势。

(3)扩散效应。动力机制能够将服务化转型在产业间或产业内进行传播,具有扩散和传递服务化效益的功能,通过在产业内企业间的作用产生螺旋、关联等作用,扩散以服务化推动装备制造业全球价值链升级的积极作用。

3.2 动力机制构建

从驱动关系分析和机制详细设计、价值主导动力机制、需求主导动力机制以及价值-需求协同动力机制设计动力机制框架。

3.2.1 驱动因素分析和机制详细设计

3.2.1.1 驱动因素分析及假设

驱动因素通过内在关系激发和引导装备制造业以服务化实现全球价值链升级活动。

(1)附加值增值。装备制造业附加值增值通常包含服务收益和技术含量两个层面的内容。根据经济附加值理论可知,服务收益驱动体现在服务要素的附加值明显高于附加值增值水平,通过服务化产品的推广需要在装备产品用户与产品的依存关系基础上经历产品触达、产品抉择、产品购买和产品复购等过程,服务化附加值增值水平的提升能够迅速使服务化战略在产业链上流行。技术含量驱动体现在装备产品探索新兴市场,利用新型制造模式发展,会引发装备制造产业链和价值链上的联动,激发技术升级行为,以驱动升级行为。根据以上分析,可提出以下假设:

H1:服务收益驱动装备制造业全球价值链升级。

H2:技术含量驱动装备制造业全球价值链升级。

(2)服务化促进政策。根据政策协调理论可知,在市场机制发展不完善的情况下,政策驱动一直是推动工业发展的重要力量。而服务化促进政策越有效,生产性服务在装备制造业及其周围聚集强度越大,装备制造业获取高质量、高匹配的生产性服务要素越容易,实施服务化战略的意愿也越强烈。在服务化促进政策的作用下,产业链发展水平不断提升,产业链上下游企业的质量管理、追溯服务、金融服务、研发设计等拓展服务的增加不断推动产业链上下游企业通过服务化产生融通发展的需求。由此可见,服务化促进政策为装备制造业服务化提供了良好的政策环境,从而提升环境绩效。同时,服务化促进政策为装备制造业引来包含服务资源等社会各类资源聚集,引导创新主体的集聚、信息平台建设,是针对我国装备制造业通过实施服务化战略弥补原有唯产品型制造所带来的差异化程度低、附加值低等发展短板,为我国装备制造业通过服务化推动全球价值链升级提供稳定发展环境。根据以上分析,可提出以下假设:

H3:服务化促进政策引导装备制造业全球价值链升级。

H8:服务化促进政策促进服务收益间接驱动装备制造业全球价值链升级。

(3)产业链需求。根据利益相关者理论可知,产业链需求对升级的驱动作用体现在用户需求和技术发展两个方面。用户需求方面，从简单的"能用就行"到深入化、柔性化和信息化的"更好更精"转变，催生具有个性化、柔性化特征的生产性服务需求。而这些生产性服务又反过来要求有更高端的装备能力以及个性化的产品相适应。技术发展方面，面对产业链发展中上下游环节技术发展速度快、市场竞争空间狭小等现实问题，装备制造业必须通过提高产品质量、增强产品性能、完善产品全周期管理等措施赢得市场份额。由于装备制造业服务化成果内化于装备产品中，并在产业链需求市场中发生互动，加之新一代信息技术的快速发展，产业链需求环境更加复杂，驱动装备制造业以服务化实现全球价值链升级。根据以上分析，可提出以下假设：

H4：技术发展拉动装备制造业全球价值链升级。

H5：用户需求拉动装备制造业全球价值链升级。

H7：用户需求促进服务收益间接驱动装备制造业全球价值链升级。

H10：技术发展提升技术含量间接驱动装备制造业全球价值链升级。

（4）市场竞争环境。根据市场竞争理论可知，市场就是映射需求的主要场所，市场竞争越激烈，创新需求越强烈，服务化转型越迫切，反之亦然。一方面，作为市场的基本特性，竞争反映了装备制造业企业间的基本经济关系和生存环境，竞争的结果促进产品的优胜劣汰，激发服务化的持续性。另一方面，市场竞争环境改变装备产品的生命周期，优化装备产品的利润结构。我国装备制造业产品同质化程度高、核心技术水平低、市场供需不平等问题，促使我国装备制造业亟须冲破低质产品市场，探寻竞争蓝海。根据以上分析，可提出以下假设：

H6：市场竞争环境推动装备制造业全球价值链升级。

H9：市场竞争环境促进服务收益间接驱动装备制造业全球价值链升级。

依据上述驱动因素理论分析及假设，构建基于服务化的装备制造业全球价值链升级动力理论模型，如图 3-1 所示，图中每一条连接线代表 H1 到

H10 中的一项假设,"＋"或"－"代表驱动方向。结合现有研究中描述驱动因素的研究成果,确定驱动因素关系模型的潜变量和观测变量,如表 3-1 所示。

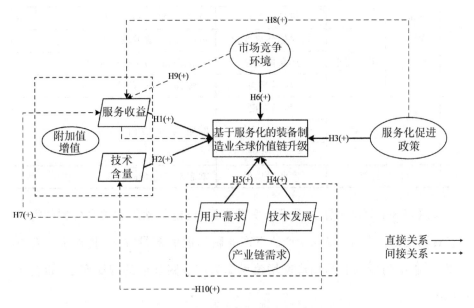

图 3-1　驱动因素假设关系模型

表 3-1　驱动因素关系模型的变量来源

代码	潜变量		观测变量	来源
N_1	附加值增值	服务收益	市场份额	赵艳萍、潘蓉蓉、罗建强等(2021)
			利润水平	刘斌、魏倩、吕越等(2016)
			服务投入水平	刘鹏、孔亦舒、黄曼(2021)
		技术含量	同质化程度	李雷、刘荣增(2022)
			技术人才	祝树金、罗彦、段文静(2021)
			技术资源分布	夏后学、谭清美、王斌(2017)
N_2	服务化促进政策		政策规划	逯东、池毅(2019)
			科技政策	魏作磊、王锋波(2021)
			激励政策	裴桂芬、吴敬茹(2020)
			金融政策	吴云霞、马野驰(2020)

续表

代码	潜变量		观测变量	来源
N_3	产业链需求	技术发展	产业链技术带动	凌丹、张玉玲、徐迅捷（2021）
			技术差异	Green（2010）
			信息化建设	肖挺、刘华、叶芃（2014）
		用户需求	需求侧环境变化	王小波、李婧雯（2016）
			产品接受度	Yao、Fang、Dineen（2009）
			功能拓展	李强、原毅军、孙佳（2017）
N_4	市场竞争环境		市场规模	戴翔、李洲、张雨（2019）
			竞争强度	
			服务需求	
N_5	GVC升级		产业附加值	刘志彪、凌永辉（2020）

参照表 3-1 驱动因素关系模型变量来源，设定驱动因素关系模型的潜变量和观测变量。其中，根据生产法下产业附加值的衡量方法，将现价产业总产值、产业中间投入和本期应交增值税作为产业附加值的观测变量，如表 3-2 所示。

表 3-2　驱动因素关系模型的潜变量及观察变量

代码	潜变量	变量类别	符号表示	观测变量	符号	个数
N_1	附加值增值	服务收益 内生变量	η_1	市场份额	Y_{11}	6
				利润水平	Y_{12}	
				服务投入水平	Y_{13}	
		技术含量 内生变量	η_2	同质化程度	Y_{14}	
				技术人才	Y_{15}	
				技术资源分布	Y_{16}	
N_2	服务化促进政策	外潜变量	ξ_1	政策规划	X_{21}	4
				信息化平台	X_{22}	
				政策激励	X_{23}	
				金融政策	X_{24}	

续表

代码	潜变量		变量类别	符号表示	观测变量	符号	个数
N_3	产业链需求	技术发展	外潜变量	ξ_2	产业链技术带动	X_{31}	6
					技术差异	X_{32}	
					信息化建设	X_{33}	
		用户需求	外潜变量	ξ_3	需求侧环境变化	X_{34}	
					产品接受度	X_{35}	
					功能拓展	X_{36}	
N	市场竞争环境		外潜变量	ξ_4	市场规模	X_{41}	3
					竞争强度	X_{42}	
					服务需求	X_{43}	
N_5	GVC 升级		潜变量	η	现价产业总产值	Y_{17}	3
					产业中间投入	Y_{18}	
					本期应交增值税	Y_{19}	

为揭示驱动因素的动力作用,采用以回归分析和因素分析相结合为特点的结构方程模型验证驱动因素之间的作用关系(Bollen,2014),通过样本数据来评估合理性。

(1)确定调查样本。结合调查法和文献分析法,调查、分析和验证驱动因素关系。此次的调研共分为四个步骤:首先,初步调研,确定调查对象。其次,设计调查问卷。然后,修改和反馈调查问卷。在发布正式问卷前,先抽取部分样本进行试调查,根据被调查对象态度和理解程度对问卷进行修改和调整,确保问卷的准确性和接受性。最后,发放调查问卷并收回。本问卷采取随机调查的方式进行问卷的发放,共发放问卷 382 份,回收问卷 342份,其中有效问卷 328 份。

驱动因素关系模型中包括服务收益、技术含量、服务化促进政策、技术发展、用户需求、市场竞争、GVC 升级 7 个变量和 22 个测量项。采用李克特5 级量表对题项指示的程度按分值进行分类,分值越大,程度越高,如表 3-3所示。

081

表 3-3　描述性统计

变量	题项	极小值	极大值	均值	标准差	偏度	峰度
服务收益	SR1	1	5	3.38	1.08	−0.44	−0.44
	SR2	1	5	3.31	1.08	−0.13	−0.65
	SR3	1	5	3.37	1.05	−0.38	−0.40
技术含量	TC1	1	5	3.63	1.08	−0.52	−0.62
	TC2	1	5	3.56	1.08	−0.54	−0.34
	TC3	1	5	3.56	1.05	−0.57	−0.22
服务化促进政策	SOPP1	1	5	3.45	1.08	−0.27	−0.51
	SOPP2	1	5	3.37	1.05	0.00	−0.83
	SOPP3	1	5	3.48	1.14	−0.21	−0.78
	SOPP4	1	5	3.39	1.02	−0.24	−0.27
技术发展	TD1	1	5	3.54	1.24	−0.42	−0.83
	TD2	1	5	3.53	1.24	−0.47	−0.86
	TD3	1	5	3.48	1.23	−0.39	−0.88
用户需求	UD1	1	5	3.77	0.95	−0.58	−0.23
	UD2	1	5	3.62	0.95	−0.43	−0.02
	UD3	1	5	3.67	0.94	−0.30	−0.38
市场竞争环境	MC1	1	5	3.23	0.90	−0.31	−0.38
	MC2	1	5	3.33	0.94	−0.15	−0.25
	MC3	1	5	3.36	1.00	−0.28	−0.33
GVC 升级	GVC1	1	5	4.01	0.97	−0.88	0.48
	GVC2	1	5	3.99	0.97	−0.69	−0.15
	GVC3	1	5	4.00	0.97	−0.77	0.12

(2)关系检验。由表 3-3 中关于偏度和峰度的结果可知,所有测量项的数值均处于符合正态分布的区间内(偏度绝对值小于 3,峰度绝对值小于 7),由此可知,驱动因素测量项的数据符合进行结构方程分析的要求。

(3)信度与效度检验。由表 3-4 信度检验结果可知,各测量项的系数均达到 0.7 以上,说明该驱动因素测量项的内部一致性较高。此外,各测量项的 CITC 值大于标准值 0.5,且均在 0.6 以上,说明驱动因素测量项的潜变量设置情况较好,问卷信度良好。

表 3-4　各变量的信度检验

变量	题项	CITC	项已删除的 Cronbach's α 值	Cronbach's α 值
服务收益	SR1	0.676	0.747	0.819
	SR2	0.663	0.761	
	SR3	0.678	0.745	
技术含量	TC1	0.802	0.866	0.903
	TC2	0.823	0.848	
	TC3	0.797	0.870	
服务化促进政策	SOPP1	0.775	0.848	0.888
	SOPP2	0.724	0.867	
	SOPP3	0.759	0.855	
	SOPP4	0.762	0.854	
技术发展	TD1	0.737	0.795	0.858
	TD2	0.731	0.800	
	TD3	0.725	0.806	
用户需求	UD1	0.718	0.809	0.856
	UD2	0.724	0.804	
	UD3	0.746	0.783	
市场竞争环境	MC1	0.706	0.797	0.847
	MC2	0.756	0.747	
	MC3	0.688	0.817	
GVC 升级	GVC1	0.791	0.837	0.889
	GVC2	0.779	0.847	
	GVC3	0.781	0.845	

采用 KMO 值和 Bartlett 检验对驱动因素测量项进行效度分析。首先,对数据进行探索性因子分析判断潜变量的观测变量的一致性和结构。应用 SPSS 21 软件对各维度构成进行检验,如表 3-5 所示。表中显示,驱动因素测量项的 KMO 值为 0.882,大于 0.7,同时 Bartlett 检验的显著性概率为

0.000（$p<0.01$），说明驱动因素测量项之间具有强相关性，效度较好，可以进行下一步的因子分析。

表 3-5　KMO 和 Bartlett 检验

取样足够度的 KMO 度量		0.882
Bartlett 球形度检验	近似卡方	4267.483
	df	231
	Sig.	0.000

采用因子旋转矩阵验证驱动因素测量项的构建效度，如表 3-6 所示。通过软件运算得到 7 个公因子，旋转累计平方和是 78.551％，且负荷均高于 0.5，说明提取的 7 个因子所包含的信息较全面，构建效度较理想。

表 3-6　因子旋转矩阵

变量	项	成分						
		1	2	3	4	5	6	7
服务收益	SR1						0.826	
	SR2						0.832	
	SR3						0.829	
技术含量	TC1		0.840					
	TC2		0.845					
	TC3		0.868					
服务化促进政策	SOPP1	0.816						
	SOPP2	0.826						
	SOPP3	0.837						
	SOPP4	0.837						
技术发展	TD1				0.817			
	TD2				0.818			
	TD3				0.802			
用户需求	UD1					0.788		
	UD2					0.822		
	UD3					0.886		

续表

变量	项	成分						
		1	2	3	4	5	6	7
市场竞争环境	MC1			0.812				
	MC2			0.850				
	MC3			0.798				
GVC升级	GVC1							0.787
	GVC2							0.734
	GVC3							0.797
特征值		7.827	2.356	1.995	1.496	1.33	1.258	1.019
方差贡献率		14.223	11.682	10.778	10.717	10.716	10.331	10.104
累积贡献率		14.223	25.905	36.683	47.4	58.116	68.448	78.551

第三,检验驱动因素测量项与驱动因素关系量表的契合度。计算组合信度(CR)说明收敛效度和区别效度,见公式(3-1);平均方差萃取量(AVE)说明聚敛效度和收敛效度,见公式(3-2)。

$$CR = \frac{(\sum \lambda)^2}{[(\sum \lambda)^2 + \sum (\theta)]} \tag{3-1}$$

$$\theta = 1 - \lambda^2$$

$$AVE = \frac{\sum \lambda^2}{[\sum \lambda^2 + \sum (\theta)]} \tag{3-2}$$

$$\theta = 1 - \lambda^2$$

其中,λ 是观测变量的标准化因子载荷,θ 是观测变量的误差。使用 AMOS 21.0对驱动因素关系量表进行因子分析并建立验证性因子模型,如图 3-2 所示。

根据图 3-2 验证性因子模型,运用判断结构方程拟合指标进行模型有效性的验证。如表 3-7 所示,驱动关系模型的卡方自由度比 X^2/df 处于合理区

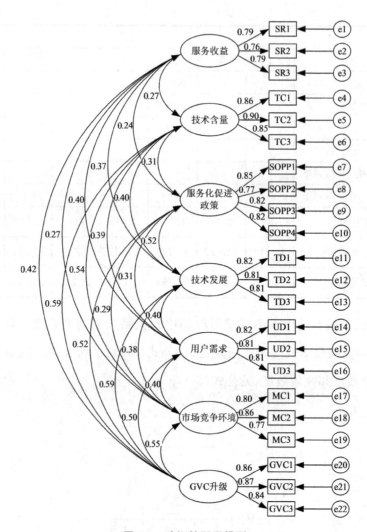

图 3-2　验证性因子模型

间范围内,且其他拟合指标均处于标准范围内,说明表 3-7 中计算结果均处于较好的拟合结果范围内。综上分析,验证性因子分析各项指标均已达标,模型总体拟合度较好。

表 3-7 模型拟合指标及标准

指标	X^2/df	GFI	AGFI	NFI	IFI	TLI	CFI	RMSEA
统计值	1.256	0.943	0.924	0.946	0.989	0.986	0.988	0.028
参考值	<3	>0.8	>0.8	>0.9	>0.9	>0.9	>0.9	<0.08
达标情况	达标	达标	达标	达标	达标	达标	达标	达标

对服务收益、技术含量、服务化促进政策、技术发展、用户需求、市场竞争环境、GVC 升级 7 个驱动因素测量项进行效度分析，如表 3-8 所示。标准化因子载荷、组合信度（CR）、平均方差萃取量（AVE）均处于合理范围内，说明驱动因素关系量表具有较好的聚敛效度（Santos et al.，2021）。

表 3-8 收敛效度分析结果

变量	题项	标准化因子载荷	标准误	T	p	CR	AVE
服务收益	SR1	0.786				0.819	0.602
	SR2	0.756	0.077	12.494	***		
	SR3	0.785	0.076	12.754	***		
技术含量	TC1	0.864				0.903	0.757
	TC2	0.896	0.051	20.642	***		
	TC3	0.849	0.050	19.259	***		
服务化促进政策	SOPP1	0.851				0.888	0.665
	SOPP2	0.772	0.055	15.962	***		
	SOPP3	0.817	0.058	17.276	***		
	SOPP4	0.820	0.052	17.369	***		
技术发展	TD1	0.824				0.857	0.667
	TD2	0.812	0.064	15.523	***		
	TD3	0.814	0.063	15.554	***		
用户需求	UD1	0.825				0.856	0.665
	UD2	0.812	0.065	15.237	***		
	UD3	0.809	0.064	15.200	***		

续表

变量	题项	标准化因子载荷	标准误	T	p	CR	AVE
市场竞争环境	MC1	0.800				0.851	0.655
	MC2	0.856	0.073	15.405	***		
	MC3	0.770	0.076	14.191	***		
GVC 升级	GVC1	0.856				0.889	0.727
	GVC2	0.865	0.053	19.165	***		
	GVC3	0.837	0.053	18.329	***		

　　进一步对驱动因素关系量表的效度进行检验，结果如表 3-9 所示，各变量的平均方差萃取量的平方根大于相关系数，说明量表有很好的收敛效度和区别效度。

表 3-9　区分效度分析检验

	服务收益	技术含量	服务化促进政策	技术发展	用户需求	市场竞争环境	GVC升级
服务收益	**0.775**						
技术含量	0.233**	**0.870**					
服务化促进政策	0.202**	0.273**	**0.815**				
技术发展	0.312**	0.346**	0.446**	**0.816**			
用户需求	0.331**	0.338**	0.266**	0.346**	**0.815**		
市场竞争环境	0.224**	0.481**	0.260**	0.332**	0.350**	**0.809**	
GVC 升级	0.355**	0.527**	0.458**	0.513**	0.433**	0.472**	**0.852**
均值	3.35	3.58	3.43	3.52	3.69	3.30	4.00
标准差	0.92	0.98	0.93	1.09	0.83	0.83	0.88

注：标粗字体为 AVE 的算术平方根。

3.2.1.2 驱动因素关系模型

　　根据结构方程理论模型和假设关系，确定自变量包括服务化促进政策、技术发展、用户需求、市场竞争环境，中介变量包括服务收益、技术含量，因变量为全球价值链升级的结构方程模型标准化路径图,如图3-3所示。

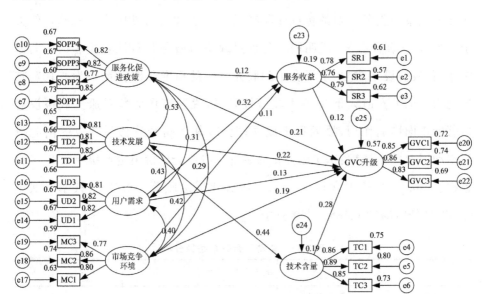

图 3-3 结构方程模型标准化路径估计

运用拟合优度指标衡量驱动因素结构方程模型的拟合优度,结果如表 3-10 所示。表 3-10 中各个拟合优度指标均处于评价标准范围内,说明驱动 因素结构方程模型的拟合指标均达标,可以对驱动因素的假设关系路径进 行分析。

表 3-10 拟合优度指标

参考指标	评价标准	统计值	模型适配判断
X^2/df	在 1~3 之间比较理想	1.595	是
AGFI	大于 0.8,越接近 1 适配度越高	0.903	是
GFI	大于 0.8,越接近 1 适配度越高	0.926	是
TLI	大于 0.9,越接近 1 适配度越高	0.967	是
NFI	大于 0.9,越接近 1 适配度越高	0.930	是
CFI	大于 0.9,越接近 1 适配度越高	0.972	是
RMSEA	小于 0.08	0.043	是

如表 3-11 所示，驱动因素作用路径结果分析，驱动因素作用关系中服务化促进政策到服务收益的标准化路径系数为 0.120、临界比为 1.834，p 值大于 0.05 无显著性差异，说明服务化促进政策对服务收益没有显著的正向影响作用，故假设不成立；市场竞争到服务收益的标准化路径系数为 0.107，临界比为 1.523，p 值大于 0.05 无显著性差异，说明市场竞争对服务收益没有显著的正向影响作用，故假设不成立；此外，其他路径均假设成立。由此得到驱动因素关系模型：基于服务化的装备制造业全球价值链升级 = 0.124×服务收益 + 0.279×技术含量 + 0.211×服务化促进政策 + 0.217×技术发展 + 0.131×用户需求 + 0.186×市场竞争。

表 3-11　驱动因素关系路径分析

路径			标准化路径系数	SE	CR	p
服务收益	←	用户需求	0.324	0.080	4.415	***
服务收益	←	服务化促进政策	0.120	0.060	1.834	0.067
服务收益	←	市场竞争	0.107	0.083	1.523	0.128
技术含量	←	技术发展	0.435	0.057	7.054	***
GVC 升级	←	服务收益	0.124	0.052	2.285	0.022
GVC 升级	←	技术含量	0.279	0.046	5.304	***
GVC 升级	←	服务化促进政策	0.211	0.050	3.684	***
GVC 升级	←	技术发展	0.217	0.056	3.107	0.002
GVC 升级	←	用户需求	0.131	0.061	2.227	0.026
GVC 升级	←	市场竞争	0.186	0.063	3.346	***

根据路径分析的结果，对驱动因素关系中的中介效应进行检验，为增加样本数量，采用 Bootstrap 技术进行统计模拟，通过 AMOS 软件进行语法赋值，得到驱动因素间的中介效应检验结果，如表 3-12 所示。

表 3-12 中介效应检验

中介路径	间接效应	Lower	Upper	p
服务化促进政策—服务收益—GVC 升级(标准化)	0.015	−0.003	0.039	0.101
用户需求—服务收益—GVC 升级(标准化)	0.040	0.007	0.083	0.017
市场竞争—服务收益—GVC 升级(标准化)	0.013	−0.006	0.042	0.183
技术发展—技术含量—GVC 升级(标准化)	0.121	0.049	0.201	0.000

对比中介效应判定标准可知,服务化促进政策—服务收益—GVC 升级中介路径和市场竞争—服务收益—GVC 升级中介路径上下区间均包含 0,p 值大于显著水平 0.05,故假设不成立,中介效应不成立。用户需求—服务收益—GVC 升级中介路径和技术发展—技术含量—GVC 升级中介路径则与之相反,中介效应成立。

3.2.1.3 动力机制详细设计

通过驱动因素间的作用关系可知,驱动因素对升级具有驱动作用,且因素之间存在中介效应。因此,本节依据普里戈金提出的耗散结构理论很好地揭示出了有序到无序(热力学定律)和无序到有序(进化论)的关系。

根据耗散理论概念可知,系统若要形成稳定的有序结构,必须依赖于开放系统内部在与外部交换物质、能量的过程产生自组织现象,通过负熵的增加带动有序度的提升,从而实现最终稳定(Qin et al.,2021)。基于服务化的装备制造业全球价值链升级动力机制系统就是通过与环境不断地交换能量、物质和信息,在一定条件下产生自组织和自适应组织系统。因此,应具备如下条件:首先,系统是远离平衡态的。各驱动因素的动力作用以及动力机制均存在较大的差异性,使动力系统内部出现势能差,这种势能差为升级动力系统向耗散结构跃迁提供基本动力。其次,系统必须是开放的。动力系统是通过内外部环境物质、能量和信息的交换和要素的流动来持续使系统进行演化,不断刺激持续的负熵输入,从而达到更加稳定的结构,可见该系统具有开放性。接着,系统存在着非线性作用。各个驱动因素之间相互促进又相互制约,形成了多种非线性的正负反馈,在装备制造业、生产性服务业、政府、用户、竞争者等参与主体及附加值水平、服务化促进政策、产业链需求和竞争环境等驱动因素之间相互作用,形成涉及资金流、技术流、信息流、资源流等的庞大系统。各个驱动因素的动力子系统之间的非线性协同耦合关系促使其不断向升级动力系统提供基础条件。最后,系统存在涨落突变。动力系统在驱动以服务化实现装备制造业全球价值链升级过程中,服务化政策会发生变革、国际形势会发生变化、新技术和新材料不断交替出现,这些变化都可能在附加值水平有高有低、服务化促进政策发生变革、产业链需求技术革新以及竞争环境不确定性变化中进行。在诸多要素的不断变化过程中,各驱动因素进行配置,从而更高效地推动升级。在整个系统中某个因素的细微变化会引发涨落,从而使系统结构发生革命性的变化,形成新的有序结构。

序参量描述了系统从无序到有序的变化过程,序参量的确定影响着系统变化的有序结构,是各子系统在系统中运动程度的集中体现。基于服务化的装备制造业全球价值链升级驱动因素包括附加值增值驱动、服务化促进政策驱动、产业链需求驱动和市场竞争环境驱动四个方面。参照温馨等(2020)的研究成果,假设若基于服务化的装备制造业全球价值链升级动力系统群体存在 i 序参量,并且 $(x_i', y_i'), 1 \leq i \leq l$ 表示任意序参量,那么系统个体 j 在该序参量下的效率为:

$$z_{(+x_i', y_i')}(k) = \frac{x_i^\tau n_k}{y_i^\tau m_k}(k = 1, 2, \cdots, q) \tag{3-3}$$

当 $z_{(m_p', n_p')}(k) > z_{(m_q', n_q')}(k), 1 \leq p, q \leq l, p \neq q$,表明对于系统个体 j 来说,序参量 (m_p', n_p') 优于序参量 (m_q', n_q'),记为 $P_{(m_p', n_p')} > P_{(m_q', n_q')}$,同理可知,若序参量 (m_p', n_p') 差于序参量 (m_q', n_q'),记为 $P_{(m_p', n_p')} < P_{(m_q', n_q')}$。若 $z_{(m_p', n_p')}(k) = z_{(m_q', n_q')}(k)$,说明两个序参量处于同等级别,记作 $P_{(m_p', n_p')} = P_{(m_q', n_q')}$。借此,判定个体 j 在全部序参量下的先后顺序。当系统内部含有

不止一个的主流序参量时,可采用平均值确定。

根据公式(3-3),在基于服务化的装备制造业全球价值链升级动力系统中,各个驱动因素均是在价值主导、需求主导,或是在两者共同主导下发生作用的,由于驱动特质不同,形成的动力结构和产生的动力效应也存在不同。因此本研究将价值和需求界定为基于服务化的装备制造业全球价值链升级动力系统序参量。以价值为序参量主导驱动系统的动力源是内部层面的,包括服务收益水平、技术含量;以需求为序参量主导驱动系统的动力源是外部层面的,包括服务化促进政策、技术发展、用户需求、市场竞争环境。

价值主导驱动和需求主导驱动分别决定着竞争方式和指令配置方式,引领基于服务化的装备制造业全球价值链升级动力的协作方式和运行方向。假设以价值为序参量主导的升级驱动系统为 q_1,以需求为序参量主导的升级驱动系统为 q_2,两个系统 q_1 和 q_2 序参量的动量与时间的变化率成正比,则有:

$$\frac{dq_1}{dt} = -r_1 q_1 + f_1(t) \tag{3-4}$$

$$\frac{dq_2}{dt} = -r_2 q_2 + f_2(t) \tag{3-5}$$

式中,$-r_1 q_1$、$-r_2 q_2$ 表示阻碍系统运行的回弹力,$f_1(t)$、$f_2(t)$ 表示产生的矫正力。假设 $f_1(t)$ 为系统产生非线性作用,并假设 $f_1(t) = a_1 q_2^2$、$f_2(t) = a_2 q_1$,那么基于服务化的装备制造业全球价值链升级动力学方程组为:

$$\frac{dq_1}{dt} = -r_1 q_1 + a_1 q_2^2 \tag{3-6}$$

$$\frac{dq_2}{dt} = -r_2 q_2 + a_2 q_1 \tag{3-7}$$

采用热消元方法,在 $r_2 > |r_1|$ 条件下,求系统序参量方程。令 $\frac{dq_2}{dt} = 0$,

可得 $q_2 = \frac{a_2}{r_2} q_1$,代入公式(3-3)中即得到升级动力协同的序参量方程:

$$\frac{dq_1}{dt} = -r_1 q_1 + \frac{a_1 a_2^2}{r_2^2} q_1^2 \tag{3-8}$$

上文分析表明，在升级中 q_1 决定了系统动力的有序程度，但由于 q_1 并不是独立序参量，还会受到 q_2 的影响，因此在升级中序参量 q_1 与 q_2 形成的合作关系共同影响着升级动力系统的运行。由此可见，价值主导动力机制和需求主导动力机制除各自能够引发基于服务化的装备制造业全球价值链升级动力系统的结构变化，价值-需求共同主导的动力机制也影响升级动力系统。因此，在不同序参量的支配下，构建价值主导动力机制、需求主导动力机制和价值-需求协同动力机制，推进升级的实现。

3.2.2 价值主导动力机制

价值主导动力机制以服务化收益水平、技术含量等驱动因素为主导，为刺激服务化附加值增值水平提升和技术含量提升，围绕价值增值过程进行资源配置。在价值主导动力机制作用下，服务化附加值增值在装备制造环节和生产性服务要素之间分配，并促进装备制造业和生产性服务业之间价值协同。装备制造业掌握着全球价值链升级中服务化转型的主动权，装备制造业和生产性服务业的产品属性、发展阶段、发展条件均不同。装备制造业作为主导性、支柱性产业，是经济发展的领头羊，起着示范引领作用，更快获得技术、网络、政策等资源的支撑，其产品多以有形产品为主，价值产生过程可视化强，对价值的敏感度高。生产性服务业起着稳定支持装备制造业发展的支撑作用，其产品多以无形产品为主，多以附加值体现。因此，两者的收益水平以及包含的技术含量存在较大差异。在服务化收益的驱动下，基于服务化的装备制造业全球价值链升级可以满足价值增值的需求，从而提高全要素生产率，带动装备制造业高质量发展。此外，服务化收益水平可以推动技术创新，形成制造和需求平台，推动升级的服务能力。最后，服务化收益水平是保障装备制造业持续进行服务化转型的维持力。技术含量能够有效促进服务内容丰富、服务技术升级、服务功能延展,通过服务要素和装备环节的高质量融合,推动装备制造业以服务化推动产业结构升级和生产效率提升。同时技术含量有利于驱动装备制造业更稳更快地适应经济发展战略方向,如网络化、数字化、智能化改造等,以技术含量推动技术创新从而形成新业态、新产品、新模式,更好地实现服务化的转型,提高装备制造业升级动能。

价值主导动力机制是整合和引领服务化促进升级价值认同导向力,也是推动基于服务化的装备制造业全球价值链升级最根本的动力机制。价值主导动力机制是在价值为主导的服务化收益水平和技术含量两个驱动因素相互作用关系的基础上,依据价值主导驱动因素之间的运行方式,对升级产生动力作用的过程,其本质是价值主导的驱动因素在空间和时间上对升级的推动过程。价值主导动力机制能否成功激发基于服务化的装备制造业全球价值链升级取决于两个价值主导驱动因素影响力大小、协同水平、驱动效果等多个方面。在不同时期,价值主导动力机制具有稳定性和开放性的动态统一的特性,是基于服务化的装备制造业全球价值链升级的保障。

3.2.3 需求主导动力机制

需求主导动力机制是以需求引领服务化促进政策、技术发展、用户需求、市场竞争环境四方面驱动因素在政策、技术、市场等方面进行资源配置,进而推动升级系统运行的方式。基于服务化的装备制造业全球价值链升级历经基于工艺优化服务的价值链升级、基于产品增效服务的价值链升级、基于功能创新服务的价值链升级和基于链条升级服务的价值链升级四个升级演化过程,每个阶段所表现出的升级需求均不相同。基于工艺优化服务的价值链升级过程以服务化促进工艺升级的需求为目标,通过增加装备产品在线支持服务、个性化体验服务、研发设计服务等服务要素实现装备工艺升级。基于产品增效服务的价值链升级过程以服务化促进产品升级的需求为目标，通过融资服务、供应链管理服务、电子商务服务等服务要素实现装备产品升级。基于功能创新服务的价值链升级过程以促进功能升级的需求为目标，通过增加总集成、总承包服务、专业运营服务等服务要素实现装备功能升级。基于链条升级服务的价值链升级过程以促进链条升级的需求为目标，通过提供一整套完整的一体化解决方案实现装备链条升级。综上所述，不同升级阶段的需求动力表现不同。

首先，服务化促进政策为实现装备制造业以服务化推动升级创造了条件。装备制造业服务化以满足装备制造产品用户需求为核心，将涉及不同性质、不同背景、发展不同的要素进行互动和融合。在制造和服务要素进行互动过程中，基于双方良好发展的需求，服务化促进政策能够通过协调不同要素主体之间的关系，推翻创新链、产业链、资金链等方面的壁垒，为推动基于服务化的装备制造业全球价值链升级营造良好的氛围，释放升级的新动能，为以服务化促进升级创造良好的政策条件。其次，用户需求和技术发展引发了需求的服务化。自工业革命开始，创新就是引领产业发展、推动产业发展的主要动力。在装备产品和制造工艺不断创新的过程中，产品制造流程和产品结构功能越来越复杂，由此产生的对生产性服务的依赖性也越来越强。随着产品不断升级、产品服务的复杂度不断提高，用户对产品供应商提供的服务越来越依赖，从而引发装备制造业服务化推动升级。最后，市场竞争环境推动产品向服务转变。我国装备制造业长期处于供需不匹配的发展状态下，导致产品供需不平衡，装备产品滞销，利润空间受挤压。单纯提供产品的模式无法满足用户的多样化需求，装备产品的利润结构和利润空间受限，而产品服务的盈利可持续性特征明显。市场竞争环境为服务化转型进行筛选，将那些技术含量低、缺乏核心竞争力的硬服务剔除，不断优化服务化转型质量，提升服务化转型收益。市场竞争环境的激烈引发装备制造业对生产模式变化的需求,从而激发装备制造业服务化升级的需求。由此可见,需求主导动力机制是基于服务化的装备制造业全球价值链升级的基础。

3.2.4 价值-需求协同动力机制

价值主导动力机制和需求主导动力机制都存在着各自的单一性,彻底的价值主导动力机制可能会过分强调经济利益,而引发企业的各种短期行为,难以达到高质量升级;彻底的需求主导动力机制可能会过于个性化,不符合我国经济发展的客观条件,难以达到高收益的需求。因此,在价值和需求形成双螺旋作用的基础上,构建价值-需求协同动力机制能够充分协调价值主导和需求主导动力机制,共同推动基于服务化的装备制造业全球价值链升级。

价值-需求协同动力机制综合考虑价值和需求的双重主导,通过价值和需求的协同,使基于服务化的装备制造业全球价值链升级经济利益和社会需求相统一,形成价值主导和需求主导的合力,共同推动基于服务化的装备制造业全球价值链升级。价值-需求协同动力机制在价值序参量和需求序参量的双重主导下,充分整合价值和需求要素对升级的作用,有效避免升级动力机制单一性的不足,充分利用价值和需求间的相互关系,实现了共同推动升级运行的目的。

根据基于服务化的装备制造业全球价值链升级目标的要求,价值主导的驱动因素和需求主导的驱动因素逐渐形成相互促进、相互影响的统一体,使基于服务化的装备制造业全球价值链升级的所有驱动因素在协同中形成动力传导的合力,而这种合力在我国装备制造业发展的不同阶段呈现不同的发展趋势。我国装备制造业作为技术创新最活跃的产业部门,其技术创新和技术进步是带动国民经济发展的基础动力,并形成了与我国经济发展规律相匹配的发展模式。在装备制造业发展初期,全球价值链的低端嵌入使我国装备制造业迅速融入全球制造网络,低附加值环节锁定带来低水平需求,低价值低水平需求使我国经济发展缓慢。随着我国工业化步伐加快和国民经济稳步发展,高附加值高水平需求的喷涌使得我国装备制造业不断探寻转型升级的新突破。借助我国长期融入全球制造网络积累的经验,在学习和创新过程中,价值和需求往往要经历不匹配、逐渐匹配、高匹配的过程,制造要素和服务要素之间呈现螺旋上升的发展局面。我国工业化进入后期阶段,工业高速增长期已结束,对于高质量发展需求的装备制造业来说,仍然通过降低资源使用价格或是提高政策性杠杆待遇对升级的作用明显不足,甚至会降低收益的价值。可见,在我国装备制造业发展不同阶段背景下,价值-需求协同机制的作用方式呈现出不同的动力趋势,总体上实现基于服务化的装备制造业全球价值链升级的扩张。

3.3 动力机制运行

对动力机制运行过程进行分析,采用协同度模型和实证分析验证动力运行过程,探究动力机制运行的稳定性。

3.3.1 动力机制运行过程

序参量主导的动力机制运行是通过系统中的序参量以及序参量的协同决定各个驱动因素之间相互作用,彼此协同的演化过程,如图3-4所示。

故本研究通过子系统协同度揭示价值主导动力机制和需求主导动力机制这种单一序参量主导的动力机制,通过复合系统协同度揭示价值-需求协同动力机制运行过程(Ivanova,2021)。

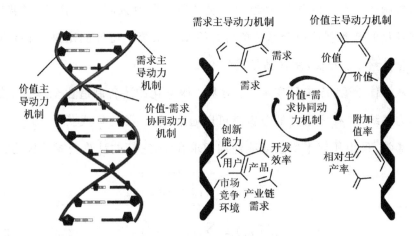

图 3-4 动力机制间协同过程

3.3.1.1 子系统运行过程

根据协同学原理,价值主导动力机制、需求主导动力机制两个子系统在协同演化过程中的运行过程可用有序度来反映和衡量。因此,设基于服务化的装备制造业全球价值链升级动力子系统运行过程的表达式为:$S = f(S_1, S_2)$,其中 $S_j (j \in [1,2])$ 为价值主导动力机制和需求主导动力机制两个系统。设演化过程的序参量变量为 $x_j = (x_{j1}, x_{j2}, \cdots, x_{jn})$,其中,$n \geqslant 1, \beta_{ji} \leqslant x_{ji} \leqslant \alpha_{ji}, i \in [1,n]$。其中,$\alpha$ 和 β 为基于服务化的装备制造业全球价值链升级动力子系统稳定临界点上的序参量的上限和下限。假定 x_{jk+1}, $x_{jk+1}, \cdots, x_{jn}$ 的取值越大,基于服务化的装备制造业全球价值链升级动力子系统协同度越高,与之相反亦成立。建立基于服务化的装备制造业全球价值链升级动力机制子系统协同度 $u_j(x_{ji})$ 的表达式,即:

$$u_j = \begin{cases} (x_{ji} - \beta_{ji})/(\alpha_{ji} - \beta_{ji}), i \in [1,k] \\ (\alpha_{ji} - x_{ji})/(\alpha_{ji} - \beta_{ji}), i \in [k+1,n] \end{cases} \tag{3-9}$$

其中,$u_j(x_{ji}) \in [0,1]$,基于服务化的装备制造业全球价值链升级动力机制子系统的协同度 $u_j(x_{ji})$,x_{ji} 对基于服务化的装备制造业全球价值链升级动力机制系统有序的作用力越大。通过调整取值区间 $[\alpha_{ji}, \beta_{ji}]$，对实际基于服务化的装备制造业全球价值链升级动力系统中特殊固定某一特定点的序参量分量 x_{ji} 调整，使其满足式(3-9)。

从总体上看，序参量变量 x_{ji} 对基于服务化的装备制造业全球价值链升级动力系统 S_j 有序程度的总贡献可以通过 $u_j(x_{ji})$ 的集成获得。

通常，采用几何平均法或线性加权求和法，它们的计算公式分别为：

$$u_j(x_j) = \sqrt[n]{\prod_{i=1}^{n} u_j(x_{ji})} \tag{3-10}$$

$$u_j(x_j) = \sum_{i=1}^{n} \lambda_i u_j(x_{ji}) \tag{3-11}$$

其中，$\lambda_i \geqslant 0, \sum_{i=1}^{n} \lambda_i = 1$。

由式(3-10)和式(3-11)可知，$u_j(x_j) \in [0,1]$，$u_j(x_j)$ 为序参量变量 x_j 的基于服务化的装备制造业全球价值链升级动力机制子系统有序度，$u_j(x_j)$ 值越大，x_j 对基于服务化的装备制造业全球价值链升级动力机制子系统有序作用力越大，基于服务化的装备制造业全球价值链升级动力机制子系统协同度越高，反之则越低。在线性加权法中，式(3-11)中的权系数 λ_i 反映序参量变量 x_{ji} 在基于服务化的装备制造业全球价值链升级动力系统协同度中所起的作用。

3.3.1.2 复合系统协同运行过程

在基于服务化的装备制造业全球价值链升级动力机制子系统有序度模型的基础上，构建价值-需求协同动力机制复合系统协同度模型。设初始时刻 t_0，基于服务化的装备制造业全球价值链升级价值-需求协同动力机制是在价值主导动力机制和需求主导动力机制协同作用下建立的，因此，价值-需求协同动力机制序参量的系统协同度 $u_{0j}(x_j)(j=1,2)$；t_1 时刻升级动力机制的价值主导动力机制子系统与需求主导动力机制子系统有序度为 $u_{1j}(x_j)$，则复合系统协同度模型为：

$$SIM = \gamma \sum_{j=1}^{m} \varepsilon_j \mid u_{1j}(x_j) - u_{0j}(x_j) \mid \qquad (3\text{-}12)$$

式中，$u_{1j}(x_j) - u_{0j}(x_j)$ 为价值主导动力机制子系统与需求主导动力机制子系统 S_1 和 S_1 从 t_0 到 t_1 这段时间内序参量协同度的变化程度，并反映了子系统在这段时间内的协同度的变化范围。SIM 值越大，则价值-需求协同动力机制复合系统协同度越高。

$$\gamma = \frac{\min_j [u_{1j}(x_j) - u_{0j}(x_j) \neq 0]}{\left| \min_j [u_{1j}(x_j) - u_{0j}(x_j) \neq 0] \right|} \qquad (3\text{-}13)$$

式中，$j = 1, 2$；$\varepsilon_i \geqslant 0$，$\sum_{i=1}^{n} \varepsilon_i = 1$。

对于上式，只有当 $u_{1j}(x_j) - u_{0j}(x_j) > 0$，$\forall j \in [1, 2]$ 成立时，价值－需求协同动力机制复合系统协同度模型有正的协同度。

3.3.2 动力机制运行协同度模型构建

根据上文对价值主导动力机制、需求主导动力机制以及价值－需求协同动力机制的理论分析可知，价值主导动力机制影响因素为附加值增值驱动；需求主导动力机制影响因素为市场竞争环境、产业链需求、服务化促进政策驱动，构建基于服务化的装备制造业全球价值链升级动力机制运行指标体系，采用子系统协同度模型进行研究。价值－需求协同动力机制影响因素是以上两个动力机制子系统的集合，可以通过复合系统协同度模型进行研究。

3.3.2.1 动力机制运行指标体系

遵循指标构建的科学性、系统性、可行性及合理性原则，借鉴装备制造业服务化及装备制造业全球价值链升级等研究的评价体系，通过对指标的鉴别力进行相关分析，逐步优化和筛选相关指标，得到合理的二级指标，构建基于服务化的装备制造业全球价值链升级动力机制系统指标体系，揭示动力机制运行的协同规律及协同关系，具体如表 3-13 所示。

表 3-13　动力机制协同指标体系

复合系统	子系统	动力因素	具体指标	指标代码
价值-需求协同动力机制	价值主导动力机制	附加值增值	装备制造业附加值率	X_{11}
			相对生产率	X_{12}
	需求主导动力机制	产业链需求	创新能力	X_{21}
			新产品开发效率	X_{22}
		服务化促进政策	R&D 经费支出中政府资金	X_{31}
			服务的可获得性	X_{32}
		市场竞争环境	装备制造业总产出中的出口比重	X_{41}
			行业竞争程度	X_{42}

（1）在价值主导动力机制中，用装备制造业附加值率、交易成本和相对生产率能够揭示装备制造业价值增值情况。装备制造业附加值率可在 WIOD 数据库中计算获得；相对生产率是通过生产性服务业劳动生产率与装备制造业劳动生产率的比值得出，根据 WIOD 数据库中数据算得。分别用 X_{11}、X_{12} 来代表装备制造业附加值率、交易成本和相对生产率。

（2）在需求主导动力机制中，包括产业链需求、服务化促进政策和市场竞争环境。产业链需求中，用创新能力和新产品开发效率来揭示装备制造业服务化促进政策对装备制造业升级的动力驱动作用。创新能力通过研发支出占 GDP 的比重来衡量，可以通过世界银行提供的 WIOD 数据库获取，但因为一些年度的缺失，可以通过历史增长规律线性增长法估算；新产品开发效率通过装备制造业新产品开发经费支出占装备制造业新产品销售收入的比重表示，可以在《中国科技统计年鉴》中获取。分别用 X_{21}、X_{22} 代表装备制造业创新能力和装备制造业新产品开发效率。服务化促进政策中，用科研经费中政府资金和服务获取性揭示装备制造业产业链需求对装备制造业升级的驱动作用。其中,科研经费中政府资金用于研究与试验发展 R&D 经费支出中政府资金来衡量,可以在《中国科技统计年鉴》中获取;服务的可获得性通过生产性服务从业人员占总从业人员的比重来衡量,可以在《中国统计年鉴》中获取相关数据。分别用 X_{31}、X_{32} 来代表装备制造业 R&D 经费中政府资金和服务的可获得性。市场竞争环境中,用装备制造业竞争力和行业竞争强度来揭示装备制造业市场竞争环境对装备制造业升级的动力驱动作用。其中,装备制造业竞争力用装备制造业总产出中的出口比重代表,通过 WIOD 数据库计算获得;行业竞争强度通过进口产品占总使用的比重来衡量,同样利用 WIOD 数据库计算获得。分别用 X_{41}、X_{42} 代表装备制造业总产出中的出口比重和装备制造业行业竞争强度。

3.3.2.2　指标数据处理

根据研究需要和统计数据实际情况,选用整体装备制造业相关服务化数据作为模型验证分析数据。数据来源主要为《中国科技统计年鉴》、WIOD 数据库等数据资料库,根据研究的需要选取相关指标数据作为数据统计范围。由于原始数据量纲不同,需要对数据进行标准化处理,本研究采用 Z-Score 标准化方法并运用 SPSS 软件实现样本数据的标准化。Z-Score 标准化方法是将经过处理的数据符合标准正态分布,也就是均值为 0,标准差为 1 的数据。

$$\mu_j = \frac{1}{n}\sum_{i=1}^{n} y_{ij}, i=1,2,\cdots,n; j=1,2,\cdots,k \tag{3-14}$$

$$\sigma_j = \sqrt{\frac{1}{n-1}\sum_{j=1}^{n}(y_{ij}-\mu_j)} \tag{3-15}$$

其中,μ 为样本数据的均值,σ 为样本数据的标准差,则标准化公式为:

$$y'_{ij} = (y_{ij}-\mu_j)/\sigma_j \tag{3-16}$$

其中,y'_{ij} 为标准化后的数据,如表 3-14 所示。

表 3-14　动力机制协同指标标准化数据列表

年份	X_{11}	X_{12}	X_{21}	X_{22}	X_{31}	X_{32}	X_{41}	X_{42}
2009	-1.5909	-1.0066	-1.6009	-0.6739	-1.4886	-1.2437	-0.4420	-1.5852
2010	-1.0375	-0.9377	-1.3363	-2.3786	-1.0806	-1.1301	-0.5569	-1.2262
2011	-0.7454	-0.7533	-0.9755	-0.2857	-0.8553	-0.8851	-0.3696	-0.6734
2012	-0.4533	-0.7049	-0.2636	0.5733	-0.4468	-0.7995	-0.2026	-0.1207
2013	-0.4412	0.2476	0.1999	0.8081	-0.1098	-0.2602	-0.3511	-0.4833
2014	0.1550	0.2663	0.3721	0.5449	0.0537	0.2102	-0.1889	0.2595
2015	0.7632	0.1585	0.5670	0.1160	0.5089	0.6120	-0.1780	0.6397
2016	0.9234	0.3591	0.8532	-0.1370	0.6629	0.8551	-0.2384	0.7480
2017	1.0835	-0.0283	0.9980	0.2326	1.0813	1.1657	-0.2975	0.8564
2018	1.3431	2.3992	1.1860	1.2006	1.6742	1.4756	2.8250	1.5852

3.3.2.3 指标权重的确定

常用的权重确定方法有主观赋值法和客观赋值法。在对动力机制运行协同指标权重的确定中,采用客观赋值熵值法确定权重,熵是信息论中对不确定性的一种度量。熵值的大小与信息量成反比,与指标的不确定性成正比。根据熵的特性,可以计算熵值来判断动力机制运行指标的随机性及无序程度,也可以用熵值来判断动力机制指标的离散程度和对协同结果的影响。熵值法确定遵循以下步骤:第一步,确定动力机制运行指标;第二步,指标标准化处理;第三步,计算第 i 动力机制运行指标下第 i 年份占该指标的比重;第四步,计算第 j 动力机制指标的熵值;第五步,计算差异系数;第六步,得到权值。如表 3-15 所示。

表 3-15　指标权重

指标	X_{11}	X_{12}	X_{21}	X_{22}	X_{31}	X_{32}	X_{41}	X_{42}
权重	0.0828	0.1618	0.0888	0.0473	0.0917	0.1309	0.3116	0.0851

3.3.3 动力机制运行实证分析及运行策略

3.3.3.1 子系统有序度及协同度测算

根据基于服务化的装备制造业全球价值链升级动力子系统协同演化模型,运用 EXCEL 和 SPSS 7.0 操作得出基于服务化的装备制造业全球价值链升级价值主导动力机制子系统的装备制造业附加值、相对生产率两个序参量有序度运行结果,以及需求主导动力机制子系统的创新能力、新产品开发效率、R&D 经费支出中政府资金、服务的可获得性、产业总产出中的出口比重和行业竞争程度六个序参量有序度,利用公式(3-9)计算两个子系统中的序参量有序度,如表 3-16 所示。

表 3-16 序参量有序度

年份	装备制造业附加值	相对生产率	研发经费占 GDP 比重(创新能力)	新产品开发效率(新产品开发经费支出/新产品销售收入)
2009	0.0043	0.0039	0.0000	0.0042
2010	0.0000	0.0000	0.0018	0.0000
2011	0.0051	0.0046	0.0043	0.0052
2012	0.0097	0.0088	0.0092	0.0073
2013	0.0082	0.0074	0.0124	0.0079
2014	0.0146	0.0132	0.0136	0.0072
2015	0.0185	0.0168	0.0150	0.0062
2016	0.0234	0.0211	0.0170	0.0055
2017	0.0281	0.0254	0.0180	0.0065
2018	0.0248	0.0224	0.0193	0.0089

续表

年份	R&D经费支出中政府资金/亿元	服务的可获得性（生产性服务从业人员占总从业人员的比重）	装备制造业总产出中的出口比重	行业竞争程度
2009	0.0000	0.0000	0.0044	0.0000
2010	0.0031	0.0015	0.0000	0.0013
2011	0.0049	0.0047	0.0072	0.0032
2012	0.0080	0.0058	0.0137	0.0048
2013	0.0106	0.0129	0.0079	0.0120
2014	0.0118	0.0191	0.0142	0.0206
2015	0.0153	0.0243	0.0146	0.0348
2016	0.0165	0.0275	0.0123	0.0379
2017	0.0197	0.0316	0.0100	0.0409
2018	0.0243	0.0356	0.0039	0.0456

将 2009—2018 年动力机制序参量有序度作用关系通过雷达图形式展现，见图 3-5。价值主导动力机制子系统和需求主导动力机制子系统序参量呈现较为明显的波动，表明两个动力机制子系统在各个驱动序参量相互作用交替的过程中实现升级。

3.3.3.2 复合系统有序度及协同度测算

价值-需求协同动力机制是价值主导动力机制和需求主导动力机制的复合系统，计算复合系统序参量有序度和权重并代入模型，参照公式(3-12)得到复合系统的有序度和复合系统的协同度，数据详见表 3-17。

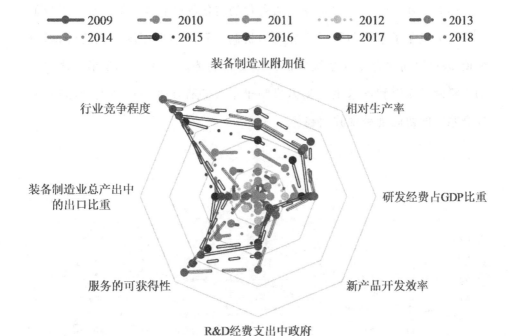

图 3-5　序参量有序度雷达图

表 3-17　子系统有序度及复合系统协同度

年份	价值主导动力机制子系统有序度	需求主导动力机制子系统有序度	价值-需求协同动力机制复合系统协同度 SIM
2009	0.0191	0.0549	0.01430
2010	0.0071	0.0379	0.07162
2011	0.0486	0.1615	0.05203
2012	0.0736	0.2697	0.07640
2013	0.1648	0.3337	0.05820
2014	0.1951	0.4458	0.02550
2015	0.2012	0.5523	0.03370
2016	0.2431	0.5793	−0.02922
2017	0.2242	0.6246	−0.02595
2018	0.2098	0.6714	−0.09822

图 3-6 为 2009—2018 年基于服务化的装备制造业全球价值链升级价值主导动力机制子系统和需求主导动力机制子系统的有序度变化趋势，以及价值-需求协同动力复合系统的协同度变化趋势。2009—2018 年价值主导动力机制子系统和需求主导动力机制子系统的有序度均呈现上升趋势，而复合系统的协同度呈现波动趋势。

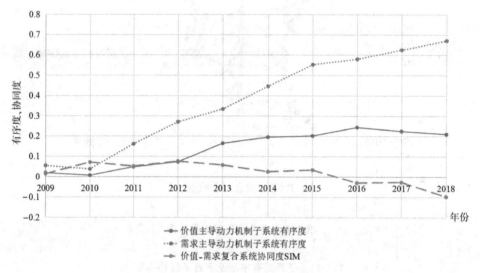

图 3-6　有序度、协同度变化趋势

3.3.3.3 结果分析及运行策略

根据基于服务化的装备制造业全球价值链升级动力机制运行模型和实证结果可以得出以下结论：

（1）结果分析。首先，价值主导动力机制子系统和需求主导动力机制子系统的协同度整体呈现明显的上升趋势，表明了在基于服务化的装备制造业全球价值链升级动力机制序参量的作用下，价值主导动力机制子系统和需求主导动力机制子系统经历了从无序结构到有序结构的演化过程。其次，2010 年后价值主导动力机制子系统和需求主导动力机制子系统有序度均呈上升趋势，但需求主导动力机制子系统有序度高于价值主导动力机子系统有序度,说明在基于服务化的装备制造业全球价值链升级动力机制的协同驱动过程中,价值主导动力机制驱动作用不足。这是因为在服务化初期,服务化投入明显大于产出,这使自身条件不足的装备制造企业面临附加值不升反降的局面,服务化意愿受到打击。此外,服务化认识不足容易导致服务形式化,并非真正服务化。加之配套激励的效果不足,使价值主导动力机制驱动乏力,驱动作用略显不足。最后,价值-需求协同动力机制有序度整体呈现下降趋势。究其内因,主要是新产品研发效率和产业内总产出中出口比重两个指标表现较差,反映产业链需求和市场竞争环境对升级的驱动作用不足。因此,只靠单方面的资源投入,不足以带动整个系统运作的效用。价值-需求协同动力机制复合系统的长期协同驱动机制尚未形成,基于服务化的装备制造业全球价值链升级价值-需求协同动力机制复合系统的协同驱动效应不足。

(2)运行策略。根据上述分析结果,提出巩固价值主导动力机制、引导需求主导动力机制、激发价值-需求协同动力机制三方面运行策略。首先,通过优化服务化要素投入巩固价值主导动力机制。高水平服务需求的不足,导致装备制造业服务化水平的不足,使装备制造业服务要素需求长期处于低端徘徊的状态。因此,以服务要素内外部联动,拓展高水平服务要素的供给来源,补齐高水平服务要素供给短板,从精细化管理、高效化沟通、质量化管控等方面带动高质量装备制造,从而巩固价值主导动力机制的驱动作用,实现装备制造业全球价值链升级。其次,通过培育服务化市场需求引导需求主导动力机制。服务化市场需求的培育是实现装备产品需求扩容、激发内需潜力的主要方式。因此,通过创新的社会环境激发市场需求、新一代信息技术捕捉市场需求、先进的管理模式转化市场需求,以此引导需求主导动力机制驱动作用,提升装备制造业全球价值链升级。最后,通过价值和需求的双螺旋驱动模式激发价值-需求协同动力机制。通过价值的提升和需求的培育,装备制造和服务水平在相互促进中实现彼此提升,形成双螺旋驱动作用,引导服务化装备产品需求、巩固服务化装备产品价值,不断地缩短低水平装备制造与高水平服务要素之间的差异水平,使高水平装备制造和高水平服务要素相辅相成,发挥价值与需求相互促进的协同动力驱动作用。

本章从机制内涵和功能、机制构建和机制运行三个方面对基于服务化的装备制造业全球价值链升级动力机制进行详细设计;针对动力机制内涵和功能,分析了附加值增值、服务化促进政策、产业链需求和市场竞争环境四个因素及相互作用对升级的驱动,进而对动力机制详细设计,提出了价值主导动力机制、需求主导动力机制、价值-需求协同动力机制的构建过程;揭示了基于服务化的装备制造业全球价值链升级动力机制运行过程,通过测算价值主导动力机制子系统有序度、需求主导动力机制子系统有序度和价值-需求协同动力机制复合系统协同度对动力机制的运行进行了实证分析;在此基础上,从激发需求主导动力、维持价值主导动力、引导价值-需求主导动力三个方面提出基于服务化的装备制造业全球价值链升级动力机制运行策略。

4　基于服务化的装备制造业全球价值链升级组织机制

根据前文分析,组织目标、服务要素价值选择和组织结构是基于服务化的装备制造业全球价值链升级计划阶段三个匹配因素,分析组织特性,设计面向服务的组织目标、服务要素价值筛选和组织结构匹配的组织机制,从机制内涵与功能、机制构建和机制运行三个维度对升级组织机制进行设计。

4.1 组织机制内涵及功能

4.1.1 组织机制内涵

根据前文匹配因素识别过程及匹配因素在升级中的战略地位可知,组织机制是在服务化战略计划阶段,装备制造业通过制定面向服务的组织目标、服务要素价值筛选机制和组织结构匹配机制确定升级的参与主体,筛选升级的价值要素,形成升级的组织结构,使主体、要素、结构在服务化战略计划阶段按照以服务化推动升级的方向相互联系的过程。基于服务化的装备制造业全球价值链升级是由装备制造业主导,生产性服务业来提供服务化所需的生产性服务要素,政府部门提供政策保障和信息渠道,用户提供市场需求,中介机构、科研机构、竞争对手等其他相关部门进行辅助,来实现各个产业内企业之间的沟通和交流的过程。这一过程涉及多个主体、多个要素在空间和价值上的配合,装备制造业很难独立应对服务化战略带来的诸多挑战。考虑服务化的组织目标能够引领组织内部各主体、各要素的行动方向,指导服务化流程再造过程中的服务要素,吸引以服务化推动升级中装备制造、服务单元及相关组织和要素构成合作网络,完成服务化战略计划阶段的各项准备。因此,组织机制体现出三方面特征:第一,自组织性。装备制造环节、服务要素及其他相关要素在服务化中均体现出不同的特性,通过面

向服务组织目标的引导,装备制造业和其他组织之间能够自行按照服务化
规则形成面向服务的结构和功能,具有自组织性。第二,双向选择性。装备
制造业需要结合产品的特性和技术创新水平、创新管理水平、风险管理水
平、合作关系、业务流程特点等放弃或新增服务要素和服务业务,通过服务
要素价值筛选,装备制造环节与生产性服务要素高效匹配;服务要素的提供
者也需要根据服务成本、经济效益、服务效率等匹配装备制造业需求,为用
户提供更好的服务和产品。第三,自适应性。在升级组织形成和事物处理
过程中,升级组织能够根据服务化升级目标自动调整各参与体的行为、服务
化业务处理方法、处理顺序等问题,使其与升级目标的分布特征、结构特征
相适应,从而取得以服务化实现升级的效果。

4.1.2 组织机制功能

根据上述分析,基于服务化的装备制造业全球价值链升级组织机制的
功能体现在以下三个方面:

(1)有助于升级的目标协同。升级的不同主体的发展背景、发展阶段、
发展逻辑均呈现不同的特征。组织机制通过一定的规则和秩序,协同装备
制造业、生产性服务业、政府部门、用户、中介机构等各个参与主体的行为,
协调内外部优势资源,使各参与主体之间更好地联合和交互,并在多节点主
体及要素共同参与下,实现装备制造业价值创造并获得可持续竞争优势的
动态过程。

(2)有助于升级的价值筛选。生产性服务业与装备制造业的发展水平
并不完全匹配,装备制造业长期处于"低端锁定"导致对生产性服务的高端
要素需求量低,抑制了生产性服务业的发展水平。组织机制能够在实施服
务化过程中,对不同阶段、不同来源的生产性服务的类别和层次进行筛选,
同时带动高端装备制造业的发展,处理好服务化和装备制造业全球价值链

升级的关系。

(3)有助于升级的组织布局。组织机制保障服务化任务的分配、参与成员的沟通、互动模式等方面，探究组织布局与服务化环境之间的"舒适状态"，最大限度释放服务化推动升级的势能。

4.2　组织机制构建

依据组织机制内涵和功能，从匹配因素分析和机制详细设计、面向服务的组织目标匹配、服务要素价值筛选和组织结构匹配设计基于服务化的装备制造业全球价值链升级组织机制。

4.2.1 匹配因素分析及机制详细设计

4.2.1.1 匹配因素分析

组织的效率依赖于要素的匹配。所有的组织都存在各自的组织特点，如资本水平、组织文化、管理制度、组织环境等。因此，不同研究从不同角度对组织特性进行界定，如组织形象、组织机理、工作多样性、组织规模、组织结构等。为保持研究的客观性，本研究并不根据传统研究方法预设组织机制，而是根据 2.4.3 关键因素识别中匹配因素的组织特性，即多目标协同、服务要素价值选择和网络化组织结构，以此设计组织机制框架，探索组织机制作用黑箱。

(1)多目标协同。组织目标是赋予组织主体性的关键因素。在 2.4.2 关键因素主句编码过程和检验的基于服务化的装备制造业全球价值链升级关键因素访谈中发现，绝大多数初始服务化的企业以增加产品功能和内容获得服务的额外收益。但是,它们并没有将服务纳入组织目标,统领组织内部各主体的行为,导致组织内部进行服务化活动缺乏依据和动力。在以服务化推动装备制造业全球价值链升级过程中,作为升级过程的主导者,进行服务化的装备制造业需要同时考虑价值链上多个价值点的不同升级目标,使之为整体的升级目标服务,而多目标之间的各种分歧为基于服务化的装备制造业全球价值链升级带来巨大挑战。因此,构建与装备制造业产业链、价值链上多主体之间的共享性服务目标非常重要。然而,不同主体在产业链和价值链上分工不同,发展水平和发展模式均有所差异,仅采用传统装备制造业全球价值链升级的目标难以统领基于服务化的装备制造业全球价值链升级系统。在服务化视角下,用持续性、创新性和满足用户需求的面向服务的组织目标替代传统装备制造业全球价值链升级短期功利目标,能够满足基于服务化的装备制造业全球价值链升级系统中各组织达成一致的发展愿景。

(2)服务要素价值选择。装备制造业服务化需要共性技术和服务内容设计的支撑,不同类型装备制造服务化和同一类型不同环节服务化对装备制造业全球价值链升级推动作用均不相同。这是因为,生产性服务贯穿于装备制造环节的前端、中端和后端,而服务化带来的经济效应并非均匀分布。不少研究成果对不同类型服务要素在产业关联和提升效果方面的不同表现,或是不同类型工业吸纳服务要素所产生的效果和效率的差异进行验证,从而影响着服务化促进升级的内容。由此可知,合理选择与装备产品相匹配的服务,能够有效提升服务化产品的绩效表现,提升升级的质量。

(3)网络化组织结构。装备制造业是实施服务化推动升级的主体,个体资源和能力是有限的,难以满足用户多样化和复杂化的需求,服务化活动使装备制造业内部各企业以及与相关产业链、供应链上的企业产生更便捷的交互,这种交互过程使产业边界和组织边界变得模糊,从而产生多维利益主体。在服务化促进升级的过程中,多维主体形成了价值共创关系。在需求升级、竞争压力集聚、政策制度多变和内在发展需求变化的情况下,用户、竞争者、政府、装备制造业和生产性服务业等自发地形成了非正式的网络化组织,通过联结机制强化服务化转型参与主体间的合作关系,并组成网络化节点共同参与基于产品的服务设计、创新、销售过程,并与市场之间进行直接或者间接的联系。通过服务功能的共享和传递,实现升级要素的互动和协同,提升服务化网络组织整体的绩效水平。

4.2.1.2 组织机制详细设计

根据上述分析可知,基于服务化的装备制造业全球价值链升级组织包含多目标协同、服务要素价值多样性和动态结构的组织特性,据此,设计面向服务的组织目标匹配机制、服务要素价值筛选机制和组织结构匹配机制三个层面的组织机制框架,如图 4-1 所示,探究组织机制内部彼此促进、相互关联以推动装备制造业通过服务化战略实现全球价值链升级的过程。

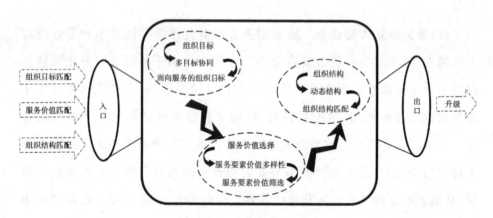

图 4-1 组织机制详细设计

4.2.2 面向服务的组织目标

根据多目标协同的组织特性,从面向服务的组织目标设计,面向服务的组织目标体系构建以及评价过程和结果分析三个层面设计面向服务的组织目标匹配机制。

4.2.2.1 面向服务的组织目标设计

与传统升级过程相比,以服务化推动升级突出的特点在于将"服务价值"作为装备制造业全球价值链升级的核心。在服务价值和组织目标的研究方面,"服务导向"最早由 Hogan 等(1984)提出,之后随着研究深入使此概念的应用场景不断扩展,研究的对象也从实施层辐射到战略层(Tomohiko et al.,2009),其内涵和外延不断丰富。服务导向通过整合服务资源,开展服务创新,培育以产品服务为价值核心的经营模式,为用户提供基于产品服务的整体解决方案,以提升组织绩效的经营理念和经营行为(Zghidi et al., 2017;王满四 等,2018)。在服务导向的研究基础上,提出面向服务的组织目标,指导服务化视角下组织内部各参与者的决策行为。

如前所述,面向服务的组织目标将持续性、创新性和满足用户需求作为升级的方向。故面向服务的组织目标设计以资源依赖理论为基础,综合考虑持续性目标、创新性目标和满足用户需求目标三个层面,目标之间相互影响,彼此依赖,形成基于服务化的装备制造业全球价值链升级组织行为的规则。在升级的不同阶段,三个层面目标存在着不同程度的时空异步。因此,仅将那些对升级起较大作用的因素纳入面向服务的组织目标体系。也就是说,当面向服务组织目标中的要素在升级过程中经历变异产生、形态选择、形态维持与扩散后,能被组织感知且对升级起到推进作用时,这种要素将被组织关注,并在升级实践中不断重复、扩散,直至将之纳入组织目标体系。基于上述理论和分析,面向服务的组织目标体系是持续性目标、创新性目标、满足用户需求目标的综合体现,并共同作用于升级产生结果。由此,设计基于服务化的装备制造业全球价值链升级面向服务的组织目标体系框架,如图 4-2 所示。

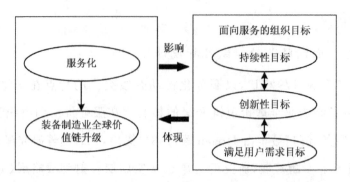

图 4-2　面向服务的组织目标框架设计

4.2.2.2 体系构建

面向服务的组织目标体系通过持续性目标、创新性目标和满足用户需求目标阐述服务化活动在装备制造业全球价值链升级组织不同层面的传播和作用。根据服务导向概念以及面向服务的组织目标框架设计，结合康丽群等（2019）对组织目标体系的研究成果，将面向服务的组织目标中的持续性目标用盈利性指标和激励性指标体现，创新性目标用创新性指标体现，满足用户需求目标用合作性指标和合理性指标体现。具体分析如下：

（1）在持续性目标中，盈利性指标反映升级组织对内部物质资本要素的追求，主要体现为升级组织的持续盈利能力，从价值创造的角度考察面向服务的组织目标，选用净利润、营业收入增长率、市场份额和经营活动现金净流量表示；激励性指标反映升级组织对内部资本要素的追求，主要体现为升级组织为内部价值创造者提供满意的价值回报，反映升级组织中各参与主体之间通过价值分配实现有效激励的情况，选择装备制造业效用、生产性服务业效用、员工效用和组织效用表示。其中，装备制造业效用和生产性服务业效用为组织投入物质资本，因而应当获得组织激励，相应的激励体现为合理满意的投资回报；员工是组织创造财富的最主要的力量，相应的激励体现为满意的劳动报酬、成长支持及其他福利；合理的留存收益则可看作是组织支持自身未来发展的一种储备和激励，如图 4-3 所示。

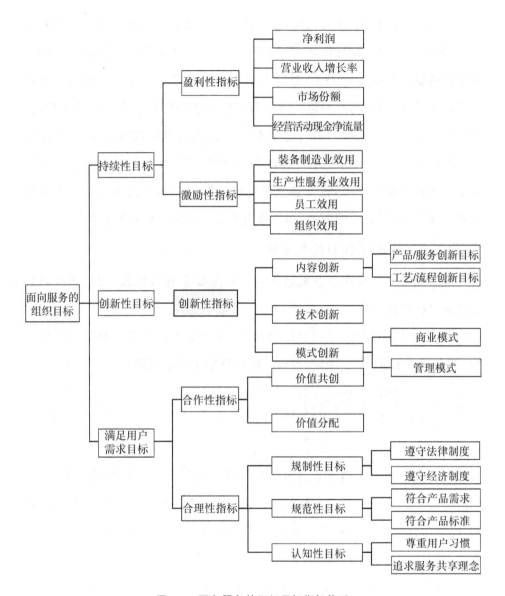

图 4-3 面向服务的组织目标指标体系

(2)在创新性目标中,创新性指标反映升级组织对内部知识资本要素的追求,主要体现为升级组织通过内容、技术、模式的积累和利用,实现升级的能力和机会,是反映升级组织与服务化环境相互作用结果的组织目标,选择内容创新、技术创新和模式创新来表示。

（3）在满足用户需求目标中，合作性指标反映升级组织对外部物质资本要素、知识资本要素和环境资本要素的追求，主要体现为与价值网络中的伙伴保持持续良好的竞合关系，是升级组织为满足组织网络中关键约束力量的需求而设立的目标，反映组织成员间服务价值的创造过程和分配过程，也是组织为应对外部环境的不确定性或复杂性，实现升级的客观要求，故采用价值共创和价值分配两个方面来表示；合理性目标反映了升级组织对市场接受度和认可度的追求，主要体现为升级组织对社会制度的遵守和服务化内容的认同，可以分为规制性目标、规范性目标和认知性目标三个层面。

4.2.2.3 评价过程和结果分析

应用熵值法对面向服务的组织目标构成要素进行赋权，筛选面向服务的组织目标构成要素。

首先，对面向服务的组织目标指标体系数据进行收集与整理。假设有 M_x 项待评价样本，N_y 项评价指标，形成原始指标数据矩阵：

$$\mathbf{Z} = \begin{pmatrix} z_{11} & \cdots & z_{1y} \\ \vdots & & \vdots \\ z_{x1} & \cdots & z_{xy} \end{pmatrix} \tag{4-1}$$

其中，Z_{xy} 表示第 x 面向服务的组织目标样本内第 y 评价指标的数值，在原始面向服务的组织目标指标数据矩阵中，指标 Z_y 的作用越大，样本的离散程度越大；反之亦然。如果指标的标志值全部相等，则这个指标在体系中无效。

然后，对数据进行无量纲化处理。由于熵权法中为消除因量纲不同对评价结果的影响，需要对各指标进行归一化或者一致化处理。若指标为正向指标，则有：

$$x'_{ij} = \frac{x_j - x_{\min}}{x_{\max} - x_{\min}} \tag{4-2}$$

若指标为负向指标，则有：

$$x'_{ij} = \frac{x_{max} - x_j}{x_{max} - x_{min}} \tag{4-3}$$

其中，x_j 为第 j 项指标值，x_{max} 为第 j 项指标的最大值，x_{min} 为第 j 项指标的最小值。

接着，计算面向服务的组织目标样本比重。计算第 j 项指标中，第 i 样本指标值的比重：

$$p_{ij} = \frac{x_{ij}}{\sum_i^m x_{ij}}, 0 \leqslant p_{ij} \leqslant 1 \tag{4-4}$$

此时，可建立数据的比重矩阵：

$$\boldsymbol{W} = \begin{pmatrix} w_{11} & \cdots & w_{1y} \\ \vdots & & \vdots \\ w_{x1} & \cdots & w_{xy} \end{pmatrix} \tag{4-5}$$

最后，计算第 j 项指标的熵值：

$$e_j = -k \sum_i^m p_{ij} \ln p_{ij}, k > 0, k = \frac{1}{\ln m} \tag{4-6}$$

为保障 $0 \leqslant e_j \leqslant 1$，即 e_j 最大为 1，故第 j 各指标的熵值：

$$e_j = -\frac{\sum_i^m p_{ij} \ln p_{ij}}{\ln m} \tag{4-7}$$

则该指标对应的权重为 $d_j = 1 - e_j$。结合前文中组织目标因素识别编码过程以及面向服务的组织目标体系，以组织目标与服务化促进升级的关系为调查内容设计问卷，见附录 3。向完成服务化转型和正在进行服务化转型的装备制造企业管理人员发放问卷，从中剔除相关度不高的问卷以保证问卷质量。应用 SPSSAU 对问卷结果进行计算分析，得出各指标的重要程度如表 4-1 所示。面向服务的组织目标指标体系由持续性目标、创新性目标、满足用户需求目标构成，相互关联、相互影响。在面向服务的组织目标体系中包含了更多元的内外部关联者的需求，且更强调面向服务的组织目标的复杂性，充分发挥组织目标的战略性指导作用。

表 4-1　权重结果

二级指标	三级指标	具体指标	权重（w）
持续性目标 （39.58）	盈利性指标 （18.08）	净利润	7.67
		营业收入增长率	7.36
		经营活动现金净流量	2.28
		市场份额	0.77
	激励性指标 （21.30）	装备制造业效用	1.25
		生产性服务业效用	3.20
		员工效用	12.44
		组织效用	4.41
创新性目标 （20.19）	创新性指标 （20.19）	内容创新	6.28
		技术创新	7.43
		模式创新	6.48
满足用户需求 目标（40.43）	合作性指标 （14.99）	价值共创	12.71
		价值分配	2.28
	合理性指标 （25.44）	规制性目标	6.13
		规范性目标	6.45
		认知性目标	12.86

　　对二级指标进行分析，从重要性上来看，满足用户需求目标对面向服务的组织目标的重要性大于持续性目标和创新性目标。这表明基于服务化的装备制造业全球价值链升级组织必须与服务化中满足用户需求的环境相匹配，在此基础上，也要兼顾升级组织的持续性目标需求和创新性目标需求。

　　具体来看，在满足用户需求目标中合理性指标的重要性高于合作性指标，说明在面向服务的组织目标中，应加强对服务化内涵的贯彻，服务化并不是简单的服务＋产品，而是以用户需求为出发点，通过提供与产品相匹配的服务，在创新、技术、竞争等多种其他要素的共同作用下，形成新的经营模式。

此外,创新性指标对面向服务的组织目标也有较大贡献,说明基于服务化的装备制造业全球价值链升级离不开对创新的依赖,将创新理念融入升级组织目标,积极加强服务化成果转化,能够有效发挥服务化对装备制造业全球价值链升级的强劲动力。

对具体指标进行分析,面向服务的组织目标机制体系具有许多重要特点:首先,在盈利性指标中,净利润和营业收入增长率两个目标指标的权重较大,说明服务化转型中物质资本积累引领升级组织的运行;经营活动现金净流量的权重高于市场份额,说明面向服务的组织目标更应该注重运营中的现金流量问题,保障核心发展能力。其次,在激励性目标中,员工效用权重最大,说明人力资本积累是升级组织持续发展的重要途径,升级组织需打破传统的股东至上观念,包容多元化的组织治理主体。再次,在创新性目标中,技术创新权重最大,体现了技术创新是面向服务的组织目标内容中最重要的创新活动和动力源泉;在合作性目标中,价值共创权重最大,表明服务化利益增值能力是统筹面向服务的组织目标的重要因素。最后,在合理性目标中,认知性目标权重最大,说明升级组织对服务化的客观认知以及服务化活动在企业文化中的逐层渗透是面向服务的组织目标的重要基础。

根据上述分析可知,基于服务化的装备制造业全球价值链升级并非单纯地将服务生搬硬套在装备制造业产业链条中,而是统筹与提升装备制造业产业链上所有价值,进行服务化活动的整体效能的提升。由此可见,面向服务的组织目标是实现服务化环境与组织目标匹配,引领基于服务化的装备制造业全球价值链升级活动的重要依据,也是用持续性目标、创新性目标和满足用户需求的组织目标替代传统装备制造业全球价值链升级短期功利目标的行动纲领。通过短期竞争和长期合作的管理思路协同升级中的各个主体,形成持续的核心竞争优势。

4.2.3 服务要素价值筛选

根据服务要素价值多样性的组织特性,从服务要素价值盘点和筛选流程、服务要素价值获取、服务要素价值筛选过程和控制三个层面设计服务要素价值筛选机制。

4.2.3.1 价值盘点和筛选流程

明确服务要素价值筛选原则,设计服务要素价值选择流程。因此,在有限的服务资源环境下,根据服务要素价值筛选原则,对服务环节进行选择。具体原则包括:

第一,内容适用原则。不合理、不匹配的服务不仅不会带来附加值的提升,反而会引起用户的抵触、组织管理的冗余和沟通成本的上升,不利于升级。

第二,服务价值合理原则。在服务价值选择过程中,既要考虑服务投入成本和服务产出价值的关系,也要合理分配自营和外包的环节,降低资源限制概率。一味追求产品的差异化与速度而过分的提高成本也是不可取的。

第三,质量优先原则。服务质量会影响用户将来的消费倾向,若用户在首次服务中无法得到满足,则会很大程度放弃装备产品的选择。用户对服务质量的不认可,同样会引发其对制造能力的质疑,抑制升级。

第四,长期合作原则。根据装备制造产品供需复杂、制造周期长、投资成本高等特性,选择的服务要素供应商应基于长期合作的要求。装备制造企业和服务要素供应商在长期的合作中互相信任、做到目标匹配,并将对方认定为合作者而非交易者,实现共赢。

在服务要素价值筛选过程中,装备制造业作为服务价值选择的主导企业,在整个服务价值选择过程中具有核心的选择权。因此,设计装备制造企业视角下的服务要素价值筛选流程：

第一步，需求预测。熟悉装备产品性能和用户需求，将其转化为可以实现或者量化的具象化表达，同时挖掘装备产品的潜在市场，由此预测可能产生的服务需求。以装备制造业价值链为基础，可将服务需求大致分为三种情况：一是保障装备制造产品售前能够正常运转的服务，如研发设计服务、采购服务、加工制造服务等，此时的服务需求是既要保障生产制造流程的完整和顺畅，也要控制成本和流动资金的占用；二是保障装备制造产品生产过程中流程重塑、效率提升的服务，如流程再造、技术优化等，此时服务需求是在保证产品生产正常运转的同时，降低产品生产成本，提高生产效率和组织效率；三是保障装备制造产品售后能够交付用户，实现售后承诺的售后服务，如物流、维修、保养等服务，此时的服务需求是尽量维持服务质量和服务效率。三种情况下的服务需求并不是独立存在的，而是相互影响和相互渗透的，故服务需求并不是确定的或是单纯线性的，要根据装备制造产品的服务周期以及用户的使用习惯等进行具体讨论。

根据服务周期将三种情况的服务内容通过两种形式进行需求预测：第一，伴随着加工制造过程而存在的长期服务需求。此类长期需求可以通过时间序列和历史数据进行统计和规律揭示，具有一定的连续性，可以通过德尔菲法、历史类推法、回归分析法、指数平滑法、神经网络等方法进行连续需求的预测。第二，除长期性服务需求以外，还有装备制造产品和用户的间歇性需求，会随机地嵌入装备制造环节的服务需求中。这种随机的服务需求的预测可以使用贝叶斯方法、Croston 间歇需求方法。

第二步，信息收集。预测产品服务需求后，以服务价值选择原则，在服务供应市场中进行罗列和整理，包括发展背景、原材料市场、服务成本结构、企业资质等，依据这些展开后续的行动。确定在当前的市场环境中，在考虑到未来变动的情况下可以选择的服务候选方案，生成可能进行服务化的服务价值清单，并以此确定服务化方案。

　　第三步,价值评价。根据服务化方案,构建服务价值选择评价体系,采用评价方法进行评价。当评价结果符合预期目标时,服务要素选择成功;当评价结果不符合预期目标时,则根据评价结果判断返回第一步还是返回第二步,并根据评价结果与预期的偏差重新调整相关信息。

　　第四步,流程控制。梳理服务价值环节的选择过程,根据升级目标和升级条件对升级意愿进行商榷,并明确最终升级方案,验证升级的可行性,拟定相关的合同和协议,分清职责,从而确定合作关系。具体流程如图 4-4 所示。

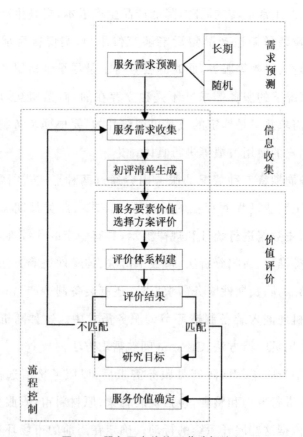

图 4-4　服务要素价值环节选择流程

4.2.3.2 服务要素价值获取

通过服务要素价值评价指标体系构建、用云模型实现指标定性定量转化和用 3En 规则判断评价结果有效性来构建服务要素价值获取过程。

(1)评价指标体系构建。结合服务要素价值选择编码过程以及陆乃方等(2019)提出的服务价值选择的要点,构建服务要素价值评价指标体系。该体系主要包含两部分内容,一是服务要素价值的必备条件,二是服务要素价值的综合能力。

服务要素价值的必备条件主要从强制性条件和基础性条件两方面进行考查。首先,强制性条件具体来说包括以下几点:一是服务要素价值来源的经营资质,服务要素价值来源企业必须具有符合招标要求的有效工商营业执照,并且具有服务内容的相关资质及证明。二是服务要素价值法规承诺;服务要素价值必须完全符合国家及当地环境保护、安全与健康、劳动法等法律、法规的要求。因此,强制性条件包括经营资质和法律承诺两部分。其次,基础性条件包括服务要素价值行业资质认证和服务要素价值信用等级。财务状况不好的合作伙伴可能会面临服务资金缺乏的风险,进而影响整个全球价值链的运行和发展。

综合能力的衡量主要从匹配能力和可持续能力两个方面进行考查。匹配能力是指生产性服务要素与装备制造环节在价值主张、产品属性、商业模式、技术水平等方面相适应、可互动的能力。装备制造环节在选择服务要素时,应秉承需求和适合的原则,选择与装备制造产品在价值主张、产品属性、商业模式技术水平方面匹配度高的服务要素进行深度互动,以此实现充分协调和价值增值的作用。因此,可以通过服务要素绩效、服务要素外部资源整合能力、服务要素行业经验、服务要素国内外专业团队、服务要素文化匹配情况、服务要素合作态度和满意度几个指标进行衡量。可持续能力是指生产性服务要素和装备制造环节的可持续合作和发展能力,关系到各参与主体之间的信任程度,甚至会影响升级过程中因冲突与不信任造成成本损失的多少。可持续能力主要通过服务要素价值提供者过往的合规性指标和合法性指标体现,如诉讼情况、履约记录、合作绩效、合作伙伴满意度、管理层合作态度、员工合作态度,可以通过服务要素经营状况、服务要素技术水平、服务要素核心业务能力、服务要素过程和质量监控以及服务要素环境适应能力等进行评估。如表 4-2 所示。

表 4-2　服务要素价值评价指标体系

一级指标	二级指标	三级指标	具体指标
基于服务化的装备制造业全球价值链升级服务要素价值	必备条件	强制性条件	经营资质
			法律承诺
		基础性条件	行业资质认证
			信用等级
	综合能力	匹配能力	服务要素绩效
			服务要素外部资源整合能力
			服务要素行业经验
			服务要素国内外专业团队
			服务要素文化匹配情况
			服务要素合作态度和满意度
		可持续能力	服务要素经营状况
			服务要素技术水平
			服务要素核心业务能力
			服务要素过程和质量监控
			服务要素环境适应能力

(2)基于云模型的价值选择方法。根据表 4-2 可知,服务要素价值评价体系的评价指标有可量化指标,也包含不易量化指标,可采用实现定性定量转换的云模型方法进行评价。设 U 是一个定量的论域,A 是 U 上的定性概念,并对其进行定性描述。若定量值 $x \in U$,且 x 是定性概念 A 的一次随机事件,那么 x 对 A 的确定度 $\mu(x) \in [0,1]$ 是:

$$\mu:U \to [0,1] , \forall x \in U , x \to \mu(x)$$

式中，x 代表基于服务化的装备制造业全球价值链升级服务要素价值评价中任意指标的评判情况，即云滴。将基于服务化的装备制造业全球价值链升级服务要素价值选择评价中的每一个指标通过云计算形成一个云图，以此解释基于服务化的装备制造业全球价值链升级服务要素价值选择评价指标的变化趋势。具体过程如图 4-5 所示。

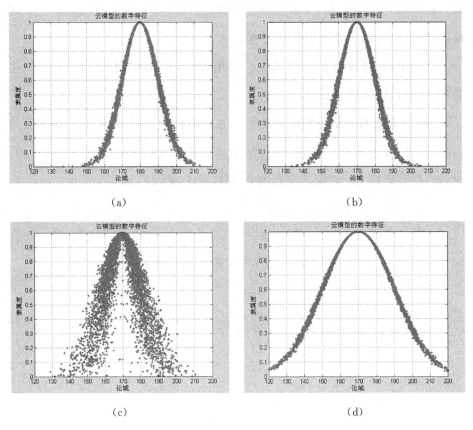

图 4-5　不同数字特征下的云图形状变化

第一步，确定指标描述。云模型主要用三个数字特征对指标进行描述，即期望 Ex（expected value）、熵 En（entropy）和超熵 He（hyper entropy）（Raddats et al.，2010；董思思 等，2014），用来描述指标的期望和不确定性。

云模型可以通过这三个数字特征勾画出成千上万的云滴对某个指标进行描述，它们的变化会引起云图的变化。由图 4-5 可见，其中图 4-5(a)是初始值，图 4-5(b)、图 4-5(c)、图 4-5(d)分别为调整三个数字特征后的变化情况。

第二步，算法生成。云发生器能够实现指标在定量定性之间的转换，采用 MATLAB 语句实现定性指标和定量指标之间的映射。其中，正向云发生器能够实现定性到定量的映射，逆向云发生器能够实现定量到定性的映射。在实际计算中发现，μ 的获取性较弱，逆向云计算会有很大的误差。因此，本研究主要选择正向云映射过程。

第三步，判断评价指标隶属度。采用 MATLAB 软件编辑条件云发生器命令，确定指标的隶属度。

(3) 3En 规则的指标贡献度分析。在对指标分析时，应用 3En 规则判定云滴对定性概念的贡献度，以此判断评价结果的有效性(Dong et al.，2013)。设 ΔC 是云滴群 Δx 对定性概念 A 的贡献程度，则 ΔC 为

$$\Delta C \approx \frac{\mu_A(x)\Delta x}{\sqrt{2\pi}\,\text{En}} \tag{4-8}$$

描述这一定性概念的论域上的所有的云滴对概念 A 的总贡献 C 为

$$C = \frac{\int_{-\infty}^{+\infty}\mu_A(x)\mathrm{d}x}{\sqrt{2\pi}\,\text{En}} = \frac{\int_{-\infty}^{+\infty}\mathrm{e}^{\frac{-(x-\text{Ex})^2}{2\text{En}^2}}\mathrm{d}x}{\sqrt{2\pi}\,\text{En}} = 1 \tag{4-9}$$

由于

$$\frac{1}{\sqrt{2\pi}\,\text{En}}\int_{\text{Ex}-3\text{En}}^{\text{Ex}+3\text{En}}\mu_A(x)\mathrm{d}x = 99.74\% \tag{4-10}$$

可见，当云滴落在 3En 规则之外，即不在 $[\text{Ex}-3\text{En}, \text{Ex}+3\text{En}]$ 区间中，则属于小概率事件，不会对整体评价的特性产生影响。

4.2.3.3 服务要素价值筛选过程和控制

为正确评价基于服务化的装备制造业全球价值链升级服务要素价值选

择状况,必须科学合理地确定评价等级和划分标准。根据前文对服务要素价值的评价,可以得到装备制造业服务化过程中服务要素价值的评分,但是要进行服务要素价值筛选,还需依据服务化的等级设定服务要素的标准。具体做法为:

第一步,设定服务要素价值评价标准。对反映服务要素质量的价值筛选量表进行开发,结合我国装备制造业服务化对升级影响的实践并参照 He 等(2017)对服务质量的 TeleServQ 量表开发结果,设定服务要素使用效率、服务与产品适合度、系统可靠性、信息质量、服务可获取性、服务安全性、个性化、远程人工服务等维度的服务价值评价标准。

第二步,计算基于服务化的装备制造业全球价值链升级服务要素价值筛选方案的隶属度矩阵:

$$\boldsymbol{R} = \begin{bmatrix} r_{11} & r_{12} & \cdots & r_{1n} \\ r_{21} & r_{22} & \cdots & r_{2n} \\ \vdots & \vdots & \vdots & \vdots \\ r_{m1} & r_{m2} & \cdots & r_{mn} \end{bmatrix} \tag{4-11}$$

第三步,结合权重和隶属度矩阵确定基于服务化的装备制造业全球价值链升级服务要素价值筛选方案的模糊子集 B。

$$\boldsymbol{S} = \boldsymbol{W} \otimes \boldsymbol{R} \tag{4-12}$$

式中,$S = (s_1, s_2, \cdots, s_m)$ 代表各个服务要素价值筛选方案隶属标准的程度。

根据具体的评价等级划分标准,利用 X—条件云发生器可以得到基于服务化的装备制造业全球价值链升级服务要素价值选择各方案对每个等级的隶属度,选择符合标准的最大隶属度等级,即为该服务要素价值选择方案所处的价值等级。

根据服务要素价值选择评价结果,确定服务要素价值等级,以此进行分类管理,整合基于服务化的装备制造业全球价值链升级组织内外部力量和要求,通过奖优罚劣和优胜劣汰,实现对升级服务要素价值选择的动态控制。

4.2.4 组织结构匹配

与传统工业情景模式下的装备制造业升级不同，服务化视角下的装备制造业全球价值链升级是以用户需求为核心，升级组织结构需与服务化背景相适应以实现升级。多数研究以企业的视角，从服务内容与组织匹配（Zhang et al.，2017）、用户价值链和产品周期（Gebaure et al.，2010）、服务深度和广度（Liao et al.，2007）等角度研究组织结构与服务化战略匹配的关系。在数字经济的推动下，服务化战略的组织沟通更加便捷，升级组织成员的发现、整合、协同更加密切，形成价值共创的组织格局。装备制造业服务化产品的设计依赖于升级组织在进行服务化活动时与服务要素供应商、用户、中介机构、科研院所、竞争者在内的利益相关者进行资源协调、内容开发，拓展服务内容的深度和广度。因此，构建以服务化促进升级的边界可渗透性组织结构以适应服务化战略实施背景。边界可渗透性组织结构是指通过组织实体之间复杂的共生关系，逐渐使组织实体之间边界模糊，相互融合的组织结构。边界可渗透性组织是一种有目的性组织的范围和限制的战略考虑，通过塑造核心优势增强组织成员的吸引力，从而进行成员选择和保留。边界可渗透性组织结构应重点与以下内容进行匹配，如图 4-6 所示。

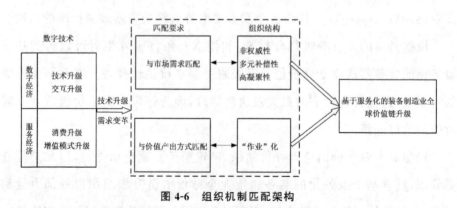

图 4-6　组织机制匹配架构

4.2.4.1 与市场需求匹配

伴随数字经济对装备制造业业务发展模式、技术水平、商业模式的影响,装备制造市场消费环境快速变化,用户在产品市场上有更多的需求和选择。边界可渗透性组织机制围绕用户需求,进行组织自我筛选和匹配,充分发挥组织结构灵活性和快速响应特性,敏捷地感受和捕捉用户需求,降低沟通成本和交易成本,寻求合作伙伴。边界可渗透性组织机制不是通过正式的合同或者是权利规定组织行为,而是依赖各组织实体的专业知识、信誉、组织地位、技术、资源等优势产生具有自发性互补意愿的组织结构组成方式,具有非权威性、多元补偿性和高凝聚性。

4.2.4.2 与价值产出方式匹配

基于服务化的装备制造业全球价值链升级在装备制造业产业链和生产性服务业产业链不断"解构"和"重构"的过程中,通过产业链间"跨界、链接、混搭",逐步形成了新的价值产出方式。如前所述,生产性服务原本内嵌于装备制造业价值活动中,在分工细化的背景和市场机制的作用下,独立成为生产性服务业。以服务化促进升级不仅要提升装备制造业价值链的总价值,提升价值链内各环节的价值,也要充分协调价值链上各环节之间的关系。通过梳理装备制造业价值链,识别价值产生的关键环节和主要活动,将其分解成各项"作业",整理、归并、组合各项"作业"并形成组织模块,形成组织架构。

4.3　组织机制运行

对组织机制运行过程进行分析,采用社会网络分析模型实证分析机制运行过程,探究组织机制运行规律。

4.3.1 组织机制运行过程

根据上述分析可知,在以服务化推动升级战略计划阶段,装备制造业遵从面向服务的组织目标集聚服务要素，以服务要素价值选择机制筛选服务内容和服务来源，并与政府、科研院所、中介机构、用户、竞争者等其他利益体共同形成与环境匹配的升级组织结构。

首先，装备制造业根据面向服务的组织目标负责装备产品的加工制造环节和产品相关配件，以服务要素价值筛选机制确定合作伙伴，通过产品流和信息流传递给服务要素供应商，服务要素供应商依据用户需求提供研发、设计、高技术零部件供应、电子商务、品牌运营、售后服务等保障装备产品完善的服务，并通过信息流、服务流、产品流传递给装备制造商和用户。用户不仅是产品的接受者，还是产品全价值链的参与者和需求提供者，为全球价值链上下游互动、管理提供准确判断依据。由此可知，在以服务化推动装备制造业全球价值链升级中，装备制造业、生产性服务业、政府、科研院所、中介机构、用户和相关竞争者之间并非独立关系，而是共同组成被面向服务的组织目标引领，经过要素筛选机制而形成的边界相互渗透的网络组织，如图4-7所示。

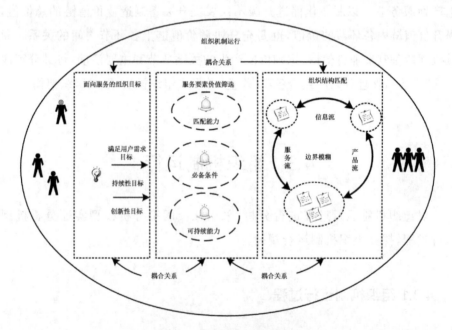

图 4-7　组织机制运行过程

依据组织机制运行过程分析可知,各个参与者的聚集并不是通过强制、要求等实现的,而是建立在彼此成就、相互促进的非正式的合作关系上的。从"关系"视角出发研究升级现象和升级结构,从而探究由升级现象和升级结构形成的态度和行为。为了验证这种非正式的合作关系,采用能够反映关系结构和属性的社会网络分析方法,揭示升级组织机制运行规律。

4.3.2 组织机制运行社会网络分析模型构建

4.3.2.1 运行模型构建参数分析

采用社会网络分析模型中相关概念和指标从升级的个体属性和整体属性两个方面进行阐述。

首先,个体属性用个体的中心性来度量。个体的中心性反映基于服务化的装备制造业全球价值链升级中行动者的中心程度。个体的中心性通过分析行动者间的关系,表明行动者在社会网络中的地位和分布程度,用中心度计量和衡量各个行动者处于网络中心的程度。一个社会网络中,有多少个行动者就有多少个体的中心度。中心度又可以细分为反映行动者在网络中控制地位的点度中心度、反映行动者在网络中控制能力的中间中心度以及行动者在网络中不受其他行动者控制的接近中心度。Von 等(2005)提出判断行动者是不是主要行动者应将个体行动者的重要性与网络的"整体连接结构"结合起来分析会更具说服力。可见,三种类型中心度中,点度中心度更能体现行动者在组织中地位的重要性。借鉴 Freeman(1979)的研究成果,采用点度中心度的相对值反映升级组织中行动者的重要地位,能够剔除规模因素的影响,则有:

$$D_k = \frac{1}{N-1}\sum_{j=1}^{n} d(n_k, n_j) \tag{4-13}$$

式中,D_k 是一个行动者的接近中心度,是任意行动者与其他行动者之间的短程距离之和,表示装备制造业是否采取服务化战略,如采取,则 $d(n_k, n_j) = 1$;

若不采取，$d(n_k, n_j) = 0$。式中接近中心度的数值越小，该点越不是中心。

然后，整体属性用整体的关系性来度量。整体的关系性可采用网络联系强度、网络密度、凝聚子群和核心—边缘结构等反映。

(1)网络联系强度用来表示任意行动者与其他行动者的关联性，若联系紧密度和关系强弱度高就表示网络中的任何一个成员和其他成员的连接关系多；反之，联系紧密度和关系强弱度低就是相互连接关系较少。密度可由如下公式表述：

$$P(k) = \frac{N_k}{\sum_k^N N_k} \tag{4-14}$$

式中，N 为网络规模，N_k 为网络中绝对点度中心度为 k 的行动者的数量，$P(k)$ 的取值范围是 $0 \leqslant P(k) \leqslant 1$，该值越大说明网络中点度中心度为 k 的行动者数量越多，反之则越少。因此有：

$$N_k = \sum_{j=1}^N b_{kj}, b_{kj} = \begin{cases} 1 & \text{如果 } K(j) = k \\ 0 & \text{其他} \end{cases} \tag{4-15}$$

(2)用网络密度衡量行动者关联关系的疏离或密切程度，该指标越大，说明行动者的关联关系越紧密。采用网络密度来衡量实施服务化战略与装备制造业全球价值链升级的关联关系和变化趋势，侧重于一国装备制造业实施服务化战略对实现全球价值链升级的影响，因此，基于服务化的装备制造业全球价值链升级行动者组成了有向网络。

假设 D_n 表示基于服务化的装备制造业全球价值链升级网络密度，N_v 表示网络中存在行动者的关系数量，N_E 表示基于服务化的装备制造业全球价值链升级网络中行动者数量，基于服务化的装备制造业全球价值链升级网中可能存在的空间关联关系的最大值即为 $N_E(N_E - 1)$，则全球对外直接投资网络密度的计算公式为：

$$D_n = N_v / [N_E(N_E - 1)] \tag{4-16}$$

(3)用凝聚子群分析行动者之间实际存在的或者潜在的关系。凝聚子群的划分常常有四种形式：基于互惠性的凝聚子群、基于可达性的凝聚子群、基于度数的凝聚子群、基于子群内外关系的凝聚子群。首先,基于互惠性的凝聚子群主要是派系,派系里其成员之间的关系都是互惠的;其次,基于可达性的凝聚子群是在可达性基础上的凝聚子群,考虑的是点与点之间的关系,要求凝聚子群两个节点之间的距离不能大于 2,当距离过大时,很难用社会学意义进行揭示;基于度数的凝聚子群,通常通过 K 丛和 K 核来限制子群中每个节点的临点个数得到;基于子群内外关系的凝聚子群,在网络图中任意的节点通过路径联系,而在外部是没有联系的,此时这些部分称为成分,当把一些重要连接节点去掉后,各部分将会分离,那么这些重要的节点就是切点。

(4)核心—边缘结构分析。核心—边缘结构能够揭示网络中的核心和边缘区域,从而识别出处于网络核心地位的组织。分析核心—边缘结构能够明确网络中各个个体之间的相对位置。

(5)结构洞。Burt(1992)在研究中发现,社会网络分析中有些行动者与有些节点会发生直接联系,但也存在不直接发生联系的情况,即出现了连接缺失,这一现象被他称为结构洞理论。如果节点之间必须通过第三方行动者才能形成联系,那么这个第三方行动者就在关系网络中占据了一个结构洞。可见,占据结构洞位置有助于非冗余、多元化信息的流动以及对信息流的控制,使得处在结构洞位置的行动者占据优势。对于结构洞的测量,伯特给出了四个指标:有效规模、效率、限制度和等级度。

(6)异质性。异质性指在同一网络中不同行动者具有的与所在网络外部联系的差异性。若网络中一个节点与网络外较少互动和沟通,产生的结构洞越多,则该节点在社会网络中的异质性越强。蔡萌等(2014)为描述拥有特定度值的节点 i 在网络中的结构特殊性,定义了度异质性的计算公式:

$$Q(j) = 1 - P(K'(j)) \tag{4-17}$$

式中,$Q(j)$ 为社会网络中个体行动者的异质性规模,它的变化范围为 $0 \leqslant Q(j) \leqslant 1$。$Q(j)$ 值越大,说明节点 j 拥有同样点度中心度的节点越少,节点 j 的点度中心度越不可替代,异质性越大;反之,说明节点 j 的点度中心度越小,可替代性越大。

4.3.2.2 运行模型构建过程

由于社会网络分析中行动者之间的关联程度难以用统一数据进行衡量,故采用德尔菲法对升级组织社会网络内行动者之间的权重关系进行确定,邀请包括装备制造业研究方面的专家和从事装备制造业、生产性服务业的技术人员及管理人员共 20 位。要求专家根据目前我国装备制造业服务化发展现状,针对升级组织社会网络中的行动者之间的关系进行打分,将行动者联系的密切程度用 1、0 分别表示,1 代表行动者之间的关系密切,0 代表行动者之间没有联系。在对给出的权重进行处理后,让专家对之前的判断进行调整,直至结果达成一致,利用德尔菲法取得的最终数据,建立基于服务化的装备制造业全球价值链升级组织社会网络行动者关系权重矩阵,运用 NetDraw 绘制升级组织社会网络分析模型图,如图 4-8 所示。

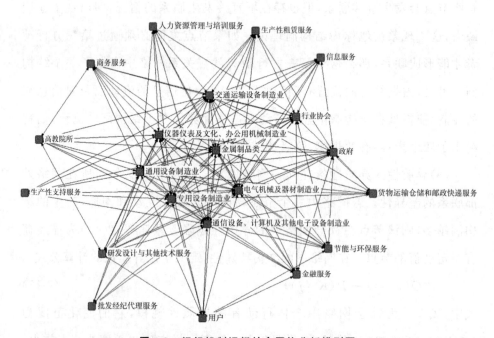

图 4-8　组织机制运行社会网络分析模型图

4.3.3 组织机制运行实证分析及运行策略

基于服务化的装备制造业全球价值链升级组织机制社会网络分析模型测度,能够揭示升级组织内部各要素的状态,为促进基于服务化的装备制造业全球价值链升级奠定基础。

4.3.3.1 网络中心性模型求解

根据升级组织社会网络行动者关系权重矩阵,运用 UCINET 计算组织社会网络中各点的中心度指数结果,如表 4-3 所示。数据显示,基于服务化的装备制造业全球价值链升级组织中装备制造业整体的点度中心度最高。金属制品业,通用设备制造业,专用设备制造业,电气机械及器材制造业,通信设备、计算机及其他电子设备制造业的点度中心度指数达到 80 以上。除交通运输设备制造业外,其余装备制造业的接近中心度指数均达到 100,说明装备制造业整体与升级组织内部其他行动者之间都建立了直接的联系,可以认为装备制造业在升级组织中占核心主导地位,对组织中其他行动者有一定的控制力。

表 4-3　组织机制运行社会网络中心性分析

项目	点度中心度	接近中心度	中间中心度
金属制品业(Q_1)	85.000	100.000	5.148
通用设备制造业(Q_2)	87.500	100.000	5.505
专用设备制造业(Q_3)	80.000	100.000	5.505
交通运输设备制造业(Q_4)	77.500	90.909	3.437
电气机械及器材制造业(Q_5)	87.500	100.000	5.505
通信设备、计算机及其他电子设备制造业(Q_6)	80.000	100.000	5.505
仪器仪表及文化、办公用机械制造业(Q_7)	65.000	100.000	5.505

续表

项目	点度中心度	接近中心度	中间中心度
研发设计与其他技术服务（Q_8）	47.500	66.667	0.909
货物运输仓储和邮政快递服务（Q_9）	35.000	64.516	0.040
信息服务（Q_{10}）	42.500	64.516	0.040
金融服务（Q_{11}）	32.500	64.516	0.137
节能与环保服务（Q_{12}）	37.500	66.667	0.426
生产性租赁服务（Q_{13}）	22.500	64.516	0.040
商务服务（Q_{14}）	25.000	64.516	0.058
人力资源管理与培训服务（Q_{15}）	25.000	62.500	0.000
批发经纪代理服务（Q_{16}）	20.000	58.824	0.000
生产性支持服务（Q_{17}）	32.500	60.606	0.000
用户（Q_{18}）	42.500	62.500	0.137
政府（Q_{19}）	55.000	74.074	1.530
行业协会（Q_{20}）	55.000	76.923	1.530
高教院所（Q_{21}）	22.500	64.516	0.088

　　提供各种服务要素的生产性服务业（$Q_8 \sim Q_{17}$）的中心性整体处于社会网络分析中间位置，这表明生产性服务业在升级组织中对其他行动者的控制能力一般。尤其是人力资源管理与培训服务、批发经纪代理服务和生产性支持服务这三类，其接近中心度指数不高于用户和高教院所。政府和行业协会的点度中心度指数也较高，说明政府和行业协会在组织中同样具有重要的位置，政府和行业协会应当积极促进对服务要素与装备制造价值环节有机融合。用户及高教院所的中心度较低，但并不能说明其不重要，组织机制运行覆盖价值链上游到下游形成全链网络，用户和高教院所是处于价值链两端的行动者，由于装备制造产品存在制造流程复杂、技术复杂等特殊性，用户和高教院所在全流程过程的参与度和专业度不足，所以在组织内中心度相对偏低。但在装备制造业全球价值链链条中，用户和高教院所为全

球价值链的增值提供必需的市场信息和理论前沿,同样属于组织中的必要行动者。

4.3.3.2 网络密度模型和结构洞求解

根据升级组织社会网络行动者关系权重矩阵,运用 UCINET 计算组织社会网络各行动者关联关系的网络密度和结构洞结果,如表 4-4、表 4-5 及附录 4 所示。

表 4-4　组织机制运行社会网络密度

网络密度结果 Block Densities or Averages
关联关系 Relation1
网络密度 Density (matrix average) = 0.5036
标准差 Standard deviation = 0.4261

表 4-5　组织社会网络结构一核心分析

	Core/Periphery Class Memberships:										
1	Q_1	Q_2	Q_3	Q_4	Q_5	Q_6	Q_7	Q_8	Q_{10}	Q_{19}	Q_{20}
2	Q_9	Q_{11}	Q_{12}	Q_{13}	Q_{14}	Q_{15}	Q_{16}	Q_{17}	Q_{18}	Q_{21}	

Density matrix		
	1	2
1	0.882	0.505
2	0.500	0.044

根据表 4-4 可知,组织结构社会网络的密度为 0.5036,网络中关系的标准差为 0.4261。社会网络分析中整体网络的密度取值为 0 到 1,密度越接近 1 说明整体网络的密度越大,由此可知基于服务化的装备制造业全球价值链升级组织机制运行的社会网络密度居中,说明升级组织中各个节点之间的紧密程度处于中等水平。

如图 4-9 所示,组织机制运行凝聚子群的行动者存在相对紧密的关系。由附录 4 中 Dyadic Constraint(限制度)数据可知,装备制造业中金属制造业

(Q_1)的有效规模区间（EffSize）最大，达到10.178，交通运输设备制造业(Q_4)的有效规模区间最小，为8.145；装备制造业中各产业效率（Efficie）最高达到0.485，总限制度（Constra）最小为0.197，被限制的等级（Hierarc）最低为0.069，装备制造业受到网内其他行动者的控制很小。从附录4可知，装备制造业整体对提供服务要素的生产性服务业的控制较高，最高值达到0.12。尤其是通用设备制造业(Q_2)和通信设备、计算机及其他电子设备制造业(Q_6)对批发经纪代理服务(Q_{16})的控制在0.11～0.12之间，证明装备制造业在升级组织中的中间地位。

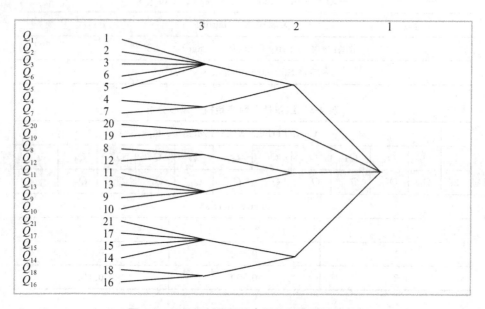

图 4-9　组织机制运行社会网络凝聚子群分析

4.3.3.3　结果分析及运行策略

基于服务化的装备制造业全球价值链升级组织机制运行社会网络分析结果能够反映出组织机制运行中各主体间的相互作用关系。

（1）结果分析。从社会网络中心性分析结果上看，装备制造业与生产性服务业的发展并不完全匹配，导致生产性服务业在组织机制运行中显现出的中心度水平低。从社会网络密度分析结果可知,组织机制运行对各行动者的约束一般,各行动者拥有较强的自主行为能力,体现出我国装备制造业利用服务化实现全球价值链升级策略已经进入发展阶段,服务要素在制造环节的融入已经有一定的规则和轨迹可以遵循,双方的互动有一定的频率。从社会网络凝聚子群分析结果可知,升级组织中的核心层包括金属制品业,通用设备制造业,专用设备制造业,交通运输设备制造业,电气机械及器材制造业,通信设备、计算机及其他电子设备制造业,仪器仪表及文化、办公用机械制造业,研发设计和其他技术服务,信息服务,政府和行业协会,其余为非核心层。

以上结果反映出:第一,装备制造业全产业链发展不均衡。装备制造业服务化质量、服务化水平的提高依赖于产业发展水平和技术创新能力。在传统工业发展战略引导下,装备制造业中具有重要战略地位的行业在政策引领下发展速度较快,技术创新水平高且能更便捷地获取服务化转型资源,具备以服务化转型推动升级的基础和条件。而装备制造业中的另一部分行业发展速度较慢,不具备服务化升级的基础。装备制造业产业链大致可划分为三层:上游为核心零部件,中游为制造装备,下游为系统自动化集成。装备制造业上游核心零部件主要包括传感器、减速器、控制器、伺服电机等,相关核心技术积累和自主生产能力较弱。中美贸易摩擦爆发以来,我国装备制造核心零部件受制于人这一短板尤为突出。如传感器技术都掌握在霍尼韦尔、盛思锐、欧姆龙等企业手中,减速器主要在西门子、绿的谐波、纳博特斯克,控制器掌握在安川电机、三菱电机手中,伺服电机掌握在汇川技术、台达电子和埃斯顿等企业手中。第二,装备制造业与生产性服务业发展不匹配。首先,从成熟度来看,生产性服务业还处于成长期,产品的技术标准不完善、实用性差,跟不上新产品研发速度,导致生产性服务业内部发展不均衡。部分行业虽然已经达到世界第一的技术水平,但市场竞争环境和市场秩序的混乱导致过度竞争或竞争不足,导致服务业内部无法完全满足装备制造的服务化需求。其次,从发展速度上看,生产性服务业内部行业发展不均,部分行业发展相对成熟,已形成独特的发展轨迹。但还有一部分服务行业仍属于起步阶段,生产性服务业内部发展不均导致服务化供给水平不足、供给质量较低,影响了基于服务化的装备制造业全球价值链升级的信息和资源交换能力。第三,产业关联程度不同导致产业布局灵活性弱。根据前文分析可知,装备制造业对服务的需求有长期性需求和间歇性需求两个层面。对于间歇性需求与装备制造业的关联而言,技术研发及转移、市场调研、产品设计等方面主要集中在产品研发及设计环节,金融服务、人力资源服务主要集中在产品生产及制造环节,物流配送服务、电子商务、品牌推广服务等主要集中在产品销售环节,信息咨询服务、维修服务、服务外包等主要集中在产品维护环节。对于长期性需求与装备制造业的关联而言,管理咨询、信息技术、财务、法律服务等贯穿于整个产业。不同需求频率导致需求规模和需求数量的不同,导致从业人员存在较大差异,从而引发人力资源的偏移。

(2)运行策略。第一,顺应服务经济、数字经济发展,补齐装备制造短板,提升生产服务质量。装备制造业应顺应科技革命、服务经济、新工业道路转型潮流,充分享用服务贸易开放红利,以服务要素流动壁垒的削减为契机,以面向服务的组织目标为引领,根据装备制造业产品技术创新能力和装备制造业产品特性确定正确的服务化转型方向。当装备制造业的技术优势不明显时,选择具有稀缺性、独创性的优势服务,带动高水平服务要素与装备制造的互动,为装备制造业技术提升创造空间,增强自身竞争力,推进制造业服务化转型进程。第二,政府应在升级中积极发挥引导和支持作用,利用政策和技术牵引,为以服务化促进装备制造业升级活动创造更多合作交流机会,拓宽资源渠道,提高组织机制运行的异质性水平。此外,针对装备制造业价值环节多、工艺流程复杂、产业带动力强等产业特性,应不断扩大服务化辐射面,以服务化增强与零部件供应商、高教院所、往来伙伴之间的深度合作,扩充装备制造业服务化范围与内容,以点服务化带动面服务化甚至链服务化,促进整体服务化转型。第三,应积极推进服务化专业人才的培育和激励政策,提高升级组织中高教院所的参与地位,提升装备制造业与高教院所的互动频率,充分发挥其高水平、高素质服务化人才输送的优势,保障装备制造业以服务化实现全球价值链升级的人才输送,保障以服务化促进升级的软投入和软实力。第四,重视升级中的用户管理。用户拥有对基于服务化的装备制造业全球价值链升级的支持能力,提高用户在升级组织结构社会网络中的地位,积极建立以用户为核心的服务化模式,强化用户需求与服务化产品的关联强度,促进装备产品与市场的良性互动。

本章从机制内涵和功能、机制构建和机制运行三个方面对基于服务化的装备制造业全球价值链升级组织机制进行详细设计。首先,从组织机制内涵和组织机制功能两个方面刻画和描述了组织机制。接着,分析了匹配因素的组织特性,以此为基础设计了组织机制,提出了面向服务的组织目标、服务要素价值筛选和组织结构匹配的构建过程。最后,分析组织机制的运行过程,构建了组织机制运行社会网络分析模型,通过模型的运行和实证分析,提出以数字技术改善产业链发展不均衡、强化政府引导缩短装备制造业和生产性服务业发展不匹配、做好人才输送和用户管理的运行对策。

5 基于服务化的装备制造业全球价值链升级协调机制

　　根据前文分析，服务价格、利益分配和风险分担是基于服务化的装备制造业全球价值链升级运作阶段三个调节要素，针对调节要素协调内容，设计服务价格、利益分配和风险分担的协调机制，从机制分析、机制构建和机制运行三个维度对升级协调机制进行设计。

5.1　协调机制内涵及功能

5.1.1 协调机制内涵

　　依据本书 2.3 中调节因素识别过程以及调节因素在升级中的战略地位可知：第一，服务化转型不能简单奉行拿来主义思想，服务价格不能简单地进行成本累加，应遵循产品价格体系和价格政策，充分考察服务的覆盖能力、市场容量、品牌战略、合作态度和竞争关系等制定服务价格政策，进行服务化产品价格协商，充分发挥服务化转型优势；第二，服务化转型参与主体之间产业发展速度不匹配，政府的引导行为有利于打造良好的服务化转型环境。装备制造业、生产性服务业和政府之间的利益分配协调模式影响服务化转型对升级的推动作用；第三，需求的不确定，导致装备制造业拒绝尝试通过与外部生产性服务要素的互动而带来的利润获取模式转变，甚至引发服务化风险。因此，基于服务化的装备制造业全球价值链升级协调机制是指服务化背景下，涉及服务化促进升级的参与主体之间在服务价格、服务化利益分配和服务化风险分担等方面的调节制度的建立与运行。调节机制有利于优化各参与主体之间的决策行为，从而使系统内部要素之间、子系统之间以及内外部之间形成协调共生关系的方法。因此，协调机制具有如下特征：

　　(1)服务价值贯穿始终。服务价值应被充分考虑在以服务化推动升级的各项调节因素内。各参与主体基于互惠互利、合作共赢、共同发展的原则,在服务价格、利益分配和风险分担中,将服务价值的流向作为必要因素纳入调节机制中,共同参与各项决策行为。装备制造业作为服务化实施主体,具有服务价值协调的主导权。

(2)具有政府参与性。装备制造业服务化转型是由国家统筹、各级部门和各级政府参与,依据装备制造业发展现状,提出相应的实施策略,使装备制造业整合资源和优化配置的过程。这一过程的稳定离不开政府对涉及的重大问题和关键资源进行沟通和统筹。此外,装备制造业服务化主要涉及装备制造业和生产性服务业两个产业间的互动和融合,政府能够为服务化促进升级提供合理分工、相互协调、有序运行和良性循环的运行环境。

5.1.2 协调机制功能

(1)凝聚功能。协调机制设计有利于保护升级过程中主体与参与体之间的经济和法律权益,提高主体和参与体的积极性。通过价格协商,签订服务合同,规范服务要素价值选择对象,明确主体和参与体之间权利义务,在升级过程中监督各主体和参与体的行为。在服务化推动升级产生争议的部分采取自愿、合法、及时、公正的原则,通过协商达成协议,指导各主体和参与体的决策行为。有效地维护服务化各个个体的合法权益,提高主体和参与体的配合性。

(2)沟通功能。协调机制设计有利于增强个体间服务化活动的凝聚力,提高服务化经济效益,促进主体和各参与体的资源配置、协调发展。建立协调机制,可以规范各个个体的服务化行为,对服务化视角下促进升级的资源、活动、行为进行统筹规划,使服务要素与日常经营活动紧密结合。一方面,使以服务化推动升级的目标成为各个个体的共同目标和责任;另一方面,保证在升级目标的基础上,保障和提高各个个体的服务化利益和升级条件。促使各个个体之间形成真正的目标共定、效益共创、责任共负、风险共担的利益共同体，增强服务化活动凝聚力，不断提高服务化效益，促进升级。

（3）风险规避。协调机制设计一方面要有利于避免和化解装备制造环节与生产性服务要素互动中的矛盾，协调并稳定合作关系；另一方面，调节装备制造业与各参与体之间由服务化带来的环境风险、组织风险、技术风险和合作风险，从源头上避免争议带来的服务化损失，也为以后发生纠纷提供了明确责任的依据，解决了升级的各个个体之间的关系调节问题。

5.2　协调机制构建

依据协调机制内涵及功能和调节因素在战略运行阶段的调节内容，从调节因素分析及机制详细设计、服务价格协调、利益分配协调机制和风险分担机制设计基于服务化的装备制造业全球价值链升级协调机制。

5.2.1 调节因素分析及机制详细设计

5.2.1.1 调节因素分析

根据前文升级关键因素识别中战略运行阶段调节因素，指出包含服务价格协调、利益分配协调和风险分担协调的内容，以此设计协调机制框架，探索协调机制作用黑箱。

（1）服务价格协调。服务价格协调是处理以服务化推动升级中各个个体之间关系的重要内容，对服务化产品的供需起着重要的调节作用，是实现资源互补、信息互联的基础。与传统装备制造产品价格的构成不同，服务化产品集合了装备产品和生产服务的双重属性，通过整合产品和服务为用户提供产品服务集成化"商品",所以服务价格的调节势必会引起服务化产品成本和定价策略的变化。

(2)利益分配协调。服务化推动升级的利益分配协调有利于促进各个个体之间的合作关系,平衡服务化利益分配中存在的差异性,推动资源的优化配置和协调发展。利益分配协调有助于推动产品和服务价值共创过程从简单的累加深入到相互渗透和融合,促进服务化水平的提高和服务化绩效的提升,更是装备制造业以服务化推动升级的重要基础和持续发展的动力。

(3)风险分担协调。对于传统装备制造经营而言,装备产品是创造价值的来源,服务要素投入属于成本,会缩减企业价值。但是,以服务化促进升级过程中,匹配产品的服务要素投入会提高和增加价值创造的宽度与广度,通过服务要素和装备制造要素的良性互动,达到降低成本总量,从而提升产业效率。但是,服务化转型也会带来相应的服务要素购买和投入成本,服务化产品的开发成本以及服务化转型中的其他问题,甚至会带来服务化绩效的降低。究其原因,在市场需求不可控的情况下,装备制造企业不愿与外部生产性服务要素互动,从而引发利润获取模式转变,是弱化服务化转型效率、阻碍服务化转型的主要问题。

5.2.1.2　协调机制详细设计

根据调节因素分析可知,基于服务化的装备制造业全球价值链升级通过服务价格协调、利益分配协调和风险分担协调,组成了以备制造业全球价值链为主体,生产性服务业和由政府、产业链、用户的需求方组成的服务化群落共同参与的协调场景。装备制造业与升级的各个参与体通过协调机制将服务化成果与市场需求进行交互;生产性服务业在提供服务要素的同时实现服务水平和服务质量的提升;政府部门为服务化推动升级创造环境并分享服务化利益,产业链需求在协调场景下凭借技术交互及资源互联实现升级,用户更好地获得与需求匹配的服务内容,如图 5-1 所示。

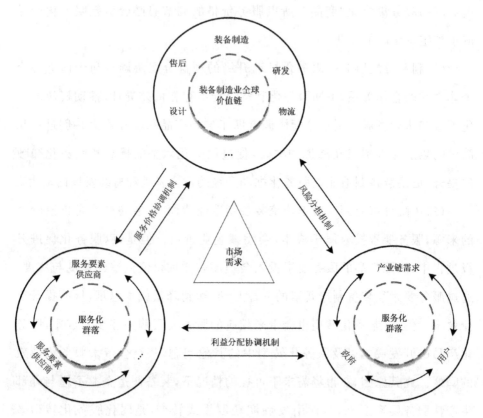

图 5-1 协调机制框架设计

由此,设计包含服务价格协调机制、利益分配协调机制、风险分担机制的基于服务化的装备制造业全球价值链升级协调机制。

5.2.2 服务价格协调机制

从服务价格组成、服务价格协调方法和模型以及协调结果分析三个层面构建服务价格协调机制。

5.2.2.1 服务价格组成

根据前文分析可知,服务价格是对产品和服务的集成化考虑。服务价格的协调是升级各个个体之间进行资源整合、优势互补的基础,也是处理升级中各要素关系使之达成合作契约的基本条件。Lahiri 等(2014)探讨了手机制造商和运营商之间服务定价和流量定价这两种定价策略。Pang 等(2012)指出消费者从服务中获得的价值随着订阅服务的消费者总数的增加而增加,并提出捆绑定价和单独定价两种定价策略。由此可见服务的弱感知性、捆绑性、无法储存等特性,使服务价格主要受以下因素影响:第一,供需关系。与一般的装备产品不同,服务化装备产品的需求并不单纯指对产品功能的需求,更是对由服务化装备产品带来的便捷化、人性化、差异化的软性需求。因此,服务价格协调应考虑服务化产品在软性需求和软性供给之间的关系。第二,竞争关系。服务化装备产品既要考虑固有市场竞争环境,也要考虑相邻市场竞争。这是因为,在传统市场竞争环境中,装备产品的技术、工艺、材料容易在产品流通过程中通过学习、模仿、再创新、再学习等方式进行复制和升级,而服务本身的不可复制性和独创性,有利于提高装备制造业进入壁垒。但也容易被其他相关产业通过商业模式的复制和颠覆式创新进行功能替代和功能衍生。第三,成本关系。产品成本根据需求属性可以分为固定成本和变动成本,而服务化产品成本受服务内容影响,受用户数量和产品数量影响比传统产品大。所以,不同装备产品类型及不同服务内容的差异性较大。

综合上述分析可知,在协调服务价格的决策行为中,一方面应兼顾装备产品供应商、服务要素供应商、用户等主要参与者的个体目标优化和整体目标优化的全局优化;另一方面,通过清晰的价格结构激励投入和产出的公平化,吸引高水平服务要素,稳定服务化成员间的合作关系。结合服务价格要素识别过程及张旭梅等(2017)的研究,综合考虑以上两个核心问题以及服务化中产品和服务的关联关系,从产品—服务集合化模式和产品—服务分离化模式两种情况分析服务产品价格协调情况。

5.2.2.2 服务价格协调方法和模型

假设存在由一个装备制造商（M）和服务要素供应商（I）组成的装备产品服务供应链，在双方服务化行为的协作下，根据用户需求提供服务化产品。假设装备制造商以单位成本 c 生产装备产品，以 p 价格打包发给服务要素供应商，服务要素供应商将产品服务的集成化组合，将组合产品以 p' 价格进行销售。此时，有 $p = \alpha\omega + l_s$，式中，ω 为组合产品销售价格中产品的价格，α 为服务要素供应商的产品价格调整系数；l_s 为组合产品销售价格中包含的服务价格。

此时，若存在 n 个用户，每个用户存在一个单位的组合产品需求。服务要素资源具有网络外部性，用户在购买服务化产品时，除了获得基本效用 $u + s - (\alpha\omega + l_s)$ 外，还可以额外获得与市场需求呈线性比例的网络效用 λQ_e。式中，$u + s$ 为组合产品的总效用，且 u 在 $[0, \bar{u}]$ 上服从均匀分布；λ 为组合产品服务的网络外部性强度系数（$\lambda > 0$）；Q_e 为用户对组合产品的预期需求。考虑网络外部性的用户效用 $U = u + s - (\alpha\omega + l_s) + \lambda Q_e$，当且仅当 $U > 0$ 时，用户才会购买组合产品，组合产品的市场需求为：

$$Q = \frac{[\bar{u} + s - (\alpha\omega + l_s)]n}{\bar{u} - \lambda_n} \tag{5-1}$$

由于装备产品的固定服务成本远高于边际服务成本，故假设组合产品的边际成本为零，固定成本随服务水平 s 的提高而增加，令组合产品服务成本为 $ks^2/2$，k 为服务水平成本系数（$k > 0$）。

（1）产品—服务集合化模式下服务价格决策。在产品—服务集成化模式下，装备制造商和服务要素供应商属于同一系统，以系统的总利润最大为目的，此时，双方协商确定组合产品的最优销售价格 $p_{c'}$ 与最优服务水平 $s_{c'}$。此时，基于组合产品的服务化系统利润最大化模型为：

$$\max_{p,s} \pi_{SC}^c = \frac{(p-c)(\bar{u}+s-p)n}{\bar{u}-\lambda_n} - \frac{1}{2}ks^2 \tag{5-2}$$

其中，π_{SC}^C 是关于 p 和 s 的海塞矩阵：

$$H = \begin{bmatrix} \dfrac{2n}{\lambda_n - \bar{u}} & \dfrac{-n}{\lambda_n - \bar{u}} \\ \dfrac{-n}{\lambda_n - \bar{u}} & -k \end{bmatrix}$$

且顺序主子式为 $H_1 = 2n(\lambda_n - \bar{u})^{-1}$ 和 $H_2 = n(2k\bar{u} - 2k\lambda_n - n)(\lambda_n - \bar{u})^{-2}$，可知当 $\lambda_n - \bar{u} < 0$ 且 $2k\bar{u} - 2k\lambda_n - n > 0$，即 $\lambda \in (0, \bar{u}n^{-1} - (2k)^{-1})$ 时，海塞矩阵负定，π_{SC}^C 是关于 p 和 s 的联合凹函数。进一步，由一阶条件可得产品－服务集成模式下服务化系统最优服务价格和服务水平（$p_{c\cdot}$，$s_{c\cdot}$），其均衡结果为：

$$p_{c\cdot} = \frac{(\bar{u} - \lambda_n)(c + \bar{u})k - nc}{2(\bar{u} - \lambda_n)k - n} \tag{5-3}$$

$$s_{c\cdot} = \frac{(\bar{u} - c)n}{2(\bar{u} - \lambda_n)k - n} \tag{5-4}$$

此时的组合产品市场规模为：

$$Q_{c\cdot} = \frac{2nk(\bar{u} - c)}{4(\bar{u} - \lambda_n)k - 2n} \tag{5-5}$$

基于组合产品的服务化系统总利润为：

$$\pi_{SC}^{C\cdot} = \frac{(\bar{u} - c)^2 nk}{4(\bar{u} - \lambda_n)k - 2n} \tag{5-6}$$

（2）产品－服务分离模式下服务价格决策。产品－服务分离模式下服务价格决策下，装备制造商和服务要素供应商各自以自身利润最大化为目标进行决策，二者的利润函数分别为：

$$\pi_M^D = \frac{(\omega - c)[\bar{u} + s - (\alpha\omega + l_s)]n}{\bar{u} - \lambda_n} \tag{5-7}$$

$$\pi_I^D = \frac{(\alpha\omega + l_s - \omega)[\bar{u} + s - (\alpha\omega + l_s)]n}{\bar{u} - \lambda_n} - \frac{1}{2}ks^2 \tag{5-8}$$

由于系统以装备制造商为主导，因此装备制造商有优先定价的权力，装备

产品价格为 ω 。根据装备制造商的产品定价，服务要素供应上决策装备产品的服务价格 l_s 和服务水平 s 。应用逆向求解法，由公式（5-8）可知，$\lambda \in (0,$ $\bar{u}n^{-1} - (2k)^{-1})$ 时，π_I^D 是关于 l_s 和 s 的联合凹函数。将分别对 l_s 和 s 求一阶条件联立，可得到服务要素供应商对装备制造商的价格决策反应函数为：

$$l_s^D = \frac{[(1-2\alpha)\omega + \bar{u}](\bar{u} - \lambda_n)k + (\alpha - 1)n\omega}{2(\bar{u} - \lambda_n)k - n} \quad (5-9)$$

$$s^D = \frac{n(\bar{u} - \omega)}{2(\bar{u} - \lambda_n)k - n} \quad (5-10)$$

将服务供应商的反应函数代入式（5-7），得到装备制造商的最优化问题为：

$$\max_{\omega} = \frac{nk(\omega - c)(\bar{u} - \omega)}{2(\bar{u} - \lambda_n)k - n} \quad (5-11)$$

当 $\lambda \in (0, \bar{u}n^{-1} - (2k)^{-1})$ 时，π_M^D 是关于 ω 的凹函数，根据一阶最优条件，可知装备制造商的最优产品价格为 $\omega^{D\cdot}$，将其代入公式（5-9）和公式（5-10），可进一步得到服务供应商的最优服务价格 $l_s^{D\cdot}$ 和最优服务水平 $s^{D\cdot}$。其均衡结果为装备制造商制定的最优产品价格为 $\omega^{D\cdot} = (c + \bar{u})/2$，服务供应商根据装备制造商提供的产品价格制定最优服务价格为：

$$l_s^{D\cdot} = \frac{[(2\alpha - 3)\bar{u} + (2\alpha - 1)c](\lambda_n - \bar{u})k + (\alpha - 1)(c + \bar{u})n}{4(\lambda_n - \bar{u})k - 2n}$$

$$(5-12)$$

最优服务水平为：

$$s^{c\cdot} = \frac{(\bar{u} - c)n}{4(\bar{u} - \lambda_n)k - 2n} \quad (5-13)$$

此时的组合产品市场规模为：

$$Q^{c\cdot} = \frac{nk(\bar{u} - c)}{4(\bar{u} - \lambda_n)k - 2n} \quad (5-14)$$

组合产品的销售价格为：

$$p^{D^{\cdot}} = \frac{(\bar{u} - \lambda_n)(c + 3\bar{u})k - (c + \bar{u})n}{4(\lambda_n - \bar{u})k - 2n} \tag{5-15}$$

相应地,装备制造商和服务供应商的利润分别为:

$$\pi_M^{D^{\cdot}} = \frac{nk(\bar{u} - c)^2}{8(\bar{u} - \lambda_n)k - 4n} \tag{5-16}$$

$$\pi_I^{D^{\cdot}} = \frac{nk(\bar{u} - c)^2}{16(\bar{u} - \lambda_n)k - 8n} \tag{5-17}$$

基于组合产品的服务化系统总利润为:

$$\pi_{SC}^{D^{\cdot}} = \frac{(\bar{u} - c)^2 3nk}{16(\bar{u} - \lambda_n)k - 8n} \tag{5-18}$$

5.2.2.3 协调结果分析

上述产品—服务集合模式和产品—服务分离模式下服务价格决策分析表明,服务供应商的效用与需求规模正相关,不会影响装备制造商的价格决策。此时,产品—服务集合模式和产品—服务分离模式下的升级系统中装备制造业和生产性服务业的利润一直保持增加的态势,且产品—服务集合模式下的服务价格决策所带来的利润更高。但是,却存在一个阈值 $\bar{\lambda}(\bar{\lambda} = \bar{u}n^{-1} - k^{-1})$,当网络外部性系数 $\lambda > \bar{\lambda}$ 时,产品—服务分散模式下的服务价格更高,相反,则产品—服务集合模式下的服务价格更高。

由此可知:第一,在产品—服务集合模式下服务化系统中,装备制造商具有升级主导地位优势和装备产品需求市场控制力,控制服务价格稳定而不受需求规模的变化而影响。而服务供应商则会在需求规模增加到一定水平时,会倾向于提供高质高价的优质服务。第二,当需求规模达到一定程度时,会影响用户对服务化产品的主观判断而积极融入服务化场景,从而提高服务化产品的销售规模。此时,装备制造商能够从中获利。第三,产品—服务分离模式下的服务价格决策可能带来决策成本的增加,当需求规模越大时,这种决策成本越高,从而影响服务化利润的持续性。此时,服务价格协调对以服务化促进升级的协调作用更加强烈。

5.2.3 利益分配协调机制

从服务化利益组成、利益分配协调网络均衡模型构建以及结果分析三个层面分析服务化利益协调机制。

5.2.3.1 服务化利益组成

服务化利益产生于服务化产品销售环节，是以服务化推动升级过程中用户价值培育、资本价值培育和核心优势价值培育，从而实现价值共创的具体体现。

(1)来自用户价值的培育。服务化以用户需求为核心，依托产品拓展服务，缩短装备制造产品与用户期望的距离。主要体现在两个方面，一是满足用户需求的增长。随着智能制造和服务经济的崛起，用户需求和服务创新成为新的价值增长点。日趋成熟的服务化供需平台能够满足不同类型装备制造业在不同阶段的服务化需求，通过对装备产品用户服务需求的深耕，不断扩充产品的资源和服务，满足越来越多的装备制造业服务化需求。二是满足用户需求的多样。技术进步的发展和需求侧环境变化，使用户需求呈现多样化、差异化特征。用户是服务化产品的主要消耗者，装备制造业服务化有利于挖掘和培育用户需求，为用户提供更加便捷、人性化的产品，逐渐提升用户价值。

(2)来自资本价值的培育。服务化活动通过强化装备产品结构中服务价值的主导性，提升其盈利水平，拓宽产业融资渠道，产生资本价值。服务化活动通过高效覆盖和链接价值链上各节点价值活动，打破传统装备制造业以产品盈利的单一模式，将创新的服务要素不断与装备产品互动，以培育新型商业模式和销售增长点。

(3)来自核心优势价值的培育。服务化活动为装备制造业提供以用户

158

需求为中心的平台服务、数据服务、信息服务、金融服务、资本服务等,通过全产业链布局,满足不同类型、不同发展阶段、不同规模的装备制造业服务化需求。服务要素的持续投入能够有效推进服务化产品的内容创新,丰富和完善产业链;通过产品解决方案的提供,多维度合作扩展服务能力和产品价值;通过服务生态内外协力作用,赋能服务创新和产品创新,提高服务的独创性和不可复制性,形成核心竞争优势。

5.2.3.2　利益分配协调网络均衡模型构建

根据以上服务化利益组成的分析可知,升级中的主要价值关联方包括装备制造商、服务供应商和用户,各个个体均以自身利益最大化为目标,协调机制的作用是既要满足作为升级主体的装备制造业利益最大化,也要满足升级中其他参与体的利益最大化,从而实现整体利益的最大化。因此,参照彭永涛等(2019)对产品服务供应网络的研究,构建装备制造商、服务要素供应商和用户的产品供应网络,探究三者均衡状态下的服务化利益协调机制。首先,根据网络均衡模型适用要求,进行如下假设:第一,假定基于服务化的装备制造业全球价值链升级组织网络中只存在装备制造商、服务供应商和用户三个个体。第二,设定服务化产品和需求的影响因素。其中,产品价格和服务水平影响产品的需求,网络外部性、服务价格和服务水平影响服务的需求。第三,成本函数具有连续可微的性质。然后,运用 Logistic 模型研究组织网络中服务化对不同参与主体的影响所导致整体生态效益增长情况。假定如下决策变量参数,符号和假设说明如表 5-1 和表 5-2 所示。

表 5-1　相关参数设置

符号	定义及说明
$M \in (1,2,\cdots,m)$	M 表示装备制造商集合,假定系统中的装备制造商个数为 m
$S \in (1,2,\cdots,s)$	S 表示服务供应商集合,假定系统中的服务供应商个数为 s
$C \in (1,2,\cdots,c)$	C 表示服务用户需求集合,假定系统中的用户需求数为 c

续表

符号	定义及说明
q_{MS}	装备制造商 M 与服务供应商 S 间的产品订单量,形成列向量 $Q_1 \in \mathbf{R}_+^{MS}$
q_{SC}	服务供应商 S 与用户 C 之间产品订单量,形成列向量 $Q_2 \in \mathbf{R}_+^{SC}$
ω_{MS}	装备制造商 M 与服务供应商 S 之间的零部件订单量,形成 $W_1 \in \mathbf{R}_+^{MS}$
ω_{MC}	装备制造商 M 与用户 C 之间的零部件订单量,形成 $W_2 \in \mathbf{R}_+^{MC}$
ω_{SC}	服务供应商 S 与用户 C 之间的零部件订单量,形成 $W_3 \in \mathbf{R}_+^{SC}$
S_{1MC}	装备制造商 M 向用户 C 提供的服务水平,形成 $S_1 \in \mathbf{R}_+^{MC}$
S_{2SC}	服务供应商 S 向用户 C 提供的服务水平,形成 $S_2 \in \mathbf{R}_+^{SC}$
ρ_{1MS}	装备制造商 M 与服务供应商 S 之间的产品交易价格,为内生变量
ρ_{1SC}	服务供应商 S 与用户 C 之间的产品交易价格,为内生变量
ρ_{2MS}	装备制造商 M 与服务供应商 S 的零部件的交易价格,为内生变量
ρ_{2MC}	装备制造商 M 与用户 C 之间的服务的交易价格,包括两部分价格,一部分为零部件价格 ρ_{2MC}^+,一部分是人工费用 ρ_{2MC}^- 等,为内生变量
ρ_{2SC}	服务供应商 S 与用户 C 之间服务的交易价格,包括两部分价格,一部分为零部件价格 ρ_{2SC}^+,一部分是人工费用 ρ_{2SC}^- 等,为内生变量
ρ_{qC}	用户 C 对产品的最终需求价格
ρ_{kC}	用户 C 对服务的最终需求价格

表 5-2　成本及需求函数

符号	定义及说明
$f_M = f_M(Q_1)$	装备制造商 M 对产品的装备制造成本
$f_M = f_M(W_1, W_2)$	装备制造商 M 对零部件的装备制造成本
$\pi_{MC}(S_1) = \alpha s_{1MC}^2 / 2$	装备制造商 M 向用户 C 提供相应服务水平时的服务成本
$\pi_{SC}(S_1) = \alpha s_{2SC}^2 / 2$	服务供应商 S 向用户 C 提供相应服务水平时的服务成本
$c_{MS}(Q_1)$	装备制造商 M 与服务供应商 S 交易产品时装备制造商 M 承担的交易成本
$c_{MS}(W_1)$	装备制造商 M 与服务供应商 S 交易零部件时装备制造商 M 承担的交易成本
$c_{SC}(Q_2)$	服务供应商 S 与用户 C 交易产品时服务供应商 S 承担的交易成本

符号	定义及说明
$c_{MC} = c_{MC}(\omega_{MC}, s_{1MC})$	装备制造商 M 向用户 C 提供服务时装备制造商 M 承担的交易成本
$c_{SC} = c_{SC}(\omega_{SC}, s_{2SC})$	服务供应商 S 向用户 C 提供服务时服务供应商 S 承担的交易成本
$\hat{c}_{SC} = c_{SC}(\omega_{SC}, s_{2SC})$	服务供应商 S 向用户 C 提供服务时用户 C 中个体承担的交易成本
$\hat{c}_{MC} = c_{MC}(\omega_{MC}, s_{1MC})$	装备制造商 M 向用户 C 提供服务时用户 C 中个体承担的交易成本
$d_{qC} = d_{qC}(\rho_{qC}, s)$	用户 C 对产品的需求
$d_{kC} = d_{kC}(\rho_{qC}, \rho_{kC})$	用户 C 对服务的需求量

根据上述经济活动的描述,遵循"利益＝收益－成本－费用"的基本原则,设装备制造业利益为 U,将上述关系代入装备制造商 M 利益最大化函数公式中,可得:

$$\max U_M = \sum_{S=1}^{J} \rho_{1MS} q_{MS} + \sum_{S=1}^{J} \rho_{2MS} \omega_{MS} + \sum_{C=1}^{L} \rho_{2MC}(\omega_{MC}, s_{1MC}) -$$

$$f_M(Q_1) - f_M(W_1, W_2) - \sum_{S=1}^{J} c_{MS}(q_{MS}) - \sum_{S=1}^{J} c_{MS}(\omega_{MS}) -$$

$$\sum_{C=1}^{L} c_{SC}(\omega_{SC}, s_{1MC}) - \sum_{C=1}^{L} \pi_{MC}(s_{1MC}) \tag{5-19}$$

公式(5-19)中前三项为装备制造业服务化中一个装备制造商产生的利益,后六项为装备制造业服务化中一个装备制造商的交易成本和相关费用,则所有装备制造商利益最大化函数为:

$$\max U_X = \sum_{M=1}^{X} \left[\sum_{S=1}^{J} \rho_{1MS} q_{MS} + \sum_{S=1}^{J} \rho_{2MS} \omega_{MS} + \sum_{C=1}^{L} \rho_{2MC}(\omega_{MC}, s_{1MC}) - \right.$$

$$f_M(Q_1) - f_M(W_1, W_2) - \sum_{S=1}^{J} c_{MS}(q_{MS}) - \sum_{S=1}^{J} c_{MS}(\omega_{MS}) -$$

$$\left. \sum_{C=1}^{L} c_{SC}(\omega_{SC}, s_{1MC}) - \sum_{C=1}^{L} \pi_{MC}(s_{1MC}) \right] \tag{5-20}$$

装备制造商 M 与服务供应商 S 之间进行产成品的交易活动表示为

$$A_{MS} = \sum_{M=1}^{I} \sum_{S=1}^{J} \left[\frac{\partial f_M(Q_1)}{\partial q_{MS}} + \frac{\partial c_{MS}(q_{MS}^*)}{\partial q_{MS}} - \rho_{1MS}^* \right] \times (q_{MS} - q_{MS}^*)$$

零部件交易活动为

$$P_{MS} = \sum_{M=1}^{I} \sum_{S=1}^{J} \left[\frac{\partial f_M(W_1, W_2)}{\partial \omega_{MS}} + \frac{\partial c_M(\omega_{MS}^*)}{\partial \omega_{MS}} - \rho_{2MS}^* \right] \times (\omega_{MS} - \omega_{MS}^*)$$

同时，装备制造商 M 与用户 C 之间产成品的交易活动为

$$A_{MC} = \sum_{M=1}^{I} \sum_{C=1}^{L} \left[\frac{\partial f_M(W_1, W_2)}{\partial \omega_{MC}} + \frac{\partial c_{MC}(\omega_{MC}^*, s_{1MC}^*)}{\partial \omega_{MC}} - \rho_{2MC}^{+*} \right] \times (\omega_{MC} - \omega_{MC}^*)$$

装备制造商 M 与用户 C 之间零部件的交易活动为

$$P_{MC} = \sum_{M=1}^{I} \sum_{C=1}^{L} \left[\frac{\partial \pi_{MC}(\partial \pi_{1MC}^*)}{\partial s_{1MC}} + \frac{\partial c_{MC}(\omega_{MC}^*, s_{1MC}^*)}{\partial s_{1MC}} - \rho_{2MC}^{-*} \right] \times (s_{1MC} - s_{1MC}^*)$$

装备制造商的产品均衡量、零部件均衡量及服务水平（$q_{MS}^*, \omega_{MS}^*, \omega_{MC}^*$，$S_{1MS}^*)\Omega^1$。根据前文假设条件三可知，若单个装备制造商都能实现自身利益的最大化，则全体装备制造商的利益可以描述为：

$$A_{MS} + P_{MS} + A_{MC} + P_{MC} \geqslant 0 \tag{5-21}$$

即 $q_{MS}^* > 0, \omega_{MS}^* > 0$ 那么应有

$$\frac{\partial f_M(Q_1)}{\partial q_{MS}} + \frac{\partial c_{MS}(q_{MS}^*)}{\partial q_{MS}} - \rho_{1MS}^* = 0$$

以及

$$\frac{\partial f_M(W_1, W_2)}{\partial \omega_{MS}} + \frac{\partial c_{MS}(\omega_{MS}^*)}{\partial \omega_{MS}} - \rho_{2MS}^* = 0$$

以及

$$\frac{\partial f_M(W_1, W_2)}{\partial \omega_{MC}} + \frac{\partial c_{MC}(\omega_{MC}^*, s_{1MC}^*)}{\partial \omega_{MC}} - \rho_{2MS}^{+*} = 0$$

和

$$\frac{\partial \pi_{MC}(\partial_{1MC}^*)}{\partial s_{1MC}} + \frac{\partial c_{MC}(\omega_{MC}^*, s_{1MC}^*)}{\partial s_{1MC}} - \rho_{2SC}^{-*} = 0$$

(2)服务供应商的均衡模型。服务供应商连接装备制造商与用户的交易过程,以 ρ_{1SC} 价格将从装备制造商购买的产品销售给用户,在 q_{SC} 交易规模下产生交易成本 $c_{SC} = c_{SC}(q_{SC})$,$\forall S,C$。在以用户需求为主导的服务化产品交易中心,服务供应商引进装备制造商的产品以为用户提供服务,交易价格为 ρ_{2SC}。在这一过程中,服务供应商在与用户和装备制造商产生的交易价格分别为 $\pi_{SC}(S_1) = as_{2SC}^2/2$,$\forall S$,$C$,和 $c_{SC} = c_{SC}(\omega_{SC}, s_{2SC})$,$\forall S,C$。根据上述经济活动的描述,依据"利益=收益-成本-费用"的基本原则,设服务供应商利益为 U_S,将上述关系代入服务供应商 S 利益最大化函数公式中,可得:

$$\max U_S = \sum_{C=1}^{L} \rho_{1SC} q_{SC} + \sum_{C=1}^{L} \rho_{2SC}(\omega_{SC}, s_{2SC}) -$$
$$\sum_{C=1}^{L} c_{SC}(\omega_{SC}, s_{2SC}) - \sum_{C=1}^{L} c_{SC}(q_{SC}) -$$
$$\sum_{C=1}^{L} \pi_{SC}(s_{2SC}) \tag{5-22}$$

公式(5-22)中前两项为装备制造业服务化中一个服务供应商产生的收益,后三项为装备制造业服务化中一个服务供应商的交易成本和相关费用,则所有服务供应商的利润最大化函数为:

$$\max U_X = \sum_{S=1}^{X} \left[\sum_{C=1}^{L} \rho_{1SC} q_{SC} + \sum_{C=1}^{L} \rho_{2SC}(\omega_{SC}, s_{2SC}) - \right.$$
$$\left. \sum_{C=1}^{L} c_{SC}(\omega_{SC}, s_{2SC}) - \sum_{C=1}^{L} c_{SC}(q_{SC}) - \sum_{C=1}^{L} \pi_{SC}(s_{2SC}) \right] \tag{5-23}$$

$$s.t. \sum_{C=1}^{L} q_{SC} \leqslant \sum_{M}^{I} q_{MS}, \sum_{C=1}^{L} \omega_{SC} \leqslant \sum_{M=1}^{M} \omega_{MS}$$

服务供应商 S 与用户 C 之间进行装备产成品交易活动表示为

$$A_{SC} = \sum_{S=1}^{J} \sum_{C=1}^{L} \left[\frac{\partial c_{SC}(q_{SC}^*)}{\partial q_{SC}} - \rho_{1SC}^* + \delta_S^* \right] \times (q_{SC} - q_{SC}^*)$$

装备产品的服务交易活动表示为

$$S_{SC} = \sum_{S=1}^{J} \sum_{C=1}^{L} \left[\frac{\partial c_{SC}(\omega_{SC}^*, s_{SC}^*)}{\partial \omega_{SC}} - \rho_{2SC}^{+*} + \beta_S^* \right] \times (\omega_{SC} - \omega_{SC}^*)$$

即 $q_{SC}^* > 0, (\omega_{SC}^*, s_{2SC}^*) > 0$。应有

$$\frac{\partial c_{SC}(q_{SC}^*)}{\partial q_{SC}} - \rho_{1SC}^* + \delta_S^* = 0, \frac{\partial c_{SC}(\omega_{SC}^*, s_{SC}^*)}{\partial \omega_{SC}} - \rho_{2SC}^{+*} + \beta_S^* = 0,$$

$$\frac{\partial \pi_{SC}(s_{2SC}^*)}{\partial s_{2SC}} + \frac{\partial c_{SC}(\omega_{SC}^*, s_{2SC}^*)}{\partial s_{SC}} - \rho_{2SC}^{-*} = 0$$

服务供应商 S 与装备制造商 M 产成品交易活动表示为

$$A_{SM} = \sum_{S=1}^{J} \sum_{M=1}^{I} (\rho_{1SM}^* - \delta_S^*) \times (q_{SM} - q_{SM}^*] +$$
$$\sum_{S=1}^{J} \sum_{M=1}^{I} (\rho_{2SM}^* + \beta_S^*) \times (\omega_{SM} - \omega_{SM}^*)$$

零部件交易活动表示为

$$S_{SM} = \sum_{S=1}^{J} (\sum_{M=1}^{I} q_{MS}^* - \sum_{C=1}^{L} q_{SC}^*) \times (\delta_S - \delta_S^*] +$$
$$\sum_{S=1}^{J} (\sum_{M=1}^{I} \omega_{MS}^* - \sum_{C=1}^{L} \omega_{SC}^*) \times (\beta_S - \beta_S^*)$$

则服务供应商与装备制造商和用户交易均衡量 $(q_{SC}^*, q_{MS}^*, \omega_{MS}^*, \omega_{SC}^*, s_{2SC}^*, \delta_S^*, \beta_S^*) \in \Omega^2$。根据前文假设条件三可知，若单个服务供应商都能实现自身利益的最大化，则全体服务供应商的利益满足：

$$A_{SC} + S_{SC} + A_{SM} + P_{SM} \geq 0 \tag{5-24}$$

$\forall (q_{SC}^*, q_{MS}^*, \omega_{MS}^*, \omega_{SC}^*, s_{2SC}^*, \delta_S^*, \beta_S^*) \in \Omega^2$，其中 $\Omega^2 = R_+^{JL+IJ+IJ+JL+JL+J+J}$。

即 $q_{MS}^* > 0, \omega_{MS}^* > 0$，那么应有 $\rho_{1MS}^* - \delta_S^* = 0, \rho_{2MS}^* - \beta_S^* = 0, \delta_S^*, \beta_S^*$ 为约束式 $s.t.$ 对应的朗格朗日乘子，所有的 δ_S^*, β_S^* 组成两个 Y 维的列向量 $\boldsymbol{\delta}_S^* \in \boldsymbol{R}_+^S, \boldsymbol{\beta}_S^* \in \boldsymbol{R}_+^S$。

（3）用户的均衡模型。用户在基于服务化的装备制造业全球价值链升级组织中既是参与者又是受益者。用户一方面与服务供应商产生产品交易，其需求与价格和服务水平有关；另一方面与装备制造商产生服务交易，

其需求与价格和需求量有关。依据效用函数中效用和商品组合的数量关系对用户的最优行为进行建模：

$$\rho_{1SC}^{*} + \hat{c}_{SC}(q_{SC}^{*}) \begin{cases} = \rho_{qC}^{*}, q_{SC} > 0 \\ \geqslant \rho_{qC}^{*}, q_{SC} = 0 \end{cases} \tag{5-25}$$

$$\rho_{2MC}^{*} + \hat{c}_{MC}(\omega_{MC}^{*}, s_{1MC}^{*}) \begin{cases} = \rho_{SC}^{*}, (\omega_{MC}, s_{1SC}) > 0 \\ \geqslant \rho_{SC}^{*}, (\omega_{MC}, s_{1SC}) = 0 \end{cases}$$

$$\rho_{2SC}^{*} + \hat{c}_{SC}(\omega_{SC}^{*}, s_{1SC}^{*}) \begin{cases} = \rho_{SC}^{*}, (\omega_{MC}, s_{2SC}) > 0 \\ \geqslant \rho_{SC}^{*}, (\omega_{MC}, s_{2SC}) = 0 \end{cases} \tag{5-26}$$

$$d_{qC}(\rho_{qC}, s) \begin{cases} = \sum_{S=1}^{J} q_{SC}, \rho_{qC} > 0 \\ \geqslant \sum_{S=1}^{J} q_{SC}, \rho_{qC} = 0 \end{cases}$$

$$d_{kC}(d_{qC}, \rho_{kC}) \begin{cases} = \sum_{S=1}^{J} q_{SC} + \sum_{M=1}^{I} q_{MC}, \rho_{kC} > 0 \\ \geqslant \sum_{S=1}^{J} q_{SC} + \sum_{M=1}^{I} q_{MC}, \rho_{kC} = 0 \end{cases} \tag{5-27}$$

式(5-27)表示当 $q_{SC} > 0$ 时，装备制造商 M 与服务供应商 S 发生交易时产品交易价格与产品交易成本相等，产品订单量大于零，说明用户出于对价值的感知愿意购买产品。反之，用户放弃购买。根据式(5-26)、式(5-28)、式(5-29)，所有用户达到效用最优的均衡条件可由变分不等式表示。

此时，服务供应商 S 与用户 C 之间进行产品交易活动为：

$$A_{SC} = \sum_{C=1}^{L} \sum_{S=1}^{J} (\rho_{1SC}^{*} + \hat{c}_{SC}^{*} - \rho_{qC}^{*}) \times (q_{SC} - q_{SC}^{*}) \tag{5-28}$$

式中，$q_{SC}^{*} > 0$，那么 $\rho_{1SC}^{-*} + \hat{c}_{SC}^{*} - \rho_{qC}^{*} \geqslant 0$。

式(5-28)表示当 $(\omega_{MC}, s_{1MC}) > 0$ 时，装备制造商 M 从服务供应商 S 处获取服务要素，再打包后卖给用户。此时，服务交易成本与需求价格相等时，用户愿意购买产品。反之，用户放弃购买。

装备制造商 M 与用户 C 进行服务交易活动为：

$$A_{MC} = \sum_{C=1}^{L} \sum_{M=1}^{I} (\rho_{2MC}^{+*} + \hat{c}_{MC}^{*} - \rho_{SC}^{*}) \times (\omega_{MC} - \omega_{MC}^{*}) +$$

$$\sum_{C=1}^{L} \sum_{M=1}^{I} (\rho_{2MC}^{-*} + \hat{c}_{MC}^{*} - \rho_{SC}^{*}) \times (s_{1MC} - s_{1MC}^{*}) +$$

$$\sum_{C=1}^{L} \sum_{S=1}^{J} (\rho_{2SC}^{+*} + \hat{c}_{SC}^{*} - \rho_{qC}^{*}) \times (\omega_{SC} - \omega_{SC}^{*}) +$$

$$\sum_{C=1}^{L} \sum_{S=1}^{J} (\rho_{2SC}^{-*} + \hat{c}_{SC}^{*} - \rho_{SC}^{*}) \times (s_{2SC} - s_{2SC}^{*}) \tag{5-29}$$

式中，$(\omega_{MC}^{*}, s_{1MC}^{*}) > 0$ 或 $(\omega_{SC}^{*}, s_{2SC}^{*}) > 0$，$\rho_{2MC}^{*} + \hat{c}_{MC}^{*} - \rho_{SC}^{*} = 0$，$\rho_{2SC}^{*} + \hat{c}_{SC}^{*} - \rho_{SC}^{*} = 0$。

式(5-29)表示当 $\rho_{qC} > 0$ 时，用户对产品的最终需求价格与服务供应商和用户之间的订单量相等；当 $\rho_{kC} > 0$ 时，用户对产品的需求量等于用户与装备制造商和服务供应商之间产品交易量相加。

用户 C 的产品为 $A_{SC} = \sum_{C=1}^{L} [\sum_{S=1}^{J} q_{SC}^{*} - d_{qC}(\rho_{qC}^{*}, s) \times [\rho_{qC} - \rho_{qC}^{*}]$，服务需求价格为 $B_{MC} = \sum_{C=1}^{L} [\sum_{M=1}^{I} \omega_{MC}^{*} + \sum_{S=1}^{J} \omega_{SC}^{*} - d_{SC}(d_{SC}, d_{SC}^{*}) \times [\rho_{SC} - \rho_{SC}^{*}]$，那么有 $\rho_{qC}^{*} > 0$，$\rho_{SC}^{*} > 0$，则应有 $q_{SC}^{*} - d_{qC}(\rho_{qC}^{*}, s) = 0$，$\omega_{MC}^{*} + \omega_{SC}^{*} - d_{SC}(d_{SC}, \rho_{SC}^{*}) = 0$。用户的产品需求均衡量、服务需求均衡量和均衡价格（$q_{MC}^{*}, q_{SC}^{*}, s_{SC}^{*}, s_{MC}^{*}, \rho_{qC}^{*}, \rho_{SC}^{*}) \in \Omega^{3}$ 满足：

$$A_{SC} + A_{MC} + A_{SC} + B_{MC} \geqslant 0 \tag{5-30}$$

$\forall (q_{MC}^{*}, q_{SC}^{*}, s_{MC}^{*}, s_{SC}^{*}, \rho_{qC}^{*}, \rho_{SC}^{*}) \in \Omega^{3}$，其中 $\Omega^{3} = R_{+}^{IL+JL+IL+JL+L+L}$。

（4）整体网络均衡模型。如前所述，协调机制以实现升级中各个个体的利益最大化，需满足装备制造商、服务供应商和用户的均衡。将上述变分不等式的式(5-23)、式(5-26)和式(5-30)相加得到整体的网络均衡条件。

$$\sum_{M=1}^{I} \sum_{S=1}^{J} \left[\frac{\partial f_M(Q_1)}{\partial q_{MS}} + \frac{\partial c_{MS}(q_{MS}^{*})}{\partial q_{MS}} - \delta_{S}^{*} \right] \times (q_{MS} - q_{MS}^{*}) +$$

$$\sum_{S=1}^{J} \sum_{C=1}^{L} \left[\frac{\partial c_{SC}(q_{SC}^{*})}{\partial q_{SC}} - \hat{c}_{SC}^{*} - \rho_{qC}^{*} + \delta_{S}^{*} \right] \times (q_{SC} - q_{SC}^{*}) +$$

$$\sum_{M=1}^{I} \sum_{S=1}^{J} \left[\frac{\partial f_M(W_1, W_2)}{\partial \omega_{MS}} + \frac{\partial c_{MS}(\omega_{MS}^{*})}{\partial \omega_{MS}} - \beta_{S}^{*} \right] \times (\omega_{MS} - \omega_{MS}^{*}) +$$

$$\sum_{M=1}^{I}\sum_{C=1}^{L}\left[\frac{\partial f_{\mathrm{M}}(W_1,W_2)}{\partial \omega_{\mathrm{MC}}}+\frac{\partial c_{\mathrm{MC}}(\omega_{\mathrm{MC}}^{*})}{\partial \omega_{\mathrm{MC}}}+\hat{c}_{\mathrm{MC}}^{*}-\rho_{\mathrm{SC}}^{*}\right]\times(\omega_{\mathrm{MC}}-\omega_{\mathrm{MC}}^{*})+$$

$$\sum_{S=1}^{J}\sum_{C=1}^{L}\left[\frac{\partial c_{\mathrm{SC}}(\omega_{\mathrm{SC}}^{*},s_{\mathrm{SC}}^{*})}{\partial \omega_{\mathrm{SC}}}+\hat{c}_{\mathrm{SC}}^{*}-\rho_{\mathrm{SC}}^{*}+\beta_{\mathrm{S}}^{*}\right]\times(\omega_{\mathrm{SC}}-\omega_{\mathrm{SC}}^{*})+$$

$$\sum_{M=1}^{I}\sum_{C=1}^{L}\left[\frac{\partial \pi_{\mathrm{MC}}(s_{1\mathrm{MC}}^{*})}{\partial s_{1\mathrm{MC}}}+\frac{\partial c_{\mathrm{MC}}(\omega_{\mathrm{MC}}^{*},s_{1\mathrm{MC}})}{\partial s_{1\mathrm{MC}}}+\hat{c}_{\mathrm{MC}}^{*}-\rho_{\mathrm{SC}}^{*}\right]\times$$

$$(s_{1\mathrm{MC}}-s_{1\mathrm{MC}}^{*})+\sum_{S=1}^{J}\sum_{C=1}^{L}\left[\frac{\partial \pi_{\mathrm{SC}}(s_{2\mathrm{SC}}^{*})}{\partial s_{2\mathrm{SC}}}+\frac{\partial c_{\mathrm{SC}}(\omega_{\mathrm{SC}}^{*},s_{2\mathrm{SC}})}{\partial s_{2\mathrm{SC}}}+\hat{c}_{\mathrm{SC}}^{*}-\rho_{\mathrm{SC}}^{*}\right]\times$$

$$(s_{2\mathrm{SC}}-s_{2\mathrm{SC}}^{*})+\sum_{S=1}^{J}\left(\sum_{M=1}^{I}q_{\mathrm{MS}}^{*}-\sum_{C=1}^{L}q_{\mathrm{SC}}^{*}\right)\times(\delta_{\mathrm{S}}-\delta_{\mathrm{S}}^{*})+$$

$$\sum_{S=1}^{J}\left(\sum_{M=1}^{I}\omega_{\mathrm{MS}}^{*}-\sum_{C=1}^{L}\omega_{\mathrm{SC}}^{*}\right)\times(\beta_{\mathrm{S}}-\beta_{\mathrm{S}}^{*})+\sum_{C=1}^{L}\left[\sum_{S=1}^{J}q_{\mathrm{SC}}^{*}-d_{q\mathrm{C}}(\rho_{q\mathrm{C}}^{*}-s)\right]\times$$

$$(\rho_{q\mathrm{C}}-\rho_{q\mathrm{C}}^{*})+\sum_{C=1}^{L}\left[\sum_{M=1}^{I}\omega_{\mathrm{MC}}^{*}-\sum_{S=1}^{J}\omega_{\mathrm{SC}}^{*}-d_{\mathrm{SC}}(d_{\mathrm{SC}},-\rho_{\mathrm{SC}}^{*})\right]\times$$

$$(\rho_{\mathrm{SC}}-\rho_{\mathrm{SC}}^{*})\geqslant 0 \tag{5-31}$$

$\forall\,(q_{\mathrm{MS}}^{*},q_{\mathrm{SC}}^{*},\omega_{\mathrm{MS}}^{*},\omega_{\mathrm{MC}}^{*},\omega_{\mathrm{SC}}^{*},s_{1\mathrm{MC}}^{*},s_{2\mathrm{SC}}^{*},\rho_{q\mathrm{C}}^{*},\rho_{\mathrm{SC}}^{*},\delta_{\mathrm{S}}^{*},\beta_{\mathrm{S}}^{*})\in\Omega$，其中 $\Omega=\Omega^1\times\Omega^2$ $\times\Omega^3$。

对公式(5-31)化简，得到：

$$\rho_{1\mathrm{MS}}^{*}=\frac{\partial f_{\mathrm{M}}(Q_1)}{\partial q_{\mathrm{MS}}}+\frac{\partial c_{\mathrm{MS}}(q_{\mathrm{MS}}^{*})}{\partial q_{\mathrm{MS}}},$$

$$\rho_{2\mathrm{MS}}^{*}=\frac{\partial f_{\mathrm{M}}(W_1,W_2)}{\partial \omega_{\mathrm{MS}}}+\frac{\partial c_{\mathrm{MS}}(\omega_{\mathrm{MS}}^{*})}{\partial \omega_{\mathrm{MS}}}$$

$$\rho_{1\mathrm{SC}}^{*}=\frac{\partial c_{\mathrm{SC}}(q_{\mathrm{SC}}^{*})}{\partial q_{\mathrm{SC}}}+\delta_{\mathrm{C}}^{*}, \tag{5-32}$$

$$\rho_{2\mathrm{SC}}^{*}=\frac{\partial c_{\mathrm{SC}}(\omega_{\mathrm{SC}}^{*},s_{\mathrm{SC}}^{*})}{\partial \omega_{\mathrm{SC}}}+\frac{\partial \pi_{\mathrm{MC}}(s_{2\mathrm{SC}}^{*})}{\partial s_{2\mathrm{SC}}}+\frac{\partial c_{\mathrm{SC}}(\omega_{\mathrm{SC}}^{*},s_{2\mathrm{SC}}^{*})}{\partial s_{2\mathrm{SC}}}+\beta_{\mathrm{S}}^{*}$$

$$\rho_{2\mathrm{SC}}^{*}=\frac{\partial c_{\mathrm{SC}}(\omega_{\mathrm{SC}}^{*},s_{\mathrm{SC}}^{*})}{\partial \omega_{\mathrm{SC}}}+\frac{\partial \pi_{\mathrm{MC}}(s_{2\mathrm{SC}}^{*})}{\partial s_{2\mathrm{SC}}}+\frac{\partial c_{\mathrm{SC}}(\omega_{\mathrm{SC}}^{*},s_{2\mathrm{SC}}^{*})}{\partial s_{2\mathrm{SC}}}+\beta_{\mathrm{S}}^{*}$$

5.2.3.3　结果分析

由上述分析可知，服务化产品在交易过程中包含无形服务和有形产品，服务的供应与产品的供应相同，都是在市场机制下，在需求、成本、价格之间协调，但相比于一般产品，其运作过程更加复杂。根据服务化的装备制造产品流通过程可以看出，装备制造商一方面与服务供应商进行服务的交易，另一方面与用户进行产品的交易。与此同时，用户既可以选择从装备制造商处获取产品，也可以选择从服务供应商处获取产品。但是，两个产品来源的产品要素构成不同，导致获得的收益水平不同。出于便捷性的考虑，用户倾向于向服务供应商获取产品，因为服务供应商的空间布局更加广泛、交易方式更加灵活。出于专业性的考虑，用户倾向于向装备制造商获取产品，因为装备制造商能够提供技术密度大、专业性强的核心服务，且从中获利水平高，是服务供应商无法代替的。此外，服务化装备产品的市场需求受服务化水平和服务价格的影响。随着服务需求和服务水平的不断增加，用户对服务的依赖和偏好越来越超过产品本身。相比于产品，服务的需求周期比较长，服务供应商会以低价额高销量完成产品的销售。可见，在服务化装备产品价值分配系统中，装备产品本身作为引发需求的基础，而连续丰富的服务需求是获取利润的重要渠道。

5.2.4 风险分担机制

从服务化风险识别、服务化风险评价模型和服务化风险分担机制构成三个层面构建服务化风险分担机制。

5.2.4.1 服务化风险识别

根据前文分析可知，以服务化推动升级是装备制造业通过提高生产制造过程中服务要素比重，逐步形成"制造＋服务"经营模式的动态过程。这一动态过程表现为以服务化促进升级过程中产品与服务的融合程度，需在适当的环境、技术的融合、要素的匹配以及共赢的合作等过程中逐步实现，具有客观性、不确定性和动态性的特征。这种特性造成了装备制造业以服务化促进升级过程中个体间的风险伴随,识别其中的风险因素,并进行调节有利于激发个体间的合作意愿、促进与用户需求的交互、打通服务化转型堵点,从而提升服务化转型效能。结合期刊平台中对服务化转型、装备制造业服务化、服务化风险、服务化陷阱等关键词进行检索,通过精选相关度高的文献进行归纳和分析发现,服务化产品市场前景的不确定性和竞争者的多元变化是造成市场风险的主要诱因(Falk et al.,2013),政府政策的稳定性影响交易成本从而引发政策变化,服务化创新研发投入水平、新技术与新工艺的技术进步水平和匹配程度可能造成技术的不确定性,来自管理者的管理能力、风险偏好、客户和生产商的知识类因素(Valtakoski,2017)、组织动态匹配水平是造成服务化组织能力不足的主要原因,价值链障碍、成本问题、利益分配以及道德风险是诱发合作方不合作的主要问题,综合以上分析以及前文中风险分担因素的识别过程,将基于服务化的装备制造业全球价值链升级风险归集为环境风险、技术风险、组织风险、合作风险几个方面,如表 5-3 所示。

表 5-3　风险因素

风险来源	风险指标	风险来源	风险指标
环境风险	市场前景需求	组织风险	管理者管理能力
	同质化服务竞争		管理者风险偏好
	服务化政策稳定性		研发人员科研能力
	知识产权保护		组织动态匹配水平
技术风险	服务化技术匹配	合作风险	金融风险
	研发投入效率		合作双方道德风险
	服务内容创新水平		利益分配风险

(1)环境风险因素分析。环境风险因素主要包括服务化产品市场前景需求、服务化政策稳定性、知识产权保护等四大因素。第一,市场前景需求。缺乏在高技术、高附加值领域的实践,造成高技术服务要素需求的不足,高技术服务市场需求疲软造成服务技术和服务水平提高的瓶颈,造成服务化

促进升级的风险。第二,同质化服务竞争风险。服务化对装备制造企业绩效提升的积极作用引发服务要素的无序聚集。在服务化盲目跟随阶段,企业采取无序的服务盲目转型。一方面导致无效服务化,无效的服务要素投入易模仿和复制,服务模式单一导致同质化服务不断被复制,对装备产品价值提升没有实质性的作用;另一方面导致服务创新动力不足,服务创新周期长且投入高,相比之下,服务要素需求方更倾向于成本低、门槛低的同质化服务,而放弃服务创新,导致服务化一直停留在初级阶段,无法发挥真实作用。所以,同质化服务竞争导致产业链发展缓慢,产业链带动性不足,从而为升级带来风险。第三,服务化政策稳定性。服务化政策的稳定性有利于发挥产业联动效应,保障服务化推动升级的健康环境。政策稳定性的缺失容易产生服务化促进升级的反向作用。第四,知识产权保护。相关知识产权保护的缺失,很有可能降低合作者积极性,从而使服务化成果遭受损失,甚至是成果外泄和同质化服务产品的泛滥。

(2)技术风险因素分析。技术风险因素主要包括服务化技术匹配、研发投入水平、服务内容创新水平等三大因素。第一,服务化技术匹配。一方面指制造要素和服务要素的技术标准匹配,制造和服务的需求与方案众多,链接系统中的技术标准,维护服务化的正常运作是规避服务化技术风险的重要问题;另一方面也指信息技术的匹配,以数字技术为例,数字技术颠覆传统商业模式,用户不需要纠结于如何根据自己的业务需求来购买服务器、软件,而是通过互联网来购买自己需要的计算处理资源。对于用户来说,将原本由自己掌控的数据交给外部的数字服务中心,安全性和稳定性成为用户关心和亟待攻克的问题,也是造成升级乏力的关键技术风险。第二,研发投入效率。研发投入效率受研发投入水平和规模影响。我国属于中等收入国家,但是研发强度已经达到了中上等收入国家,甚至是高收入国家的水平,以一个中等收入国家的水平来追赶世界先进的科技创新国家,存在大而不强、多而不优的情况。研发投入水平较高,但是研发投入效率却并不理想。

研发投入效率低下,阻碍了服务化的落实和深入,难以实现高质量服务化并形成服务化瓶颈。因此,研发投入效率风险是基于服务化的装备制造业全球价值链升级的核心技术风险。第三,服务内容创新水平。服务创新必须基于用户需求,听取用户的反映和意见,接纳用户抱怨,弹性输出并以用户角度从产品全周期将服务贯穿于制造的全部流程,由被动服务向主动服务转变,因此,服务创新依赖于技术水平的支持,一旦技术投入和服务创新无法平衡,容易引发服务创新风险,就会导致客户流失,影响服务化绩效的形成。

(3)组织风险因素分析。组织风险因素主要包括管理者管理能力、管理者风险偏好、研发人员科研能力、组织动态匹配水平等四大因素。第一,管理者管理能力。管理能力影响着基础信息传递方式和结构,是否具备集成的信息网络、全面统筹沟通范式,直接影响服务化的管理效率和经济效益。共享产品服务协作平台的搭建、信息反馈效率的提升、产品服务流通环节的浪费、员工的无效劳动都需要管理协调,是影响升级的潜在风险因素。第二,管理者风险偏好。当服务化组织中的管理者对服务化转型持风险爱好型态度时,一旦市场中存在服务化营利活动时,容易在管理决策中出现激进的管理意见。这种行为在带来服务化收益的同时,必将伴随服务化风险。第三,研发人员科研能力。长期依赖于价值链的主导企业,其装备制造业科研能力依赖性强,引发核心技术的缺失、创新能力不足和研发人员科研能力的缺失,难以提升技术创新能力。第四,组织动态匹配水平。权变理论指导下组织结构服务于组织战略,服务化组织受服务化环境的特质影响,改变服务化组织的分化程度和整合水平。因此,服务化组织结构与服务化环境应存在着一系列复杂的匹配关系。否则,会在服务化环境的优胜劣汰中淘汰无法匹配的组织,导致服务化失败。

(4)合作风险因素分析。合作风险因素主要包括金融风险、合作双方道德风险、利益分配风险等三大因素。第一,由于服务的不确定性和异质性,服务化活动跨组织跨行业,组织间融资模式的差异,容易引发销售风险和贷款风险等金融风险。第二,合作双方道德风险。以服务化促进升级的各个个体之间的道德风险体现在利益侵害和信任不足两个方面,一是由于在服务化促进升级中的地位不对等导致利益侵害;二是服务化各个主体无法对利益和风险进行协商,难以共同分担风险,造成信任不足,不利于升级。第三,利益分配风险。各个个体参与升级的利益诉求不同,难以形成服务化促进升级的合力,从而导致利益协调陷阱,引发服务化促进升级的负面影响。

5.2.4.2 服务化风险评价模型

通过上述分析可知,基于服务化的装备制造业全球价值链升级中存在的风险因素存在多目标性和多层次性,可采用层次分析法对其进行评价。因此,从风险评价体系构建、层次分析法评价过程和评价结果分析三个层面进行研究。

(1)风险评价体系构建。将基于服务化的装备制造业全球价值链升级的风险进行层次化解析,如表 5-4 所示。

表 5-4 风险评价体系

目标层	准则层	指标层
基于服务化的装备制造业全球价值链升级的风险指标体系	装备制造业服务化环境风险（B_1）	市场前景需求（C_{11}）
		同质化服务竞争（C_{12}）
		服务化政策稳定性（C_{13}）
		知识产权保护（C_{14}）
	装备制造业服务化技术风险（B_2）	服务化技术匹配（C_{21}）
		研发投入水平（C_{22}）
		服务内容创新水平（C_{23}）
	装备制造业服务化组织风险（B_3）	管理者管理能力（C_{31}）
		管理者风险偏好（C_{32}）
		研发人员科研能力（C_{33}）
		组织动态匹配水平（C_{34}）
	装备制造业服务化合作风险（B_4）	金融风险（C_{41}）
		合作双方道德风险（C_{42}）
		利益分配风险（C_{43}）

（2）层次分析法评价过程。首先，构建判断矩阵。设 m 待评价因素 A_1，A_2，…，A_m，m 因素对上一层因素 n 存在相对重要性，根据因素成对比较法，将列向量中每个因素 $A_i(i=1,2,…,m)$ 和行向量中每个因素 $A_j(j=1,2,…,m)$ 关于准则 B_r 进行重要程度的比较并进行判断，利用萨蒂教授引用的"1～9 标度方法"设定标度值 a_{ij}，及其相对重要程度为 $a_{ij}(j=1,2,…,m)$，这样 m 阶矩阵用以求解各因素在对应准则上的优先权中，构建成对比较矩阵，记作：

$$\boldsymbol{A} = (a_{ij})_{m\times m} \tag{5-33}$$

接着，进行层次因素排序。在决策准则下，结果与数值大小成正比。利用矩阵表示各指标之间的重要关系，可以得到比较矩阵 $\boldsymbol{A}$：

$$\boldsymbol{A} = \begin{bmatrix} w_1/w_1 & w_1/w_2 & \cdots & w_1/w_m \\ w_2/w_1 & w_2/w_2 & \cdots & w_2/w_m \\ \vdots & \vdots & \vdots & \vdots \\ w_m/w_1 & w_m/w_2 & \cdots & w_m/w_m \end{bmatrix} \tag{5-34}$$

对判断矩阵进行一致性检验。按照"1～9 标度法"构造的判断矩阵满足下列条件：(1) $a_{ij} > 0$，$(i,j=1,2,…,m)$；(2) $a_{ij}=1$，$(i=1,2,…,m)$；(3) $a_{ij}=1/a_{ij}(i,j=1,2,…,m)$，则认为该矩阵为正互反矩阵。设判断矩阵 $\boldsymbol{A}$ 的全部特征值为 $\lambda_{\max}$，λ_2，…，λ_m，由于 $\boldsymbol{A}$ 为正互反矩阵，$a_{ij}=1(i,j=1,2,…,m)$，判断矩阵 $\boldsymbol{A}$ 的迹为：

$$\mathrm{tr}(\boldsymbol{A}) = \sum_{i=1}^m a_{ii} = m \tag{5-35}$$

所以 $\boldsymbol{A}$ 的全部特征值之和为：

$$\lambda_{\max} + \lambda_2 + \cdots + \lambda_m = \mathrm{tr}(\boldsymbol{A}) = m \tag{5-36}$$

从而有：

$$\left| \sum_{i=2}^m \lambda_i \right| = \lambda_{\max} - m \tag{5-37}$$

为了达到满意度的一致性，使得除了 $\lambda_{\max}$ 之外，其余特征值尽量接近于零，取其余 $m-1$ 特征值平均作为检验矩阵一致性的指标，即：

$$\frac{|\sum_{i=2}^{m}\lambda_i|}{m-1}=\frac{\lambda_{\max}-m}{m-1} \tag{5-38}$$

作为判断矩阵的一致性指标，记作：

$$CI=\frac{\lambda_{\max}-m}{m-1} \tag{5-39}$$

式中，m 为阶数；$\lambda_{\max}$ 为最大特征值。

一般来说，CI 与偏离一致性成正比，阶数 m 主观偏差成正比。引入平均随机一致性指标 RI 进一步进行一致性检验，通过 500 次以上的重复计算平均求得一致性比率 CR，记作：

$$CR=\frac{CI}{RI} \tag{5-40}$$

CR 越小，一致性越好，否则需要修正到标准。

最后，确定层次总排序。设第 $k-1$ 准则层各因素关于总目标 A 的组合优先权重向量为：

$$\boldsymbol{W}^{(k-1)}=(w_1^{(k-1)},w_2^{(k-1)},\cdots,w_{n_{(k-1)}}^{(k-1)})^T \tag{5-41}$$

设第 k 准则层的 n_k 因素关于第 $k-1$ 准则层的第 j 因素为准则的优先权重向量为：

$$\boldsymbol{P}_j^{(k)}=(P_{1j}^{(k)},P_{2j}^{(k)},\cdots,P_{n_{kj}}^{(k)})^T \tag{5-42}$$

令 $P^{(k)}=(P_1^{(k)},P_2^{(k)},\cdots,P_{n_{k-1}}^{(k)})^T$

式中，$\boldsymbol{P}^{(k)}$ 是 $n_k\times n_{k-1}$ 阶矩阵，表示第 k 准则层 n_k 因素关于第 $k-1$ 准则层各因素的 n_{k-1} 优先权重向量所构成的矩阵。于是，第 k 准则层各因素关于总目标 A 的组合优先权重向量为：

$$\boldsymbol{W}^{(k)}=\boldsymbol{P}^{(k)}\boldsymbol{W}^{(k-1)}=(w_1^{(k)},w_2^{(k)},\cdots,w_{n_k}^{(k)})^T \tag{5-43}$$

其中，$w_i^{(k)}=\sum_{j=1}^{n_{k-1}}p_{ij}^{(k)}w_j^{(k-1)}(i=1,2,\cdots,n_k)$。

以此类推,推出第 n 准则层关于总目标 A 的组合优先权重向量:

$$W^{(n)} = P^{(n)} W^{(n-1)} = \left[w_1^{(n)}, w_2^{(n)}, \cdots, w_{n_n}^{(n)} \right]^T \tag{5-44}$$

最后,方案层对第 n 准则层第 j 因素为准则的优先权重向量为:

$$\boldsymbol{P}_j^{(a)} = (P_{1j}^{(a)}, P_{2j}^{(a)}, \cdots, P_{mj}^{(a)})^T \tag{5-45}$$

令 $\boldsymbol{P}^{(a)} = (P_1^{(a)}, P_2^{(a)}, \cdots, P_{n_n}^{(a)})^T$

从而得到方案层关于总目标的组合优先权重为:

$$\boldsymbol{W}^{(a)} = \boldsymbol{P}^{(a)} \boldsymbol{W}^{(n)} = (w_1^{(a)}, w_2^{(a)}, \cdots, w_m^{(a)})^T \tag{5-46}$$

其中, $w_i^{(a)} = \sum_{j=1}^{n_n-1} p_{ij}^{(a)} w_j^{(a-1)} (i=1,2,\cdots,m)$ 。

显然, $\boldsymbol{W}^{(a)} = \boldsymbol{P}^{(a)} \boldsymbol{P}^{(n)} \cdots \boldsymbol{P}^{(2)} \boldsymbol{W}^{(1)}$ 。

最后根据 $\boldsymbol{W}^{(a)}$ 的大小进行排序,从而得到评价结果。

根据建立的风险评价体系和评价结果,在充分论证服务化资源现状、发展环境、应用前景和现实选择的基础上,构建风险评语集进行风险评价。评价结果在 0～2 之间为风险水平较低,服务化转型进展顺利;评价结果在 2～4 之间为风险处于中低水平,说明可能存在相应的风险,但是属于可控风险范围内,可以进一步协商探索以求最优的解决方案;评价结果在 4～6 为中水平风险,服务化转型存在固有风险,并且风险规避存在一定的不确定性;评价结果在 6～8 之间为中高水平风险,说明服务化转型的风险较高,且不易通过谈判协商等方式降低;评价结果在 8～10 之间为高水平风险,说明服务化转型的风险很高,服务化转型中存在严重的问题,很难继续开展,只能面临失败的结果。

(3)评价结果分析。结合上述分析,得到层次分析法对风险因素分析,经测算所有指标通过一致性检验,如表 5-5 和表 5-6 所示。

表 5-5 随机一致性检验结果

n 阶	3	4	5	6	7	8	9
RI 值	0.52	0.89	1.12	1.26	1.36	1.41	1.46
n 阶	10	11	12	13	14	15	16
RI 值	1.49	1.52	1.54	1.56	1.58	1.59	1.5943
n 阶	17	18	19	20	21	22	23
RI 值	1.6064	1.6133	1.6207	1.6292	1.6358	1.6403	1.6462
n 阶	24	25	26	27	28	29	30
RI 值	1.6497	1.6556	1.6587	1.6631	1.667	1.6693	1.6724

表 5-6 检验结果

最大特征根	CI 值	RI 值	CR 值	一致性检验结果
14	0	1.58	0	通过

如表 5-7 所示，基于服务化的装备制造业全球价值链升级风险的不同程度。其中，存在较高风险的因素是市场前景需求、同质化服务竞争、服务化政策稳定性、服务化技术匹配。处于中高风险阶段风险因素是知识产权保护、研发投入水平、服务内容创新水平、管理者风险偏好、研发人员科研能力、组织动态匹配水平、合作双方道德风险和利益分配风险。值得注意的是，虽然其他风险因素没有纳入高风险和低风险因素，但也可能在特定情景和特定发展阶段对基于服务化的升级产生潜在风险和隐患。风险的识别不仅可以使装备制造业了解服务化转型可能存在的风险，以便在实施中注意各个环节的风险分担，也是利益相关者和决策者建立风险分担机制的基础。

表 5-7　分析结果

项目	特征向量	权重值	最大特征值	CI 值
市场前景需求	1.358	9.700%		
同质化服务竞争	1.132	8.083%		
服务化政策稳定性	1.207	8.622%		
知识产权保护	0.862	6.159%		
服务化技术匹配	1.142	8.160%		
研发投入水平	1.045	7.467%		
服务内容创新水平	0.927	6.620%	14	0
管理者管理能力	0.819	5.851%		
管理者风险偏好	0.981	7.005%		
研发人员科研能力	0.938	6.697%		
组织动态匹配水平	0.938	6.697%		
金融风险	0.83	5.928%		
合作双方道德风险	0.938	6.697%		
利益分配风险	0.884	6.313%		

5.2.4.3 服务化风险分担机制构成

由上述分析可知,市场前景需求、同质化服务竞争、服务化政策稳定性和服务化技术匹配是基于服务化的装备制造业全球价值链升级的关键风险因素。其中,服务化政策稳定性无法通过装备制造业主导的服务化升级进行协调。因此,根据其他三个风险因素,提出以下风险分担的策略:

(1)强化沟通。加强服务化转型参与者之间的沟通,深入分析产品与服务合作的切入点,避免服务化定位不准确导致服务化需求理解不一致、服务化内容选择错误以及需求变更,最终导致服务化对升级的负向作用。制定点对点的服务化沟通机制,综合考虑自身产品优势和要素禀赋,针对性地进行服务化内容的丰富和功能的拓展,从而形成最终产品服务解决方案的综合系统。制定连续的服务化沟通机制,根据服务化发展不同阶段的用户需求,调节服务和产品间的匹配水平,如发展速度快的装备产品通过服务贸易拔高服务水平，带动国内低水平服务，从而拉动整体服务水平。

（2）全流程交互。通过搭建开放式的技术、需求、服务平台，协调全产业链优势资源，将技术、服务、人力以及全球范围的专业资源在平台中进行共享和交互，使用户能更直观、更全面、更立体地参与装备产品的全流程活动中，使参与者在为用户创造价值的同时实现自我价值的认可和创造。最终，提供更丰富、更个性化、更开放和更前沿的技术信息与服务化产品，优化存量市场，挖掘增量市场，实现总体的互利共享。

（3）技术互动。相比于单纯的物质产品供应，服务＋产品供应具有更高的复杂性和不确定性。装备制造业应努力与产业链、供应链、价值链上下游合作伙伴建立有效的技术互动策略，降低因技术不匹配导致的失败风险。同时，为了更好地提升技术互动水平和技术发展方向，应鼓励装备制造业积极探索全球化的开放资源，加速技术互动效率和节奏。通过获取国外优质生产要素，为国内制造提供高端服务。

5.3 协调机制运行

对协调机制运行过程进行分析，构建服务价格协调机制、利益分配协调机制和风险分担机制，采用演化博弈模型和仿真揭示机制运行过程，探究协调机制运行的稳定性。

5.3.1 协调机制运行过程

根据协调机制构建过程可知，以服务化推动升级中，装备制造业是进行服务价格协调、利益分配协调和风险分担协调的主体，生产性服务业作为装备制造业全球价值链升级的媒介，通过提供服务化必需的服务要素参与服务价格协调、利益分配协调和风险分担协调,政府为各个协调内容提供舒适环境以稳固协调过程的实施。无论是服务价格协调机制、利益分配协调机制还是风险分担机制,均离不开装备制造业、生产性服务业和政府三者之间的相互作用,且每个个体的决策行为均会引起其他个体的决策变化。因此,装备制造业、生产性服务业、政府三者共同构成了协调机制运行的基本框架。

为探究装备制造业、生产性服务业和政府之间决策行为变化的博弈过程,采用多主体博弈方法构建三方的博弈模型,揭示协调机制运行规律。假设装备制造业、生产性服务业和政府三个主体都具有有限理性,并在此基础上构建非对称动态演化博弈模型,提出服务化决策理想状态的假设条件及协调机制运行过程。

5.3.2 协调机制运行演化博弈模型构建

5.3.2.1 模型假设及参数设置

演化博弈论克服了传统博弈理论中"参与人"需为完全理性的前提,并通过动态均衡诠释经济现象。从方法论的角度分析,演化博弈较博弈论更强调动态均衡,动态地探讨了服务化战略在装备制造业、生产性服务业和政府之间的利益分配情况,对其演化过程进行分析。基于以上背景做如下假设:

假设1:在一个"自然"环境中,将政府、装备制造业、生产性服务业视为一个系统,三个主体均有有限理性特征且有学习模仿能力,能够根据环境变化和战略需求调整自身策略。

假设2:三个主体中装备制造业基于提升产品竞争力和差异化水平的目的可以有采纳服务化和不采纳服务化的策略;提供服务化的生产性服务业

基于提升附加值增值的目的可以有参与服务化和不参与服务化的策略；政府基于提升区域内总产值的目的可以对装备制造企业采纳服务化的战略进行调控和不进行调控的策略。

假设 3：装备制造业进行服务化的相关损益是：当采取服务化模式，能够使产品的附加值增加、差异化水平提升，从而提高产品的收益 V_1，其中，装备制造业获得的收益为 βV_1，并且会获得服务化的额外收益，如政府给予装备制造企业的用于服务化的补贴 T_1。但同时需付出服务化中产生的设备、设计、人力等服务化转型的额外成本 C_1，其中装备制造业付出的成本为 αC_1。参与服务化的生产性服务业的相关损益是：当生产性服务业参与服务化模式，基于价值共创的目的，生产性服务业能够获得参与装备制造业服务化的收益 $(1-\beta)V_1$，并且会获得来自政府的参与服务化的补贴 T_2。但同时需付出参与服务化过程中服务匹配、业务匹配、人员匹配的额外成本 $(1-\alpha)C_2$。政府在装备制造业采纳服务化战略中的相关损益是：当区域内装备制造企业采纳服务化战略，且生产性服务业参与服务化的情况下，政府能够获得采纳决策下的潜在收益 V_2，但同时需要付出调控过程中的成本 C_3，以及装备制造业采纳服务化策略的补贴 T_1、生产性服务业参与服务化策略的补贴 T_2。

各主体的相关参数设定及含义详见表 5-8。

表 5-8　主要参数设定及含义

参数	含义
V_1	装备制造业和生产性服务业采纳服务化策略产生的额外收益
β	额外收益中装备制造业获得的占比
V_2	采纳服务化策略为政府部门提供的潜在收益
D_2	政府调控下装备制造业不采纳服务化策略造成的损失
D_3	政府调控下生产性服务业不采纳服务化策略造成的损失
C	装备制造业和生产性服务业均采纳服务化策略节约的成本
C_1	采纳服务化策略时付出的成本（如相关人力、物力的投入）

参数	含义
α	采纳服务化策略成本中装备制造业付出成本的占比
C_3	政府推进服务化决策时进行调控的成本
T_1	政府给予的采纳服务化决策的装备制造业的补贴
T_2	政府给予的参与服务化决策的生产性服务业的补贴

注:表 5-8 中所有损失和成本的取值范围均为 $(0, +\infty)$。

基于以上参数和假设可以得到三者的八种组合收益矩阵,如表 5-9 所示。

表 5-9　三者演化博弈收益情况

策略组合	装备制造业收益	生产性服务业收益	政府收益
采纳、参与、调控	$\beta V_1 - \alpha C_1 + T_1 + C$	$(1-\beta)V_1 - (1-\alpha)C_1 + T_2 + C$	$V_2 - T_1 - T_2 - C_3$
采纳、不参与、调控	$\beta V_1 - \alpha C_1 + T_1$	$-D_3$	$V_2 - T_1 - C_3$
采纳、不参与、不调控	$\beta V_1 - \alpha C_1$	0	0
采纳、参与、不调控	$\beta V_1 - \alpha C_1 + C$	$(1-\beta)V_1 - (1-\alpha)C_1 + C$	V_2
不采纳、参与、调控	$-D_2$	$(1-\beta)V_1 - (1-\alpha)C_1 + T_2$	$-T_2 - C_3$
不采纳、不参与、调控	$-D_2$	$-D_3$	$-C_3$
不采纳、不参与、不调控	0	0	0
不采纳、参与、不调控	0	$-(1-\alpha)C_1$	0

假设在博弈过程中,装备制造业采纳服务化策略的概率是 x,不采纳服务化策略的概率是 $1-x$;生产性服务业参与服务化策略的概率是 y,不参与服务化策略的概率是 $1-y$;政府部门进行调控的概率是 z,不进行调控

的概率是 $1-z$。装备制造业群体"采纳"和"不采纳"决策的期望收益分别是 Ex_1 和 Ex_2，群体平均收益 $\overline{E_x}$ 为：

$$Ex_1 = yz(\beta V_1 - \alpha C_1 + T_1 + C) + (1-y)z(\beta V_1 - \alpha C_1 + T_1) +$$
$$(1-y)(1-z)(\beta V_1 - \alpha C_1) + y(1-z)(\beta V_1 - \alpha C_1 + C)$$

$$Ex_2 = yz(-D_2) + (1-y)z(-D_2) \tag{5-47}$$

$$\overline{E_x} = xEx_1 + (1-x)Ex_2$$

生产性服务业企业群体"参与"和"不参与"决策的期望收益分别是 Ey_1 和 Ey_2，群体平均收益 $\overline{E_y}$ 为：

$$Ey_1 = xz[(1-\beta)V_1 - (1-\alpha)C_1 + T_1 + C] +$$
$$x(1-z)[((1-\beta)V_1 - (1-\alpha)C_1 + C] +$$
$$(1-x)z[(1-\beta)V_1 - (1-\alpha)C_1 + T_2] +$$
$$(1-x)(1-z)[-(1-\alpha)C_1]$$

$$Ey_2 = xz(-D_3) + (1-x)(1-z)(-D_3) \tag{5-48}$$

$$\overline{E_y} = yEy_1 + (1-y)Ey_2$$

政府进行"调控"和"不调控"决策的期望收益分别是 Ez_1 和 Ez_2，群体平均收益 $\overline{E_z}$ 为：

$$Ez_1 = xy(V_2 - T_1 - T_2 - C_3) + x(1-y)(V_2 - T_1 - C_3) +$$
$$(1-x)y(-T_2 - C_3) + (1-x)(1-y)(-C_3)$$

$$Ez_2 = xyV_2 \tag{5-49}$$

$$\overline{E_z} = zEz_1 + (1-z)Ez_2$$

5.3.2.2 协调主体复制动态分析

(1)装备制造业服务化决策的复制动态方程为：

$$F(x) = \frac{dx}{dt} = x(Ex_1 - \overline{E_x})$$
$$= x(1-x)[z(T_1 - D_2) + \beta V_1 - \alpha C_1 + yC] \tag{5-50}$$

由复制动态方程稳定性定理可知,作为稳定策略的 x 应满足 $F(x)=0$ 且 $F'(x)<0$。若 $z=\dfrac{\alpha C_1-(yC+\beta V_1)}{T_1-D_2}$,则 $F(x)\equiv 0$,可知装备制造业群体中任何比例的"采纳策略"群体均是稳定策略,即时间对策略比例不发生改变。若 $z\neq\dfrac{\alpha C_1-(yC+\beta V_1)}{T_1-D_2}$ 时,则 $F(x)=0$,得到 $x=0$,$x=1$ 两个准演化稳定点。

对 $F(x)$ 求导得到:

$$F'(x)=(1-2x)[z(T_1-D_2)+\beta V_1-\alpha C_1+yC] \tag{5-51}$$

通常情况下,$T_1-D_2<0$,即政府调控下装备制造业不采纳服务化策略时造成的损失大于政府部门对服务化采纳决策的补偿。因此,分两种情况讨论:

当 $z>\dfrac{\beta V_1-\alpha C_1+yC}{D_2-T_1}$ 时,$F'(x)|_{x=0}>0$,$F'(x)|_{x=1}<0$,所以 $x=1$ 是稳定策略。当 $z<\dfrac{\beta V_1-\alpha C_1+yC}{D_2-T_1}$ 时,$F'(x)|_{x=0}<0$,$F'(x)|_{x=1}>0$,所以 $x=0$ 是稳定策略。说明装备制造业采纳服务化策略的决策与政府进行监管的程度有关。当政府进行监管的程度大于 $\dfrac{\beta V_1-\alpha C_1+yC}{D_2-T_1}$ 时,出于考虑到采纳服务化策略所产生的额外收益大于成本的角度,装备制造业会更加倾向于采纳服务化策略。反之,当政府进行监管的程度小于 $\dfrac{\beta V_1-\alpha C_1+yC}{D_2-T_1}$ 时,采纳服务化策略的收益小于成本,装备制造业倾向于不采纳服务化策略。装备制造业采纳服务化策略的动态演化示意图如图5-2所示。

(2)生产性服务业参与服务化策略复制动态方程:

$$F(y)=\frac{\mathrm{d}y}{\mathrm{d}t}=y(Ey_1-\overline{E_y})$$
$$=y(1-y)[x(1-\beta)V_1-(1-\alpha)C_1+z(T_2+D_3)] \tag{5-52}$$

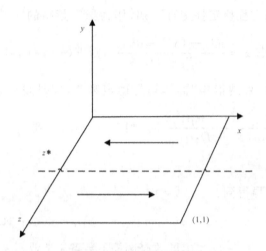

图 5-2　动态演化示意图

由复制动态方程稳定性定理可知，作为稳定策略的 y 应满足 $F(y)=0$ 且 $F'(y)<0$。若 $z=-\dfrac{x(1-\beta)V_1-(1-\alpha)C_1}{T_2+D_3}$，则 $F(y)\equiv 0$，可知生产性服务业群体中任何比例的"参与策略"群体均是稳定策略，即时间变化对策略比例不造成改变。若 $z\neq-\dfrac{x(1-\beta)V_1-(1-\alpha)C_1}{T_2+D_3}$，则 $F(y)=0$，得到 $y=0,y=1$ 两个准演化稳定点。对 $F(y)$ 求导得：

$$F'(y)=(1-2y)\big[x(1-\beta)V_1-(1-\alpha)C_1+z(T_2+D_3)\big]$$

$$(5\text{-}53)$$

当 $z<\dfrac{(1-\alpha)C_1-x(1-\beta)V_1}{T_2+D_3}$ 时，$F'(y)\big|_{y=0}<0$，$F'(y)\big|_{y=1}>0$，所以 $y=0$ 是稳定策略。当 $z>\dfrac{(1-\alpha)C_1-x(1-\beta)V_1}{T_2+D_3}$ 时，$F'(y)\big|_{y=0}>0$，$F'(y)\big|_{y=1}<0$，所以 $y=1$ 是稳定策略。说明生产性服务业参与服务化策略的概率与政府调控程度相关。当政府对服务化策略的调控概率低于 $\dfrac{(1-\alpha)C_1-x(1-\beta)V_1}{T_2+D_3}$ 时，生产性服务业趋向于不参与服务化策略；反之，

当政府对服务化策略的调控概率高于 $\dfrac{(1-\alpha)C_1 - x(1-\beta)V_1}{T_2 + D_3}$ 时,生产性服务业趋向于参与服务化策略。如图5-3所示。

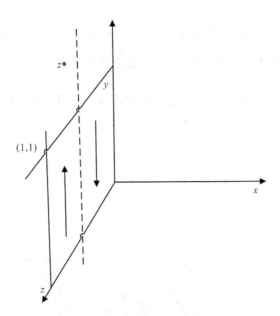

图 5-3   动态演化示意图

(3)政府部门监管服务化策略复制动态方程:

$$F(z) = \frac{\mathrm{d}z}{\mathrm{d}t} = z(Ez_1 - \overline{E_z})$$

$$= z(1-z)[x(V_2 - T_1 - yV_2) - yT_2 - C_3] \qquad (5\text{-}54)$$

由复制动态方程稳定性定理可知,若 $x = -\dfrac{yT_2 + C_3}{V_2 - T_1 - yV_2}$,则 $F(z) \equiv$ 0,可知政府群体中任何比例的"监管策略"均是稳定策略,即时间变化对策略比例不发生改变。若 $x \neq -\dfrac{yT_2 + C_3}{V_2 - T_1 - yV_2}$,则 $F(z) = 0$,得到 $z = 0$,$z = 1$ 两个准演化稳定点。对 $F(z)$ 求导得到:

$$F'(z) = (1-2z)[x(V_2 - T_1 - yV_2) - yT_2 - C_3] \qquad (5\text{-}55)$$

当 $x>-\dfrac{yT_2+C_3}{V_2-T_1-yV_2}$ 时，$F'(z)|_{z=0}<0$，$F'(z)|_{z=1}>0$，所以 $z=0$

是稳定策略。当 $x<-\dfrac{yT_2+C_3}{V_2-T_1-yV_2}$ 时，$F'(z)|_{z=0}>0$，$F'(z)|_{z=1}<0$，

所以 $z=1$ 是稳定策略。说明政府进行调控的程度主要受装备制造业采纳

服务化策略的程度所影响，当装备制造业采纳服务化策略的概率高于 $-$

$\dfrac{yT_2+C_3}{V_2-T_1-yV_2}$ 时，政府对服务化策略的态度趋向于调控；反之，则不调控。

如图 5-4 所示。

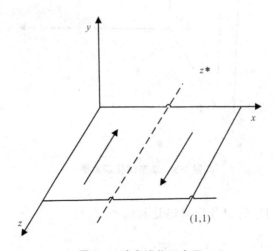

图 5-4 动态演化示意图

5.3.2.3 协调主体稳定性分析

由各主体复制动态分析可知，模型中装备制造业主体决策变化与政府
主体和生产性服务业主体决策变化相关［式(5-50)中包含 y,z］，生产性服
务业主体决策变化与装备制造业主体和政府主体决策变化相关［式(5-52)中
包含 x,z］，政府主体决策变化与装备制造业主体和生产性服务业主体决
策变化相关［式(5-54)中包含 x,y］。本研究将采用分布分析法讨论稳定
性。对于装备制造业采纳服务化策略的比例 x、生产性服务业参与服务化

策略的比例 y 及政府部门采纳服务化策略的比例 z，依次将其中的一个量视为常量，分析另外两个量的演化稳定策略。

由式(5-50)和式(5-52)联立得到装备制造业与生产性服务业的动态博弈，得到五个均衡点 $(0,0)$、$(0,1)$、$(1,0)$、$(1,1)$、$\left(\dfrac{(1-\alpha)C_1-z(T_2+D_3)}{(1-\beta)V_1}\right.$，

$\left.\dfrac{\alpha C_1-\beta V_1-z(T_1-D_2)}{C}\right)$，当且仅当 $0\leqslant\dfrac{(1-\alpha)C_1-z(T_2+D_3)}{(1-\beta)V_1}\leqslant 1,0$

$\leqslant\dfrac{\alpha C_1-\beta V_1-z(T_1-D_2)}{C}\leqslant 1$，时成立，根据 Friedman 提出的局部稳定分析方法，可采用 Jacobi 矩阵的局部稳定性分析法判定常微分方程均衡点稳定性，故装备制造业与生产性服务业动态博弈的 Jacobi 矩阵：

$$J_1=\begin{bmatrix}(1-2x)[z(T_1-D_2)+yC+\beta V_1-\alpha C_1] & C_x(1-x)\\ (1-\beta)V_1y(1-y) & (1-2y)[x(1-\beta)V_1-(1-\alpha)C_1+z(T_2+D_3)]\end{bmatrix}$$

(5-56)

J_1 的行列式：

$$\begin{aligned}\mathrm{Det}J_1=&(1-2x)[z(T_1-D_2)+yC+\beta V_1-\alpha C_1]\\&(1-2y)[x(1-\beta)V_1+z(T_2+D_3)]-\\&C_x(1-x)(1-\beta)V_1y(1-y)]\end{aligned}$$

(5-57)

J_1 的迹：

$$\begin{aligned}\mathrm{Tr}J_1=&(1-2x)[z(T_1-D_2)+yC+\beta V_1-\alpha C_1]+\\&(1-2y)[x(1-\beta)V_1-(1-\alpha)C_1+z(T_2+D_3)]\end{aligned}$$

(5-58)

根据 Jacobi 矩阵可以分别得出 J_1 行列式 $\mathrm{Det}J_1$ 与 J_1 迹 $\mathrm{Tr}J_1$ 的表达式，当满足条件：$\mathrm{Det}J_1>0$ 且 $\mathrm{Tr}J_1<0$ 时，为稳定策略(ESS)。故对装备制造业与生产性服务业动态博弈中含有五个均衡点进行分析，结果如表 5-10 和图 5-5 所示。

表 5-10　博弈稳定性结果分析

均衡点	$\mathrm{Det}\boldsymbol{J}_1$ 符号	$\mathrm{Tr}\boldsymbol{J}_1$ 符号	结果	稳定条件
$(0,0)$	$+$	$-$	ESS	$V_1\beta > C_1\alpha - z(D_2 - T_1)$
$(0,1)$	$+$	$+$	不稳定点	不稳定
$(1,0)$	$+$	$-$	ESS	$C_1\alpha + z_0(D_2 - T_1) > V_1\beta$
$(1,1)$	$+$	$-$	ESS	$C_1(\alpha - 1) + z_0 \times (D_2 - T_1) > V_1 \times \beta$
(x^*, y^*)	0	0	鞍点	任何条件下都是鞍点

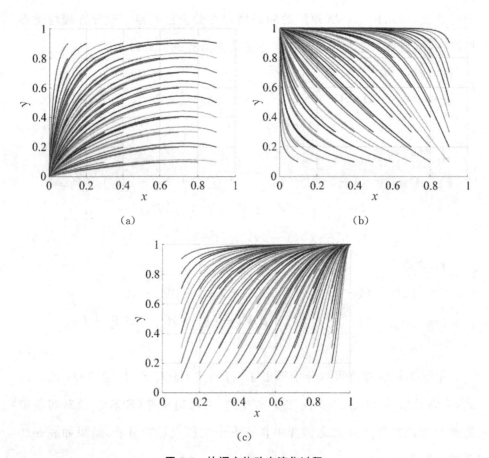

（a）　　　　　　　　　　　　（b）

（c）

图 5-5　协调主体动态演化过程

结论 1:当 $V_1 \times \beta - C_1 \times \alpha - z \times (D_2 - T_1) > 0, C_1 \times (\alpha - 1) + z \times (D_3 + T_2) < 0, (x, y) = (0, 0)$ 是系统的演化稳定点。在政府调控下,装备制造业采纳服务化策略所获得的总收益低于采纳服务化策略付出的成本,即净收益为负。此时,即便生产性服务业从参与服务化策略中获取的补偿大于其参与成本,但由于装备制造业出于企业价值最大化趋向性的考虑,经反复博弈后,选择放弃采纳服务化策略。此时,生产性服务业最终也会趋于不参与服务化策略,动态演化过程如图 5-5(a)所示。

结论 2:当 $C_1 \alpha - V_1 \beta + z_0 (D_2 - T_1) > 0, C_1 (\alpha - 1) - V_1 (\beta - 1) + z_0 (D_3 + T_2) < 0, (x, y) = (1, 0)$ 是系统的演化稳定点。在政府调控下,装备制造业采纳服务化策略所获得的总收益高于采纳服务化策略付出的成本,即净收益为正,而生产性服务业从参与服务化策略中获取的收益和补偿的和小于其参与成本。装备制造业出于经济效益的考虑,经反复博弈后,选择采纳服务化策略,而生产性服务业同样出于经济效益的考虑,会趋向于不参与服务化策略,动态演化过程如图 5-5(b)所示。

结论 3:当 $C_1 \alpha - C - V_1 \beta + z_0 (D_2 - T_1) > 0, V_1 (\beta - 1) - C_1 (\alpha - 1) - z_0 (D_3 + T_2) < 0, (x, y) = (1, 1)$ 是系统的演化稳定点。在政府调控下,装备制造业采纳服务化策略所获得的总收益高于采纳服务化策略付出的成本,即净收益为正。同时,生产性服务业从参与服务化策略中获取的收益与补偿的和大于其参与成本。装备制造业和生产性服务业出于经济效益的考虑,经反复博弈后,均选择采纳服务化策略,动态演化过程如图 5-5(c)所示。

将生产性服务业参与服务化策略的比例 y 视为常量,分析装备制造业主体与政府主体的演化稳定策略,然后再将变量与常量换位,分析另外两方主体间的演化稳定策略。

由式(5-50)和式(5-54)联立得到装备制造业与政府部门的动态博弈,得到五个均衡点 $(0,0)$、$(0,1)$、$(1,0)$、$(1,1)$、$\left(\dfrac{-(yT_2 + C_3)}{V_2 - T_1 - yV_2}, \dfrac{\alpha C_1 - yC - \beta V_1}{T_1 - D_2} \right)$,

当且仅当 $0 \leqslant \dfrac{-(yT_2+C_3)}{V_2-T_1-yV_2} \leqslant 1$，$0 \leqslant \dfrac{\alpha C_1-yC-\beta V_1}{T_1-D_2} \leqslant 1$ 时成立，可采用 Jacobi 矩阵的局部稳定性分析法判定常微分方程均衡点稳定性，故装备制造业与政府动态博弈的 Jacobi 矩阵：

$$J_2=\begin{bmatrix} (1-2x)[z(T_1-D_2)+yC+\beta V_1-\alpha C_1] & x(1-x)(T_1-D_2) \\ -2z(V_2-T_1-yV_2) & (1-2z)[x(V_2-T_1-yV_2)-yT_2-C_3] \end{bmatrix}$$

(5-59)

J_2 的行列式：

$$\mathrm{Det}J_2=(1-2x)[z(T_1-D_2)+yC+\beta V_1-\alpha C_1](1-2z)[-xT_1-\\ yT_2-C_3]-x(1-x)(T_1-D_2)(-2z)(V_2-T_1-yV_2)]$$

(5-60)

J_2 的迹：

$$\mathrm{Tr}J_2=(1-2x)[z(T_1-D_2)+yC+\beta V_1-\alpha C_1]+\\ (1-2z)[x(V_2-T_1-yV_2-C_3)-yT_2-C_3]$$ (5-61)

根据 Jacobi 矩阵可以分别得出 J_2 行列式 $\mathrm{Det}J_2$ 与 J_2 迹 $\mathrm{Tr}J_2$ 的表达式，当满足条件：$\mathrm{Det}J_2>0$ 且 $\mathrm{Tr}J_2<0$ 时，为稳定策略（ESS）。因此，对装备制造业与政府部门动态博弈中含有五个均衡点进行分析，结论如表 5-11 所示。

表 5-11　装备制造业与政府部门博弈稳定性结果分析

均衡点	$\mathrm{Det}J_2$	$\mathrm{Tr}J_2$	结果	稳定条件
	符号	符号		
$(0,1)$	$-$	$+/-$	不稳定点	不稳定
$(0,0)$	$-$		不稳定点	不稳定
$(1,0)$	$+$	$-$	ESS	$V_1\beta>C_1\alpha-Cy_0$
$(1,1)$	$+$	$+$	不稳定点	任何条件下均不稳定
(x^*,z^*)	0	0	鞍点	任何条件下都是鞍点

根据表 5-11 可以绘制出装备制造业与政府部门策略演化的相位图，即博弈过程中动态演化的稳定趋势，如图 5-6 所示。

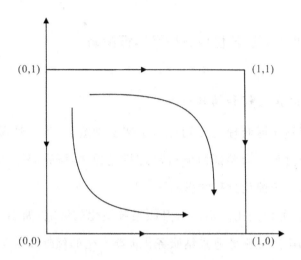

图 5-6 装备制造业与政府部门的演化相位图

结论:当 $V_1\beta - C_1\alpha + Cy_0 > 0$,$V_2 - T_1 - C_3 - T_2y_0 - V_2y_0 < 0$ 时,$(x,z) = (1,0)$ 是系统的演化稳定点。说明装备制造业采纳服务化策略产生的额外收益和节约成本的总和大于服务化所产生必要成本,即服务化净收益为正数;采纳服务化策略为政府带来的收益小于政府调控的成本和支付的补贴。此时,装备制造业会倾向于采纳服务化策略,而政府则不会进行调控,如图 5-7 所示。

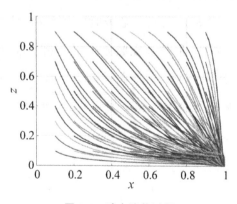

图 5-7 动态演化过程

5.3.3 协调机制运行仿真分析及运行策略

5.3.3.1 仿真过程和结果分析

前文利用演化博弈理论分别分析了装备制造业、生产性服务业和政府的服务化决策过程。为验证协调机制运行过程，本研究将采用数值仿真法分析各参数对系统演化过程的影响。

(1)参与服务化的比例不同对升级系统演化的影响，如图 5-8 所示。令装备制造业和生产性服务业采纳服务化策略产生的额外收益 $V_1=7$；政府给予的采纳服务化决策的装备制造业的补贴服务化收益 $T_1=3$；政府给予的参与服务化决策的生产性服务业的补贴 $T_2=2$；采纳服务化策略成本中装备制造业付出成本的占比 $\alpha=0.5$；额外收益中装备制造业获得的占比 $\beta=0.6$；装备制造业和生产性服务业均采纳服务化策略节约的成本 $C=1$；采纳服务化策略时付出的成本 $C_1=4$；政府推进服务化决策时进行调控的成本 $C_3=2$。此时，调整装备制造业、生产性服务业和政府的参与比例值，设装备制造业的参与比例 $x=[0.25、0.5、0.75]$，则如图 5-8(a)所示；设生产性服务业的参与比例 $y=[0.25、0.5、0.75]$，则如图 5-8(b)所示；设政府的参与比例 $z=[0.25、0.5、0.95]$，则如图 5-8(c)所示。随着时间的推移，装备制造业进行服务化的比例不断上升，生产性服务业在服务化初期愿意进行配合，但是在服务化收益占比中，生产性服务业获得的收益低于装备制造业。此时，生产性服务业会逐渐趋于不愿意配合服务化的意愿，而政府对服务化调控的态度也是呈基本下降的状态。

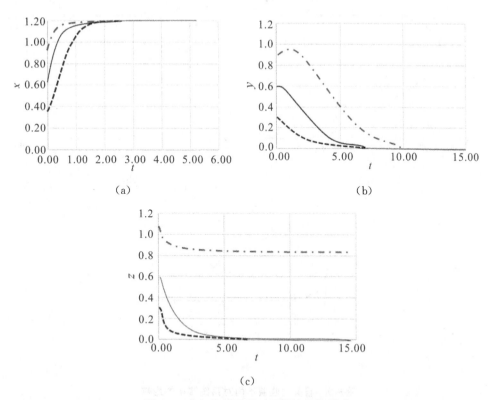

(a)

(b)

(c)

图 5-8 参与比例不同对系统演化的影响

(2)收益不同对升级系统演化的影响,如图 5-9 所示。令装备制造业和生产性服务业采纳服务化策略产生的额外收益;政府给予的采纳服务化决策的装备制造业的补贴服务化收益;政府给予的参与服务化决策的生产性服务业的补贴;采纳服务化策略成本中装备制造业付出成本的占比;额外收益中装备制造业获得的占比;装备制造业和生产性服务业均采纳服务化策略节约的成本;采纳服务化策略时付出的成本;政府推进服务化决策时进行调控的成本。此时,调整装备制造业和生产性服务业采纳服务化策略产生的额外收益的值,令 $V_1 = [2.5、5、7.5]$,对不同主体的系统演化过程如图 5-9(a)、图 5-9(b)和图 5-9(c)所示。

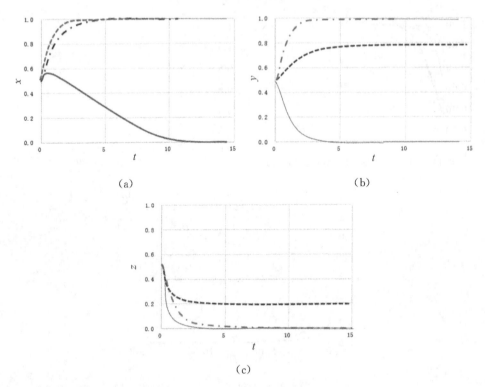

(a) (b)

(c)

图 5-9　服务化收益不同对系统演化的影响

由图 5-9 可知，随着时间的推移，装备制造业采纳服务化策略的比例与服务化收益有直接的关系。当服务化收益提高且达到一定的阈值后，装备制造业中实施服务化的比重会逐步上升，并在一定的水平内保持稳定，而当服务化收益较低时，装备制造业中可能会有部分实施服务化，但随着时间的推移和服务化利益的下降，最终会放弃进行服务化转型；此时，生产性服务业参与服务化的比例同样与服务化收益有关，且波动性要大于装备制造业，当服务化收益随时间下降时，生产性服务业会对服务化产生排斥；政府对服务化基本上属于不愿调控的状态，可能当服务化收益达到一定时，会提出相关政策保障，但意愿并不强烈。

（3）调控程度不同对升级系统演化的影响，如图 5-10 所示。令装备制造业和生产性服务业采纳服务化策略产生的额外收益 $V_1=5$；政府给予的采纳服务化决策的装备制造业的补贴服务化收益 $T_1=3$；政府给予的参与服务化决策的生产性服务业的补贴 $T_2=2$；采纳服务化策略成本中装备制造业付出成本的占比 $\alpha=0.3$；额外收益中装备制造业获得的占比 $\beta=0.6$；装备制造业和生产性服务业均采纳服务化策略节约的成本 $C=1$，采纳服务化策略时付出的成本 $C_1=3.5$；政府调控下装备制造业不采纳服务化策略造成的损失 $D_2=2$；政府调控下生产性服务业不采纳服务化策略造成的损失 $D_3=3$。此时，调整政府推进服务化决策时进行调控的成本，令 $C_3=[3、4、5]$，则不同主体的系统演化变化过程如图 5-10(a)、图 5-10(b)和图 5-10(c)所示。

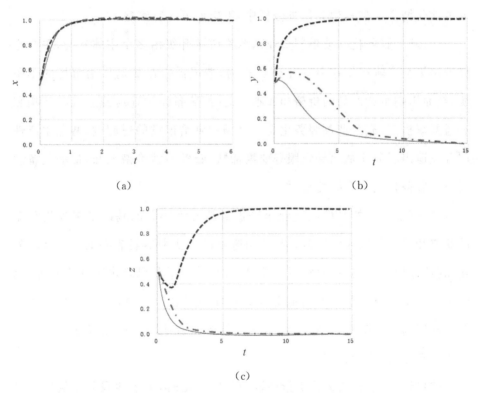

图 5-10　调控程度不同对系统演化的影响

由图 5-10 可知，随着时间的推移，政府的调控程度会改变生产性服务业和政府的服务化意愿，而不会改变装备制造业服务化意愿。只要政府进行调控,基于政策性引导和资源获取便捷等方面的考虑,装备制造业愿意进行服务化;只有当政府调控程度较高时,生产性服务业愿意配合服务化,即使生产性服务业最初配合服务化,但当政府调控程度不足时,生产性服务业会改变最初的服务意愿。而当政府调控水平较高时,装备制造业和生产性服务业均愿意进行服务化,此时,出于政府职能的扩张性,政府会将服务化辐射各个领域,宣传服务化红利。

5.3.3.2 运行策略

通过对协调机制运行过程中,装备制造业、生产性服务业和政府三方协调的演化博弈模型构建和仿真分析中,得出如下运行策略:

(1)基于服务化的装备制造业全球价值链升级由多个主体参与,单个主体的决策会影响组织中其他主体的行为,造成需求市场与供给市场的不平衡,从而影响服务产品的价格和成本。此时,装备制造业应建立成本分担和利益共享机制,充分调整服务化需求市场和供给市场的适配度,避免生产性服务业退出服务化从而导致服务要素稀缺、服务要素价格上涨,带动装备制造业以服务化促进升级的意愿。

(2)基于服务的装备制造业全球价值链升级协调的基础是服务化利益的获取和服务化风险的规避。装备制造业出于获利本能能够主动进行服务化,利益分配机制的不均衡、不合理,导致利益水平和风险水平的不对等,此时生产性服务业从愿意配合服务化到排斥服务化。此时,应调整服务化利益分配机制和风险规避机制,直至达到装备制造业和生产性服务业对分配方法均满意的"均衡状态"。

(3)当政府进行服务化决策的调控程度不足时,生产性服务业从参与服务化策略中获取的收益和补偿之和小于其参与成本,出于经济效益的考虑,会趋向于不参与服务化策略。此时,应加强政府对生产性服务业的促进政策和服务化补贴,且这种调控程度只有达到一定程度时,装备制造业、生产性服务业和政府三方能够充分发挥协同作用,达到协调机制运行的均衡水平。

本章从机制内涵和功能、机制构建和机制运行三个方面对基于服务化的装备制造业全球价值链升级协调机制进行详细设计。首先,从协调机制内涵和协调机制功能两个方面刻画和描述了协调机制。然后,根据调节因素分析协调内容,以此为基础设计了协调机制详细设计,提出服务价格协调、利益分配协调、风险分担的构建过程。最后,分析协调机制运行过程,构建了装备制造业、生产性服务业、政府三方演化博弈模型并进行仿真,对服务化参与比例、服务化利益和政府调控程度对升级运行过程稳定性的影响进行了分析。

6 基于服务化的装备制造业全球价值链升级评价与反馈机制

根据前文分析,在战略控制阶段主要包含对驱动因素的反馈、对匹配因素的反馈和对调节因素的反馈。本章构建驱动因素反馈机制、匹配因素反馈机制和协调因素反馈机制,并从机制内涵及功能、机制构建和机制运行三个维度对升级评价与反馈机制进行设计。

6.1 评价与反馈机制内涵及功能

6.1.1 评价与反馈机制内涵

如前所述,评价与反馈机制是以服务化推动升级为目的,对基于服务化的装备制造业全球价值链升级进行评价,通过评价结果映射升级过程中各关键因素作用到整个升级的过程和效果,依据升级要素与升级结果之间的映射关系提出基于各关键因素的反馈机制过程。评价与反馈机制是实现升级闭环系统中的重要机制,评价是过程,服务于反馈;反馈是结果,揭示上述机制对升级的作用情况。两者结合能够反映服务化推动升级过程中,信息及资源在装备制造业全球价值链升级系统中自上而下传递的过程和效果,验证和控制服务化的有效性与实施程度。因此,基于服务化的装备制造业全球价值链升级评价与反馈机制具有如下特点:

(1)评价与反馈机制内容的全面性。基于服务化的装备制造业全球价值链升级评价与反馈机制是在揭示基于服务化的装备制造业全球价值链升级机理基础上识别出结果的控制因素的集合,因此,能够较全面反映出服务化启动、服务化计划、服务化运行全过程对装备制造业全球价值链升级的推动情况,尤其是能够从服务化战略实施全过程维度检验服务化执行过程,全面反映出服务化效果和服务化目标间的差距。

（2）评价与反馈机制效果的及时性。基于服务化的装备制造业全球价值链升级评价与反馈机制根据评价结果对升级过程进行真实地反映，通过反馈过程的全过程覆盖，能够及时发现问题出现的阶段和控制策略，提升反馈效果的精准性。在市场需求不确定的情况下，可提升服务化质量和基于服务化的装备制造业全球价值链升级机制的可操作性。

6.1.2　评价与反馈机制功能

基于服务化的装备制造业全球价值链升级评价与反馈机制反映着升级系统的作用过程，揭示"达到升级"和"想要升级"之间的关键。因此，评价与反馈机制具有如下功能：

（1）有助于不断激发升级主体协同。服务化在提升装备制造业全球价值链升级的同时也为服务业和工业融合提供了新的思路。因此，构建基于服务化的装备制造业全球价值链升级评价与反馈机制模型，对基于服务化的装备制造业全球价值链地位和参与度进行评价，能够更好地促进服务化转型中各利益主体对服务化转型的引导、参与、监督和管理作用。

（2）有助于不断促进升级质量提高。构建基于服务化的装备制造业全球价值链升级评价与反馈机制，有助于梳理服务化促进装备制造业全球价值链升级系统的流程和复杂关系，从而形成系统性、层次性的结构体系，明晰和检验复杂关系之间的关键因素，有利于提升服务化视角下装备制造业全球价值链升级的质量。

（3）有助于持续改进升级保障措施。构建基于服务化的装备制造业全球价值链升级评价与反馈机制，能够有效评估复杂背景下服务化转型对装备制造业全球价值链升级的动力和阻力作用，从而调整服务化模式和路径，使其调整为实现装备制造业全球价值链升级的最佳状态，探究以服务化促进装备制造业全球价值链升级的着力点，精准保障。

6.2 基于服务化的装备制造业全球价值链升级评价

根据评价与反馈机制的内涵及功能，以服务化为中介变量对装备制造业全球价值链升级进行评价，为构建反馈机制提供依据。

6.2.1 评价指标体系构建

依据前文分析可知，装备制造业服务化有利于发挥技术创新、产业关联、规模经济、差异化竞争等效应，通过动力机制启动、组织机制计划、协调机制运作推动全球价值链升级，遵循相关性、客观性、可测量性标准（杜新建，2019），设计升级评价指标体系，具体计量模型：

$$GVC_{it} = \beta_0 + \beta_1 Serv_{it} + \beta_2 X_{it} + \varepsilon_{it} \tag{6-1}$$

式中，GVC_{it} 表示装备制造行业 i 在 t 年所处的全球价值链位势（考虑出口技术复杂度能够衡量产业在国际分工中的地位，故采用出口技术复杂度 DTS_i 衡量全球价值链位势），$Serv_{it}$ 表示装备制造行业 i 在 t 年的服务化程度（完全消耗系数）$t \in [2009, 2018]$，X_{it} 表示模型中的控制变量，n 为控制变量个数，ε_{it} 为随机扰动项。根据 2.3 基于服务化的装备制造业全球价值链升级机理中关键因素的识别，选择驱动类因素、匹配类因素、调节类因素作为控制变量，构建基于服务化的装备制造业全球价值链升级评价体系。结合装备制造业发展的实际情况，参照现有研究成果对指标频次统计分析，征询相关专家对参数进行调整，得到基于服务化的装备制造业全球价值链升级系统的指标体系，以此为依据构建系统动力学变量 69 个，如表 6-1 所示。

表 6-1　基于服务化的装备制造业全球价值链升级评价体系

变量类型	一级作用变量	二级作用变量	作用变量的测度
被解释变量	全球价值链位势（GVC_{it}）	—	出口技术复杂度（王成东 等,2020）
核心解释变量	服务化程度（$Serv_{it}$）	—	完全消耗系数（王绍媛 等,2019）
控制变量	动力机制	附加值增值 X_{it1}	装备制造业产值、装备制造业企业资产规模、装备制造业企业从业人数、装备制造业利税总额、装备制造业单位企业数、装备制造业产业聚集度
		服务化促进政策 X_{it2}	技术发展、有效发行专利数、企业研发机构从业人员、三项专利授权数、有研发机构企业数量、新产品开发项目数、新产品开发经费支出、技术改造经费支出
		产业链需求 X_{it3}	行业竞争强度、进口产品数、装备制造业销售利润率、装备制造业市场份额
		市场竞争环境 X_{it4}	R&D 经费政府资金支出、有 R&D 活动企业数、外商直接投资项目数、国际贸易、出口总额、进口总额
	组织机制	组织目标匹配 X_{it5}	服务化生产率、服务化成本、服务化产品质量、服务化产品库存周转率
		服务要素价值匹配 X_{it6}	行业对外开放度、GDP、进口总额、出口总额、生产性服务业产值、生产性服务人员人数
		组织结构匹配 X_{it7}	组织有效性、服务化产品市场份额、企业成长、服务化盈利、组织业绩
	协调机制	服务价格协调 X_{it8}	服务价值、社会劳动生产率、服务化成本
		服务化利益分配协调 X_{it9}	服务化产品销售额、服务化产品成本费用额
		服务化风险分担 X_{it10}	投资风险、固定资产、长期投资现金流量、市场价格变动率、经营风险、流动资产周转率、偿债能力、装备制造业负债总额、资产利润率、资产总额、利润总额

其中,计算出口技术复杂度和完全消耗系数数据主要来源于 UN Comtrade 数据库(联合国贸易统计数据库)和世界投入产出表的相关统计数据,由于世界投入产出表的数据并不完全,因此本研究采用均值插补进行补足。出口国内技术复杂度指标测算主要来源于 UN Comtrade 数据库以及世界银行数据库相关统计数据。控制变量数据均来源于《中国统计年鉴》和《中国工业统计年鉴》相关统计数据。同时,为了消除各变量数值量级对回归结果中各变量参数可比性的影响,对出口国内技术复杂度以十万为单位进行衡量,对行业劳动生产率进行标准化处理,产值数据均以 2009 年为基期进行价格平减调整。最终通过将各具体变量代入公式(6-1)得到本研究实际评价中所用的计量模型:

$$
\begin{aligned}
\ln VSS_{it} = {} & \beta_0 + \beta_1 \ln Serv_{it} + \beta_2 \ln X_{it1} + \beta_3 \ln X_{it2} + \beta_4 \ln X_{it3} + \\
& \beta_5 \ln X_{it4} + \beta_6 \ln X_{it5} + \beta_7 \ln X_{it6} + \beta_8 \ln X_{it7} + \\
& \beta_9 \ln X_{it8} + \beta_{10} \ln X_{it9} + \beta_{11} \ln X_{it10} + \varepsilon_{it}
\end{aligned}
\tag{6-2}
$$

$$
\begin{aligned}
\ln DTS_{it} = {} & \beta_{12} + \beta_{13} \ln Serv_{it} + \beta_{14} \ln X_{it1} + \beta_{15} \ln X_{it2} + \\
& \beta_{16} \ln X_{it3} + \beta_{17} \ln X_{it4} + \beta_{18} \ln X_{it5} + \beta_{19} \ln X_{it6} + \\
& \beta_{20} \ln X_{it7} + \beta_{21} \ln X_{it8} + \beta_{22} \ln X_{it9} + \beta_{23} \ln X_{it10} + \varepsilon_{it}
\end{aligned}
\tag{6-3}
$$

6.2.2 评价指标分析及评价方法

根据表 6-1 构建的基于服务化的装备制造业全球价值链升级评价体系,参照第 2 章关键因素识别过程,对控制变量进行分析:

(1)驱动因素指标。分别从附加值增值、服务化促进政策、产业链需求和市场竞争环境四个方面进行体现。首先,附加值增值能够通过装备制造业企业数、装备制造业产业聚集度、装备制造业利税总额和装备制造业产值增加所反映,内部影响关系表现为装备制造业单位数越多产业集聚度也越大,装备制造企业资产规模和企业从业人数越多产值越大。其次,服务化促进政策能够通过技术进步水平、新产品开发项目数、新产品开发经费支出和技术改造经费支出反映,其内部关系表现为有研发机构企业数量越多,企业研发机构从业人数和三项专利授权数越多,技术发展水平越快。同时,有效发行专利数也能够反映技术发展水平。技术发展水平越快,产业链需求升级水平越明显。再次,产业链需求能够通过行业竞争强度、进口产品数量、装备制造业销售利润率、装备制造产品市场份额所反映。行业竞争强度是产品需求量和供应量的相对值,行业竞争强度越大,说明需求量越大于供应量,供应企业的竞争强度越小。因此,行业竞争强度属于反向指标。最后,服务化促进政策的促进能够通过R&D经费中政府资金的支出、有R&D活动企业数、外商直接投资项目数和国际贸易来反映。

(2)匹配因素指标。选取组织目标匹配、服务要素价值匹配、组织结构匹配三个方面进行体现。首先,组织目标的影响因素很难用量化指标进行考察,因此,采取关键绩效指标来侧面反映组织目标实现情况,包括服务化生产率、服务化成本、服务化产品质量和服务化产品存货周转率来计量。其次,服务要素价值匹配采用生产性服务业产值和行业对外开放度衡量。第一,生产性服务业从业人数越多,产值越大,服务要素的获取越便捷;第二,行业开放程度能够衡量服务贸易水平,以此促进境外服务要素的投入和境内服务要素的发展,行业进出口额占GDP的数量越大,说明行业对外开放程度越大,服务要素的获取越广阔。最后,组织结构匹配可以通过组织效率来体现。权变理论中衡量组织结构与环境因素匹配的常见标准为组织有效性和组织业绩,从产品和服务产出的角度考虑,可以采用服务化盈利、企业成长和产品市场份额指标来衡量。

(3)协调因素指标。选择服务价格协调、收益分配协调和风险分担协调三个方面进行体现。首先,服务价格受服务价值影响,而社会劳动生产率和服务化成本越低,服务价值越高。其次,收益分配协调受服务化产品销售额和服务化产品成本费用额两方面体现,服务化收益在服务化产品收益的构成中进行分配,遵循"收益＝成本费用＋利润"原则,服务化产品销售额和成本费用额越高,收益协调的必要性越强。最后,风险分担协调通过投资风险、经营风险和偿债能力反映,第一,投资风险可以通过长期投资现金流量、市场价格变动率和固定资产反映。第二,经营风险可以通过对存货、货币资金、应收账款等流动资产的周转水平衡量。流动资产周转率越高,经营风险越小。第三,偿债能力可以通过装备制造业负债总额、资产利润率来衡量。负债总额越高,偿债能力越弱;资产利润率越高,偿债能力越高。

依据公式(6-2)和公式(6-3),将上述指标代入回归方程模型中,对评估结果进行检验,最终得到基于服务化的装备制造业全球价值链升级位势,以及服务化水平对全球价值链升级的影响。

6.2.3 升级结果评价标准

在我国逐步走向新型工业化道路的过程中,明确我国在全球装备制造业中的发展地位,有利于识别我国装备制造业发展中的不足和汲取先进国家装备制造业发展的经验。目前,全球装备制造业发展水平现状来看,四级梯队的装备制造业发展格局是受主流研究较为认可的标准(王英 等,2018),如表 6-2 所示。

表 6-2　升级结果评价标准

GVC 水平	等级	提升水平	代表国家或地区
全球科技创新中心	I	优秀	美国
高端装备制造业	II	良好	德国、日本、法国
中低端装备制造业	III	中等	东南亚、巴西、印度
以资源输出为主	IV	较差	产油国、非洲、拉丁美洲

6.3　评价与反馈机制构建

依据评价与反馈机制内涵和基于服务化的装备制造业全球价值链升级控制类因素,从评价与反馈机制框架设计、基于驱动因素启动过程反馈机制、基于匹配因素计划过程反馈机制、基于调节因素运行过程反馈机制构建基于服务化的装备制造业全球价值链升级评价与反馈机制。

6.3.1 评价与反馈机制详细设计

根据上述分析,依据基于服务化的装备制造业全球价值链升级评价结果与目标的差异度,构建"双回路"的反馈过程。一方面作为监控装备制造业实施服务化战略推动全球价值链升级机制实现的途径和手段,另一方面也是全球价值链升级反馈的依据,如图 6-1 所示。

根据基于服务化的装备制造业全球价值链升级评价指标体系反馈路径,设计驱动因素评价与反馈机制、匹配因素评价与反馈机制和调节因素评价与反馈机制。

6.3.2 驱动因素评价与反馈机制

根据基于服务化的装备制造业全球价值链升级评价和反馈路径,结合驱动因素的作用关系,设计由价值反馈机制和需求反馈机制组成的动力因素反馈机制,如图 6-2 所示。其中,价值反馈机制是以实现装备制造业附加值增量的路径为核心进行反馈的过程。通过影响基于服务化升级过程的价值指标,如装备制造业产值、装备制造业利税总额、装备制造业产业聚集度

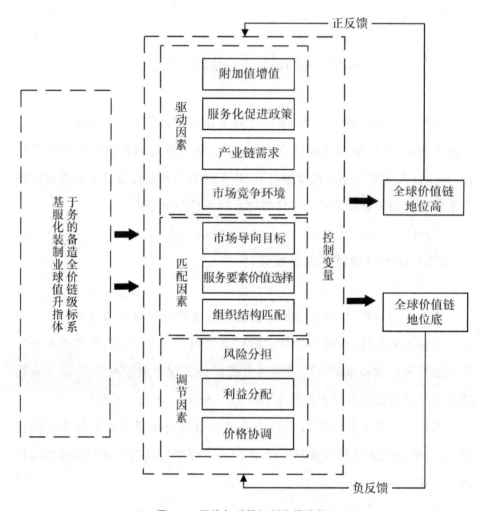

图 6-1 评价与反馈机制作用路径

等反映价值驱动的升级过程和结果。需求反馈机制是以服务化促进政策、产业链需求和市场竞争环境为核心进行反馈的过程。通过影响基于服务化升级过程的需求指标，如技术发展水平、新产品开发项目、行业竞争强度、装备制造产品市场份额、R&D 经费中政府支出、外商直接投资项目数等反映需求驱动的升级过程和结果。通过价值反馈机制和需求反馈机制的共同作用，能够映射出基于服务化的装备制造业全球价值链升级动力因素和动力机制驱动基于服务化的升级中资源保障情况、政策性支持情况、需求情况和市场发展情况,解决不同的升级位势和服务化水平状态下的驱动升级问题。

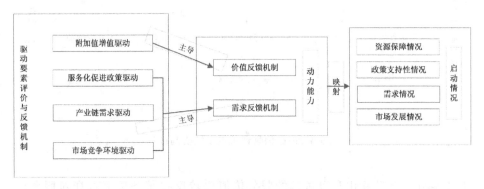

图 6-2 驱动因素评价与反馈机制设计

6.3.3 匹配因素评价与反馈机制

根据基于服务化的装备制造业全球价值链升级评价和反馈路径,结合组织因素的作用关系,设计由目标反馈机制、服务价值反馈机制、管理反馈机制组成的组织因素反馈机制,如图 6-3 所示。首先,目标反馈机制是以对服务化转型共识为核心进行反馈的过程。我国装备制造业服务化发展缓慢的一个主要原因就是对服务化的认知尚处于初级阶段,缺乏对服务化规律和服务化内涵的深入理解,甚至将装备制造和服务进行割裂,简单地将装备制造和服务进行加和,或是认为有服务的产品就是服务化。目标反馈机制通过影响基于服务化升级过程的目标指标反映服务化目标的深入和贯彻对服务化战略目标的认识情况。其次,服务价值反馈机制是对服务化过程中服务要素价值的反馈过程。并不是所有的服务化都能够实现装备制造业全球价值链的升级,在选择服务要素时,不同类型服务要素和同一类型不同对象的服务化都可能带来不同的升级结果,甚至是降级。服务价值反馈机制

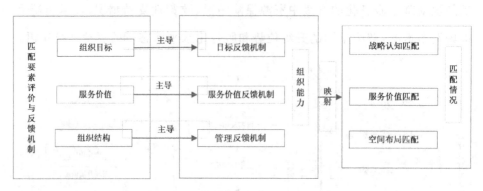

图 6-3　匹配因素评价与反馈机制设计

通过影响基于服务化升级过程的服务价值比较反映服务要素选择对服务的匹配情况。最后,结构反馈机制是对基于服务化的升级过程中相关参与者空间布局的反馈过程。服务化不能简单理解为产业或者业务领域的服务拓展,对由服务化引起的质量管理、成本管理、业务流程管理、客户关系管理等都提出了较高的要求,简单的复制传统装备制造企业的运营模式会造成服务化转型困局,造成基于服务化的升级失败。组织结构反馈加快实现基于服务化的装备制造业全球价值链升级空间布局整体优化、功能体系整体完善、发展能级整体提升。

6.3.4 调节因素评价与反馈机制

根据基于服务化的装备制造业全球价值链升级评价和反馈路径,结合协调因素的作用关系,设计由服务价格反馈机制、服务化利益反馈机制、服务化风险反馈机制组成的协调因素反馈机制,如图 6-4 所示。首先,服务价格反馈机制是以服务供应商之间对服务价格协调过程的反馈过程。随着服务化的不断深入,同一个装备制造商可能要面对多个服务供应商,在提供服务要素过程中,难免会对来自不同服务供应商的服务价格进行协调,以保障

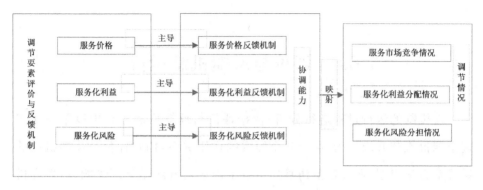

图 6-4　调节要素评价与反馈机制设计分析

服务化利益的获取。服务价格反馈机制通过服务化成本、社会劳动生产率等反映服务要素市场的竞争情况。其次,服务化利益反馈机制是以服务化利益在不同参与主体之间的博弈过程进行的反馈。由前文分析可知,服务化利益是推动服务化发展,吸引服务要素和其他资源聚集的关键。服务化利益反馈通过服务化产品销售额、服务化产品成本费用情况以及服务化带来的其他经济效益和社会效益在不同主体之间的分配过程,反映基于服务化的升级利益分配情况。最后,服务化风险反馈机制是以服务化产生的投资风险、经营风险、偿债风险为核心的风险要素进行的反馈。在服务化转型中,管理者对服务化转型的坚定、服务要素与装备产品的价值匹配、管理决策失误、知识资源和人力资源的不足、技术水平落后都有可能造成服务化转型的失败,因此在服务化实施过程中,对风险点的反馈和控制是完成服务化闭环的关键步骤。服务化风险反馈机制通过长期投资现金流、构建固定资产、装备制造业利润水平的情况反映服务化风险的分担情况。

6.4　评价与反馈机制运行

对机制的运行过程进行分析；依据评价与反馈机制运行中以服务化实现全球价值链升级行为，以及各个因素的作用关系，构建评价与反馈机制的系统动力学模型，通过数值仿真揭示各个因素对升级结果的影响，以探究机制运行过程中，如何最大程度地促进升级的实现。

6.4.1 评价与反馈机制运行过程

如前所述，评价与反馈机制有效反映驱动因素、匹配因素、调节因素对基于服务化的升级目标的差异，通过过程管理，推动升级的实现。系统动力学遵循系统结构决定系统功能的科学思想，通过系统内部要素之间的因果关系作为反馈路径，探寻系统发展规律的内部根源，为解决这一问题提供了思路。系统动力学以诸多不同类型和不同量纲的子系统之间关系为基础构建模型，将个体活动在不同策略下的行为代入关系模型，通过调节变量之间的关系反馈系统内部变化对系统目标的反馈过程。据此，采用系统动力学思想分析评价与反馈机制运行过程：

（1）明确评价与反馈机制目的和系统研究范畴。首先，确定系统动力学建模要解决的系统反馈问题，建模过程能够反映升级问题和目标。其次，通过访谈和咨询等方法确定能够反映驱动因素、匹配因素和调节因素的相关参数与指标变量，确定研究范畴。

（2）借助软件构建评价与反馈过程各个变量因果关系及流图模型。首先，根据驱动因素、匹配因素和调节因素的相关参数与指标变量的关系建立模型因果关系图，指明反馈作用属于正反馈作用还是负反馈作用。其次，根据建立的因果关系流图确定相关参数和指标变量之间的函数关系,为模型运行、仿真和调试奠定基础。

(3)构建基于系统动力学的评价与反馈机制运行方程。依据各个变量因果关系及流图确定的函数关系,设定相关变量参数和赋值,揭示运行过程。

(4)仿真过程。结合统计年鉴中关于我国装备制造业发展现状和解决经济管理问题的需要,赋予不同控制参数,通过调控变量及参数对评价与反馈机制运行过程进行仿真模拟,并对反馈行为及功能进行研究。

6.4.2 评价与反馈机制运行系统动力学模型构建

6.4.2.1 因果关系分析和变量确定

根据基于服务化的装备制造业全球价值链升级系统内部联系及结构关系,确定系统动力学因果关系,根据作用变量的因果关系,确定以下 69 个作用变量进行建模和仿真,如表 6-3 所示。

表 6-3　评价与反馈机制作用变量

排序	指标名	变量名称	变量类别	单位
1	装备制造业全球价值链攀升系统	装备制造业全球价值链升级水平	水平变量	无量纲
2	装备制造业附加值	装备制造业附加值增量	水平变量	无量纲
3	动力驱动作用	动力驱动水平	辅助变量	无量纲
4	装备制造业产值	装备制造业产值	辅助变量	无量纲
5	装备制造业企业资产规模	装备制造业企业资产规模	辅助变量	无量纲
6	装备制造业单位企业从业人数	装备制造业单位企业从业人数	辅助变量	无量纲
7	装备制造业利税总额	装备制造业利税总额	辅助变量	无量纲
8	装备制造业单位企业数	装备制造业单位企业数	辅助变量	无量纲

续表

排序	指标名	变量名称	变量类别	单位
9	装备制造业产业聚集度	装备制造业产业聚集度	辅助变量	无量纲
10	产业链需求	产业链需求	辅助变量	无量纲
11	技术发展	技术发展	辅助变量	无量纲
12	新产品开发项目数	新产品开发项目数	辅助变量	无量纲
13	新产品开发经费支出	新产品开发经费支出	辅助变量	无量纲
14	技术改造经费支出	技术改造经费支出	辅助变量	无量纲
15	有效发行专利数	有效发行专利数	辅助变量	无量纲
16	企业研发机构从业人员	企业研发机构从业人员	辅助变量	无量纲
17	三项专利授权数	三项专利授权数	辅助变量	无量纲
18	有研发机构企业数量	有研发机构企业数量	辅助变量	无量纲
19	市场竞争环境	市场竞争环境	辅助变量	无量纲
20	行业竞争强度	行业竞争强度	辅助变量	无量纲
21	进口产品数	进口产品数	辅助变量	无量纲
22	装备制造业销售利润率	装备制造业销售利润率	辅助变量	无量纲
23	装备制造业市场份额	装备制造业市场份额	辅助变量	无量纲
24	服务化促进政策	服务化促进政策	辅助变量	无量纲
25	R&D经费政府资金支出	R&D经费政府资金支出	辅助变量	无量纲
26	有R&D活动企业数	R&D活动企业数	辅助变量	无量纲
27	外商直接投资项目数	外商直接投资项目数	辅助变量	无量纲
28	国际贸易	国际贸易	辅助变量	无量纲
29	出口总额	出口总额	辅助变量	无量纲
30	进口总额	进口总额	辅助变量	无量纲
31	组织匹配程度	组织匹配水平	水平变量	无量纲
32	组织目标匹配	组织目标匹配	辅助变量	无量纲
33	服务化生产率	服务化生产率	辅助变量	无量纲
34	服务化成本	服务化成本	辅助变量	无量纲
35	服务化产品质量	服务化产品质量	辅助变量	无量纲

续表

排序	指标名	变量名称	变量类别	单位
36	服务化产品库存周转率	服务化产品库存周转率	辅助变量	无量纲
37	服务要素获取	服务要素获取	辅助变量	无量纲
38	行业对外开放度	行业对外开放度	辅助变量	无量纲
39	生产性服务业产值	生产性服务业产值	辅助变量	无量纲
40	GDP	GDP	辅助变量	无量纲
41	进口总额	进口总额	辅助变量	无量纲
42	出口总额	出口总额	辅助变量	无量纲
43	生产性服务人员人数	生产性服务人员人数	辅助变量	无量纲
44	组织结构匹配	组织结构匹配	辅助变量	无量纲
45	组织有效性	组织有效性	辅助变量	无量纲
46	组织业绩	组织业绩	辅助变量	无量纲
47	服务化产品市场份额	服务化产品市场份额	辅助变量	无量纲
48	企业成长	企业成长	辅助变量	无量纲
49	服务化盈利	服务化盈利	辅助变量	无量纲
50	动态协调程度	动态协调水平	水平变量	无量纲
51	服务价格	服务价格	辅助变量	无量纲
52	服务价值	服务价值	辅助变量	无量纲
53	社会劳动生产率	社会劳动生产率	辅助变量	无量纲
54	服务化成本	服务化成本	辅助变量	无量纲
55	收益协调	收益协调	辅助变量	无量纲
56	服务化产品销售额	服务化产品销售额	辅助变量	无量纲
57	服务化产品成本费用额	服务化产品成本费用额	辅助变量	无量纲
58	风险分担	风险分担	辅助变量	无量纲
59	投资风险	投资风险	辅助变量	无量纲
60	经营风险	经营风险	辅助变量	无量纲
61	偿债能力	偿债能力	辅助变量	无量纲
62	构建固定资产	构建固定资产	辅助变量	无量纲
63	长期投资现金流量	长期投资现金流量	辅助变量	无量纲
64	市场价格变动率	市场价格变动率	辅助变量	无量纲

续表

排序	指标名	变量名称	变量类别	单位
65	流动资产周转率	流动资产周转率	辅助变量	无量纲
66	装备制造业负债总额	装备制造业负债总额	辅助变量	无量纲
67	资产利润率	资产利润率	辅助变量	无量纲
68	资产总额	资产总额	辅助变量	无量纲
69	利润总额	利润总额	辅助变量	无量纲

结合表 6-3 中各个变量的特征，将所有变量进行标准化代入模型，模型中大部分变量属于正向变量，用"＋"表示；当然，也存在部分反向变量，用"—"表示。

6.4.2.2 系统动力学流图和方程

根据基于服务化的装备制造业全球价值链升级现状和系统动力学因果回路图，整合指标，通过 VENSIM 软件建立升级系统动力学流图。结合系统动力学建模原理和基于服务化的装备制造业价值链升级系统变量定义，可以得到如下系统动力学方程：

$$GDP = RAMP(0.1, 2010, 2030) + 1.2$$

$$三项专利授权数 = 有研发机构企业数量 \times 2.5$$

$$产业链需求升级 = 技术发展 \times (0.26 \times 技术改造经费支出 + 0.34 \times 新产品开发经费支出 + 0.4 \times 新产品开发项目数)$$

$$企业研发机构从业人员 = 有研发机构企业数量 \times 1.78$$

$$偿债能力 = 资产利润率 \times 装备制造业负债总额$$

$$全球价值链升级增量 = LN(0.25 \times 动力驱动水平 + 0.46 \times 动态协调水平 + 0.39 \times 组织匹配水平)$$

$$出口总额 = RAMP(0.02, 2010, 2030) + 0.3$$

动力驱动性增量 = IF THEN ELSE(装置制造业附加值 ≥ 5，服务化促进政策 × 0.3 + 市场竞争环境 × 0.25 + 产业

链需求升级×0.45,(服务化促进政策×0.3＋市

场竞争环境×0.25＋产业链需求升级×0.45)×

0.45)

动力驱动水平＝INTEG(动力驱动性增量,0.78)

动态协调性增量＝(0.3×收益协调＋0.45×服务价格＋0.25×风

险分担)

动态协调水平＝INTEG(动态协调性增量,0.65)

国际贸易＝MAX(出口总额,进口总额)

外商直接投资项目数＝1

市场竞争环境＝行业竞争强度(需求量/供应量)×装备制造业销

售利润率×(装备制造业单位企业数×0.35＋装备

制造产品市场份额×0.25＋进口产品数×0.4)

技术发展＝有效发行专利数×0.3＋企业研发机构从业人员×0.35＋

三项专利授权数×0.35

技术改造经费支出＝1

投资风险＝装备制造业市场价格变动率×(0.3×购建固定资产＋

0.7×长期投资现金流量)

收益协调＝0.7×服务化产品成本费用额＋0.3×服务化产品销售额

新产品开发经费支出＝1

服务价值＝服务化成本×社会劳动生产率

服务价格＝0.9×服务价值

服务化产品销售额＝RANDOM NORMAL(0.5,1.5,1,1.2,1234)

服务化促进政策＝0.25×国际贸易＋0.2×外商直接投资项目数＋

0.38×有 R&D 活动企业数＋研究与试验发展

R&D 经费政府资金支出×0.17

服务化成本＝RANDOM UNIFORM(0.8,1.75,1234)

服务要素获取＝生产性服务业产值×0.7＋行业对外开放度（进出口额/GDP）×0.3

生产性服务人员人数＝RAMP（0.05，2010，2030）＋RANDOM NORMAL（−0.1，0.1，0.02，0.5，1234）

组织业绩＝服务化产品市场份额×0.6＋服务化盈利×0.4

组织匹配性增量＝IF THEN ELSE（服务要素获取≥10，（组织目标匹配＋组织结构匹配）×1.5，（组织目标匹配＋组织结构匹配）×0.5）

组织匹配水平＝INTEG（组织匹配性增量，0.5）

组织有效性＝0.8×服务化盈利＋0.2×装备制造企业成长

组织目标匹配＝（服务化成本）×服务化生产率×服务化产品库存周转率×服务化产品质量（客诉率）

组织结构匹配＝0.45×组织业绩＋0.55×组织有效性

经营风险＝流动资产周转率×0.75

$$"行业对外开放度（进出口额/GDP）"＝\frac{进口总额}{GDP−出口总额}$$

装备制造业产业聚集度＝装备制造业单位企业数×0.86

装备制造业产值＝装备制造业企业资产规模×装备制造业单位企业从业人数

装备制造业企业资产规模＝RANDOM NORMAL（0.8，1.2，1，1.2，1234）

装备制造业全球价值链升级＝INTEG（全球价值链升级增量，0.53）

装备制造业利润总额＝RAMP（0.1，2010，2030）＋0.6

装备制造业利税总额＝装备制造业产值×0.66

装备制造业单位企业数＝RAMP（0.2，2010，2030）＋0.76

装备制造业负债总额＝1.5＋RAMP（0.01，2010，2030）

装备制造业资产总额＝RAMP(0.02,2010,2030)＋0.5

装备制造业销售利润率＝RANDOM NORMAL(0.65,0.85,0.75, 0.6,1234)

装备制造业附加值增量＝装备制造业产业聚集度×0.12＋装备制造业产值×0.28＋装备制造业利税总额× 0.35＋装备制造业单位企业数×0.25

装备制造企业成长＝RAMP(0.1,2010,2030)＋0.5

装置制造业附加值＝INTEG(装备制造业附加值增量,0.65)

$$资产利润率＝\frac{装备制造业利润总额}{装备制造业资产总额}$$

进口总额＝RAMP(0.08,2010,2030)＋0.05

风险分担＝投资风险×0.5＋经营风险×0.5－偿债能力×0.2

其他方程省略,相关方程意义见系统动力学知识,这里不再赘述。

6.4.3 评价与反馈机制运行仿真分析及运行策略

6.4.3.1 仿真过程

通过建模探究系统动力学理论和方法在基于服务化的装备制造业全球价值链升级反馈机制的运行过程,运用系统动力学语言描述基于服务化的装备制造业全球价值链升级反馈机制运行系统及其各个变量,按照系统内部复杂的函数关系,揭示以服务化促进装备制造业全球价值链升级的反馈机制运行过程。在 VENSIM 系统输入初始值,结果如图 6-5 所示。

通过 VENSIM 软件分析工具,可以模拟基于服务化的装备制造业全球价值链升级系统的变化,如图 6-6 所示。基于服务化的装备制造业全球价值链升级和驱动因素、匹配因素、调节因素四个状态变量的发展趋势,有利于验证各因素发展趋势与升级情况的同步关系。

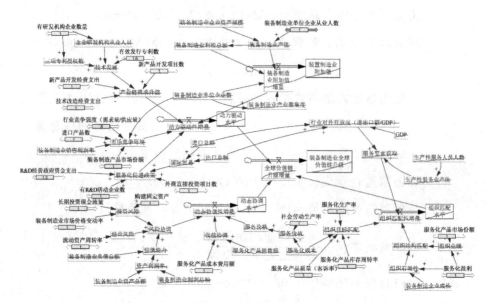

图 6-5　仿真运行界面

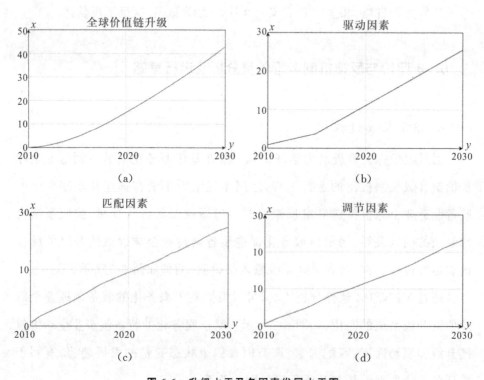

图 6-6　升级水平及各因素发展水平图

将模型仿真时长设置为 20 年,则能够对基于服务化的装备制造业全球价值链升级情况进行有效模拟和预测。如表 6-4 所示。

表 6-4 仿真时长为 20 年的升级数值

时间/年	动力驱动水平 Runs:Current
2010	0.78000
2011	1.36274
2012	1.94816
2013	2.53566
2014	3.13203
2015	3.72648
2016	5.05135
2017	6.42190
2018	7.79903
2019	9.19739
2020	10.58870
2021	12.04990
2022	13.48780
2023	14.97220
2024	16.47190
2025	17.97750
2026	19.45960
2027	20.95090
2028	22.47870
2029	24.06580
2030	26.67980

由图 6-6 可以看出在服务化的背景下,装备制造业能够呈现全球价值链稳步升级趋势。对升级的动力驱动因素进行敏感性测试,结果如表 6-5 所示。表 6-5 中左侧为基于服务化的装备制造业全球价值链升级初始水平,右

侧为提高动力驱动水平后，基于服务化的装备制造业全球价值链升级的数值，由此可见，提高动力驱动水平能够有效提高基于服务化的装备制造业全球价值链升级。

表 6-5　提高动力驱动水平对升级的影响

时间/年	动力驱动水平 Runs：Current	提高驱动力水平后的数值
2010	0.78000	1.10400
2011	1.36274	1.77156
2012	1.94816	2.53261
2013	2.53566	3.29636
2014	3.13203	4.07163
2015	3.72648	4.84443
2016	5.05135	6.56675
2017	6.42190	8.34847
2018	7.79903	10.13870
2019	9.19739	11.95660
2020	10.5887	13.76530
2021	12.0499	15.66490
2022	13.4878	17.53410
2023	14.9722	19.46390
2024	16.4719	21.41350
2025	17.9775	23.37070
2026	19.4596	25.29750
2027	20.9509	27.23620
2028	22.4787	29.22230
2029	24.0658	31.28550
2030	26.6798	33.38370

同理，在仿真过程中，分别提高组织匹配水平和动态协调水平，以测试对基于服务化的装备制造业全球价值链升级的提高水平。在 VENSIM 运

行中,分别调整函数关系中动力因素、组织因素、协调因素的 Initial value(初始值),能够得出不同影响要素与升级变化趋势。如图 6-7 所示。

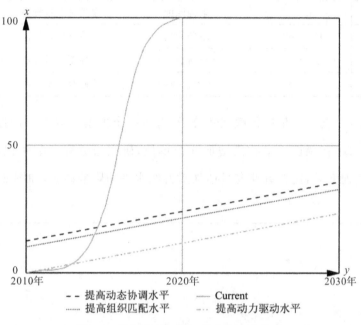

图 6-7　不同因素与升级的变化趋势关系

进一步,根据评价与反馈机制运行模型,可以对各个调控变量进行敏感性分析,以分析各调控变量对基于服务化的装备制造业全球价值链升级的影响差异。选取 10 个调控变量进行敏感性分析,具体方案如表 6-6 所示。

表 6-6　仿真变量敏感性测试表

方案	仿真曲线	调控变量	调控方法
	Current	无	原有仿真
方案 1	Current1	附加值增值	仅控制变量提高 5 个单位
方案 2	Current2	产业链需求	仅控制变量提高 5 个单位
方案 3	Current3	市场竞争环境	仅控制变量提高 5 个单位
方案 4	Current4	服务化促进政策	仅控制变量提高 5 个单位
方案 5	Current5	组织目标	仅控制变量提高 5 个单位

续表

方案	仿真曲线	调控变量	调控方法
方案 6	Current6	服务价值选择	仅控制变量提高 5 个单位
方案 7	Current7	结构匹配	仅控制变量提高 5 个单位
方案 8	Current8	服务价格	仅控制变量提高 5 个单位
方案 9	Current9	服务化收益	仅控制变量提高 5 个单位
方案 10	Current10	服务化风险	仅控制变量提高 5 个单位

对 10 个调控变量进行敏感性分析，将每一个方案选取 1 个调控变量作为调整对象，将调控变量数值增加 5 个单位，研究与原有方案对比情况，以此调整其他变量，比较调控变量增加对升级水平的影响差异，如图 6-8 所示。

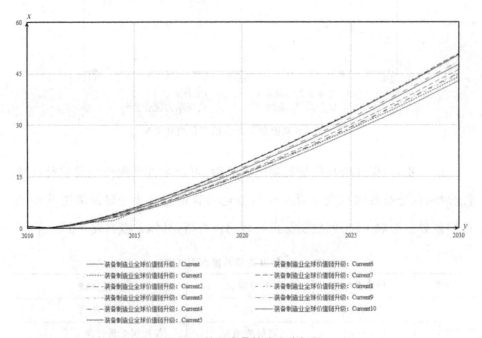

图 6-8 控制变量敏感度分析图

经比较，调控变量敏感性测试图可知，与原有方案相比，10 个方案表现出了不同程度的差异性，其中 10 种方案表现出了明显的差异性，如表 6-7 所示。

表 6-7 　10 个控制变量敏感性分析数值对比图

时间/年	升级 Runs C	基于服务化的装备制造业全球价值链升级									
		C_1	C_2	C_3	C_4	C_5	C_6	C_7	C_8	C_9	C_{10}
2010	0.5	0.5	0.5	0.5	0.5	0.5	0.5	0.5	0.5	0.5	0.5
2011	0.2	0.2	0.2	0.2	0.2	0.2	0.2	0.2	0.2	0.2	0.2
2012	0.8	0.8	0.8	0.8	0.8	1.0	0.8	1.0	1.1	1.0	0.9
2013	1.8	1.8	2.0	1.9	1.9	2.4	1.8	2.4	2.4	2.2	2.2
2014	3.1	2.2	3.4	3.2	3.3	4.1	3.1	4.1	4.1	3.8	3.7
2015	4.6	4.8	5.0	4.8	4.9	6.0	4.6	6.0	6.1	5.6	5.5
2016	6.3	6.7	6.8	6.6	6.7	8.1	6.3	8.1	8.2	7.7	7.5
2017	8.2	8.7	8.9	8.6	8.7	10.5	8.2	10.5	10.6	9.9	9.7
2018	10.3	10.9	11.2	10.8	10.9	13.0	10.3	13.0	13.1	12.3	12.0
2019	12.5	13.2	13.6	13.1	13.3	15.6	12.5	15.6	15.8	14.9	14.5
2020	14.9	15.6	16.1	15.6	15.7	18.4	14.9	18.4	18.6	17.5	17.1
2021	17.3	18.1	18.7	18.1	18.3	21.2	17.3	21.2	21.4	20.2	19.8
2022	19.8	20.7	21.5	20.8	21.0	24.2	19.8	24.2	24.4	23.1	22.6
2023	22.5	23.4	24.3	23.5	23.7	27.2	22.5	27.2	27.5	26.0	25.5
2024	25.2	26.1	27.2	26.3	26.6	30.2	25.2	30.3	30.6	29.0	28.4
2025	27.9	28.9	30.2	29.2	29.5	33.5	27.9	33.5	33.8	32.1	31.5
2026	30.8	31.8	33.2	32.2	32.5	36.8	30.8	36.8	37.1	35.3	34.6
2027	33.7	34.8	36.4	35.3	35.5	40.1	33.7	40.1	40.4	38.5	37.8
2028	36.7	37.8	39.6	38.4	38.7	43.5	36.7	43.5	43.8	41.8	41.0
2029	39.7	40.9	42.9	41.5	41.9	46.9	39.7	47.3	47.3	45.1	44.3
2030	42.8	44.0	46.2	44.8	45.1	50.5	42.8	50.8	50.8	48.5	47.7

6.4.3.2 结果分析和运行策略

研究发现,随着服务化水平的提升,装备制造业全球价值链的位势向上移动。从具体作用机制来看,装备制造业服务化能够通过驱动因素反馈机制、匹配因素反馈机制、调节因素反馈机制等作用方法推动全球价值链升级。通过对我国发展现实的实证分析发现,装备制造业服务化能够显著推动我国全球价值链升级。实证分析的结果表明装备制造业整体服务化对全球价值链位势具有显著的正向影响,但在各个机制的不同作用下,效果不同。通过评价与反馈机制运行可以看出:

(1)结果分析。基于服务化的装备制造业全球价值链升级与时间同方向变动,但两者并不是呈线性关系发展的。具体来看,第一,服务价格、组织目标和组织结构匹配是基于服务化的装备制造业全球价值链升级的重要因素。仿真数据结果显示,Curren8 代表的服务价格协调要素增加 5 个单位,基于服务化的装备制造业全球价值链升级总水平从第一年的 0.1575 上升到 2017 年的 10.6,到 2030 年上升到 50.83,增长速度最快,远高于其他因素的变化水平。面向服务的组织目标和组织结构对基于服务化的装备制造业全球价值链升级的影响次之。面向服务的组织目标是引领装备制造业服务化发展方向和指导各项举措的核心,基于服务化的各项活动在面向服务的组织目标指引下具体实施,形成互动协调的服务化组织,反映面向服务的组织目标对基于服务化的全球价值链升级重要引领作用。第二,服务化利益、服务化风险、服务化促进政策和市场竞争环境对基于服务化的装备制造业全球价值链升级具有较大影响。仿真数据结果显示,服务化利益、服务化风险、服务化促进政策和市场竞争环境在 20 年后对基于服务化的装备制造业全球价值链升级总水平影响排在 4、5、6 位。表明通过设计合理的利益协调机制可使装备制造业实现服务化视角下的总利润提升,且各决策主体的利润不低于拒绝服务化决策的利润,从而实现服务化整体利益协调。设计客观的服务化风险分担机制能够避免因装备制造业本身对服务型业务特性、质量和战略方向发展上存在不确定性,导致服务化内容不符合产品特性或用户需求,从而扰乱市场的原有绩效预期的服务化风险。此外,服务化促进政策对升级活动既存在正向的推动作用,也存在反面的抑制作用。其中,基于税收减免、金融支持、研发补贴等政策工具对升级具有显著的推动作用,但是当服务化促进政策存在过渡干预,政策不协调或难以落实,反而会抑制升级。第三,产业链需求、附加值增值和服务要素选择对基于服务化的装备制造业全球价值链升级具有一定的影响,但敏感度表现稍低,反映出我国装备制造业服务化已经进入瓶颈阶段。第四,以面向服务的组织目标和组织结构为主的匹配因素反馈机制对基于服务化的装备制造业全球价值链升级的影响较大,以服务价格引领的调节因素反馈机制对基于服务化的装备制造业全球价值链升级的影响次之,驱动因素的反馈机制对升级的影响较前两方面相比较弱。

(2)运行策略。通过对评价与反馈机制研究,可以对基于服务化的装备制造业全球价值链升级水平的发展趋势进行预测,把握装备制造业全球价值链升级的发展趋势,并对规划进程进行控制。首先,我国装备制造业服务化转型已经进入成熟期,匹配因素和调节因素对升级的作用凸显,服务化产品的潜在需求已经形成真正需求,并逐步有"同质化陷阱"的趋势,服务化市场被开发,服务化产品的市场占有率趋于稳定。此时,对装备制造业服务化组织的管理和要素协调成为实现升级的重要因素。其次,总体而言,服务化促进政策有利于基于服务化的装备制造业全球价值链升级发展。因此,政府应积极发挥引导作用,培育良性市场竞争环境,有助于要素的创新和技术的创新,促进装备制造业提质增效,从而推动服务化对升级的促进作用。最后,以新一代信息技术增进产业链需求、附加值增值、服务要素选择是装备制造业服务化初级阶段的主导动力。随着服务化程度的深入和装备制造业发展的进程,由服务化带来的其他社会效应和间接影响,如数字化转型、共享经济发展等正逐渐替代单纯价值增值的需求。加快装备制造技术与数字技术融合,扎实服务化促进升级的业务层、职能层、战略层布局,有利于进一步制定切实有效的推动装备制造业洼地崛起的战略规划。

本章从机制内涵和功能、机制构建和机制运行三个方面对基于服务化的装备制造业全球价值链升级评价与反馈机制进行详细设计。首先,从评价与反馈机制的内涵和功能两个方面刻画和描述了评价与反馈机制。然后，构建了包含驱动因素、匹配因素和协调因素的基于服务化的装备制造业全球价值链升级评价指标体系，基于反馈控制理论设计评价与反馈机制详细设计，提出驱动因素评价与反馈机制、匹配因素评价与反馈机制和调节因素评价与反馈机制。最后，分析了评价与反馈机制运行过程，构建了评价与反馈机制运行系统动力学模型并进行仿真分析，揭示了驱动因素、匹配因素、调节因素对升级系统稳定性的影响。

7 基于服务化的装备制造业全球价值链升级机制保障策略

根据前文分析可知,基于服务化的装备制造业全球价值链升级机制需要在一定的保障策略下,才能得以顺利实现。依据关键因素中保障因素的识别以及上述四个机制实施过程中的实际需求,从制度保障、资源保障和文化保障三个层面提出基于服务化的装备制造业全球价值链升级机制的保障策略。

7.1　制度保障策略

制度保障策略保证和规范基于服务化的装备制造业全球价值链升级机制的顶层架构,从政策制度保障策略、法律制度保障策略和企业制度保障策略三个方面提出保障,有利于升级机制的稳健性。

7.1.1 政策制度保障策略

基于服务化的装备制造业全球价值链升级机制涉及多个产业之间的沟通和要素流动,服务化推动升级政策制度的全面和统筹,有利于提升装备制造业服务化水平和以服务化促进升级效率,为升级机制的实施提供良好的宏观环境。因此,构建树立服务化科学发展、培育高水平国内需求市场、优化产业准入政策的政策保障策略。

7.1.1.1 树立科学服务发展观

政策制定部门应从科学发展角度判断装备制造业服务化发展趋势,把握装备制造业服务化发展规律,统筹制定装备制造业服务化发展政策,全面系统地分析和解决基于服务化的装备制造业全球价值链升级机制实施中的问题,引导被动服务向主动服务转变。将装备制造业服务化作为优化装备制造业产业结构,提升装备制造业国际竞争水平的重要举措,明确服务化对装备制造业发展的重要作用。正视由装备制造业长期低端嵌入全球价值链而导致的核心技术缺失、品牌价值不足、供需双方失衡等问题,以及所导致的我国装备制造业对高水平、高价值服务的需求不足。重视推进高水平生产性服务业的发展,促进生产性服务业与装备制造业价值匹配,拓展装备制造业服务化的深度和广度。树立科学的服务化发展观,将装备制造业服务化转型作为装备制造业全球价值链升级的重要途径,有利于装备制造业以服务化推动其全球价值链升级。

7.1.1.2 培育高水平国内需求市场

中国对世界经济的依存度指数显示,我国对世界经济的依存度在下降,而世界对中国经济的依存度在上升。细分来看,制造业和基础产业领域国际对我国的依存度较高,而服务业并非如此。麦肯锡中国报告中显示,我国服务行业仍然落后于其他国家,生产率仅为经合组织平均水平的20%～50%。我国应积极发挥装备制造业的带动效应,将需求市场培育的重点逐步转向国内装备制造业消费市场,不断提高对外开放程度,带动生产性服务业的发展,提升国内需求市场的消费需求水平。通过提升和壮大国内装备制造产品消费需求市场,优化生产和服务的消费比例,实现需求引领和供给侧改革的相互促进,带动以服务化推动装备制造业的转型升级。尤其是对高水平装备制造产品和服务需求的培育和引导,通过技术创新、服务贸易、兼并收购等方式,推动装备制造业服务化的高质量发展。

7.1.1.3 优化产业准入政策

产业准入政策的优化能够保证基于服务化的装备制造业全球价值链升级机制的参与者数量和创新动力。产业准入政策体现在组织准入和技术准入。组织准入方面,提升在维护修理、制造、研发等方面具备资源优势的头部民营企业与装备制造业的融合速度,以服务化相关产业建设需求为牵引,设置准入协调系统,使受理方式及受理流程便捷化,提升管理监督效率。将准入成本调降,把更高效、更公平作为民营企业资源投入的标准,打造沟通无碍、高效有序的装备制造业产业链准入管理制度。技术准入方面,严苛的准入制度容易哄抬装备产品进入门槛,限制重点行业领域装备制造企业进行新建、扩建、改造、合资合作等活动,打压自主创新的积极性。此外,部分外资装备制造企业必须通过合资进入我国市场,虽然在一定程度上提高了合资企业产品的销售额和销售利润,但是也抵消了通过技术引进、学习、消化、吸收、再培育的动力,从而降低装备制造业服务化的自主创新意愿。

7.1.2 法律制度保障策略

法律制度保障策略是从升级的强制性要求出发,规范升级机制中管理原则和管理政策。从加强知识产权保护、完善政府采购制度和构建服务资源共享标准与规范三个方面提出法律制度保障策略。

7.1.2.1 加强知识产权保护

知识产权保护制度的完善是激励服务化创新、保护服务化主体合法权益,保证装备制造业服务化平稳运行的基础。装备制造业以服务化推动其全球价值链升级机制的实施必须以创新活动为基础,创新活动不仅需要大量的资源投入,还要承担巨大的风险。因此,鼓励装备制造业服务投入和服务创新应首先解除服务化企业的后顾之忧。完善的知识产权保护制度是保障装备制造业服务化成果进行沟通和交流的基础。强化知识产权保护制度中服务化内容保护的建设,尊重服务化行为,在全社会范围内逐步培育通过知识产权保护制度来保护服务化成果利益的法治环境。此外,完善的知识产权保护制度有利于服务资源共享的利益保障,只有在服务化参与者之间明晰服务资源的归属权,以及各个依托主体的权利与责任,才能实现服务资源的有效共享。

7.1.2.2 完善政府采购制度

政府采购制度的完善有利于自主创新,对一国的经济发展起到重要的促进作用,具有规范化、资本规模大、影响力强等特征。在涉及装备制造业的国家重大建设项目及基础设施建设项目中,加强服务化产品的采购力度,优先考虑问题解决方案的投入。通过出台政府采购制度的相关执行方案和实施条例,引导政府采购向国内装备制造的产品和工程倾斜,并增强倾斜制度的执行性,有目的地引导服务化技术创新。不仅能够加大装备制造业对服务化研发投入的强度,也能为装备制造业服务化成果和技术创新成果创造稳定的市场供求关系。同时,也要通过健全采购信息的公布和采购标准的披露,加强政府采购制度过程监督。

7.1.2.3 构建服务资源共享标准与规范

由于升级机制涉及装备制造业及各个参与体之间分配、共担等问题。因此,合理明晰服务资源的共享标准与规范,可以合理界定不同权利方的义务与职责,合理分配各服务化主体的利益,保障服务资源共享中各个服务化主体的合法权益,从而实现服务资源共享度的最大化,提高基于服务化的装备制造业全球价值链升级机制实施效率。在基于服务化的装备制造业全球价值链升级机制实施过程中,服务化主体之间需要共同协商制定具有明确性、规范性的服务资源共享标准,为不同主体进行资源选取、资源整合与优化提供基本规则与规范。

7.1.3 企业制度保障策略

企业是构成产业的微观基础,先进、柔性的企业制度有利于从微观视角支持基于服务化的装备制造业全球价值链升级机制实施,从而引导企业的服务化促进升级行为。从支持引进和培育龙头企业、建立服务化人才激励制度和开展面向服务的科技专项三个方面提出企业制度保障策略。

7.1.3.1 支持引进和培育龙头企业

完善并加强对进行服务化的装备制造业重点龙头企业投资的激励制度，着力培育具有国际竞争力、区域影响力、产业带动力的服务化龙头企业，发挥以服务化促进升级的示范引领作用。优化生产性服务业与装备制造业发展结构，着力提升生产性服务业规模和质量，提升服务化专业水平，培育以服务化促进升级的领军企业。融合不同企业类型的优势，推进服务化体系建设，培育以点带面、协同发展的服务化升级体系。

7.1.3.2 建立服务化人才激励制度

服务化人才是基于服务化的装备制造业全球价值链升级机制实施的关键要素。服务化人才激励制度的建设，有利于促使升级主体积极参与服务化转型活动，激发服务人才的活力与热情，积极开展服务化转型从而实现升级主体的"共赢"目标。可以从人才贡献和人才层次两个方面完善人才激励制度。首先，升级系统内部构建基于人才贡献的奖惩制度和薪酬体系，根据服务化人才的贡献程度给予不同方式和程度的奖励与激励。对于服务化产品、服务化内容、服务化技术等知识产权或科技成果的人才按照不同的奖励划分层次标准，给予加薪、津贴以及奖金等物质奖励，提供晋升、学习培训、荣誉称号等精神奖励。通过物质奖励和精神奖励可以充分调动人才的创新热情和动力，积极开展服务化创新活动，从而有利于提高以服务化实现的升级绩效水平。其次，升级系统外部建立具有层次化的奖励机制和优惠政策。对于具有重大创新贡献的创新人才，政府设立专项奖金给予奖励，且授予荣誉称号，引导高校将合作课题工作量同步纳入到年度绩效考核体系中。

7.1.3.3 开展面向服务的科技专项

服务化科技专项有利于攻克服务化中技术突破，实现资源集成，加速重大服务化战略产品、服务化关键技术和服务化重大工程落地。服务化科技专项的设立能够充分论证装备制造业服务化发展需求,识别服务化过程中的关键技术难题。一方面,积极引导和推动产学研合作创新活动,对其进行的服务化转型项目给予重点支持,增加 R&D 经费中来自政府资金的比重以及国家科技财政支出比重等。另一方面,发挥产业技术联盟、联合体作用,调动政府、企业、科研院所和高等院校参与的积极性,提高装备制造业服务化创新水平,畅通相关人才与技术需求链接的渠道,推动基于服务化的装备制造业全球价值链升级。

7.2 资源保障策略

基于服务化的装备制造业全球价值链升级机制的落地依赖于人、财、物资源的流通和基础能力,关系到升级机制的质量和水平,从人力资源保障策略、金融资源保障策略和服务资源保障策略三个方面提出保障。

7.2.1 人力资源保障策略

人力资源保障策略是升级机制的知识基础,从多维互联人才培育机制、建立服务化人才提升计划两个方面提出人力资源保障策略。

7.2.1.1 多维互联人才培育机制

充分发挥产学研组织对知识学习和技术培育优势,为服务化转型企业输送知识、技术和人才等服务化资源。设置包含信息技术、人力资源等多要素于一体的共享平台,实现全面的服务要素的整合、完善、优化和共享等,及时获取相关服务信息、科技创新数据等。打造政产学研共同体,联合高校、科研院所等积极组织服务创新和技术研发交流会议,鼓励产学研之间服务人才的交流互动,提高服务资源的共享效率,从而避免在产学研协同创新过程中出现服务资源不足或资源浪费等问题,实现产学研服务资源的优势互补,有效集成与共享。

7.2.1.2 建立服务化人才提升计划

服务化人才提升计划能够满足服务化人才知识提升的需求,将提升综合能力作为重点,加强服务化人才队伍建设。通过基层实践,服务化人才充分了解装备制造产品生产流程、制造工艺、生产模式等,有助于对接装备产品与生产服务;通过学习培训提升服务化人才能力素质,鼓励服务化人才学历提升,知识考级,强化专业理论素质;通过以老带新搭建人才交流平台,将传统工艺和手法与先进的理念进行碰撞,打造人才提升环境,满足服务化推动升级过程中不同阶段和不同层次对人才的需求。

7.2.2 金融资源保障策略

金融资源保障策略,从拓展服务化融资渠道、加大服务化金融服务投入、加大服务化金融市场发展扶持政策体系三个方面,对升级机制所需要和支配的资本基础进行保障。

7.2.2.1 拓展服务化融资渠道

通过多种渠道共同努力缓解服务化融资约束。从政府主导的政策性角度上看,在不断完善结构性减税政策的同时,应稳步推进我国金融创新发展和改革,建立健全服务化转型的政策性金融体系,加大金融支持力度,为服务化转型融资提供多种渠道,完善融资担保体系,为服务化转型提供良好的外部金融环境和政策保障,进而推动升级。从装备制造企业角度来看,企业可以充分发挥科技化、信息化红利,提高服务化成果转化效益。同时,通过设立发展基金、私募融资吸引多渠道、多种类资金的进入,为服务化转型推动升级提供金融保障。

7.2.2.2 加大服务化金融服务投入

在对基于服务化的装备制造业全球价值链升级机制研究过程中发现,在服务化转型初期,装备制造业通过服务创新、技术创新、用户需求调研等将产品与服务进行融合,其中包含大量的服务投入。这些服务投入可能会抑制服务化意愿和服务化效率,导致服务化组织间配合失调,推脱责任,最终导致服务化的失败。服务化属于长期发展战略,应根据装备制造业服务化发展趋势,针对相关财税金融事项,制定财税金融促进政策。一方面,能够减轻服务化初期服务投入对装备制造企业服务化转型的负担;另一方面,能够有效提升服务化转型意愿,吸纳更多要素资源。政府需要以平衡服务化在不同地区的发展水平和提高服务化产出效率为目标,重点针对区域发展管理和相关新兴企业多领域合作制定减税降本等优惠金融措施和引导政策。

7.2.2.3 加大服务化金融市场发展扶持政策体系

积极推进服务化金融市场发展的支持,完善政策性金融市场对装备制造业服务化的金融供给模式。政策性金融是通过带有政策性背景或是执行政府政策而设立的金融机构所提供的产品或服务,可以通过政府采购、直接投资、税收优惠、贴息补息等方式,补充金融市场失灵所导致的服务化风险。虽然,我国金融市场飞速发展,但部分先进模式的金融市场发展机制体制尚不完善,抑制服务化意愿和政策执行效果。因此,系统梳理当前服务化促进政策,提高政策扶持的精准性和有效性,能够推进目标明确、协调高效、精准有力的金融政策扶持体系。在此体系下,推进服务化金融产品和金融服务的创新,推动信息一代新技术促进服务化金融创新的发展。

7.2.3 服务资源保障策略

服务资源保障策略是从以服务化促进升级机制的物力资源保障出发，提出整合服务资源、优化服务模式、引入高水平服务资源三个方面的服务资源保障策略。

7.2.3.1 整合服务资源

无论是以新一代信息技术为基础的数字化服务业，还是传统服务业的转型升级版，装备制造业服务化在内容方面更注重整合性，强调服务方面的无缝提供。装备制造业服务化是生产性服务与装备制造的无缝连接，尤其是在新一代信息技术逐渐向传统制造工艺不断渗透的背景下，服务内容与装备产品的整合尤为重要，服务资源整合将成为装备制造业服务化的核心优势。服务资源整合能够有效补齐装备制造产业链条的短板，借助互联网信息技术，提升和调整装备产品对用户需求的适应能力，满足用户从"能用"到"好用"的需求变化。通过提供成套服务化解决方案，为用户提供新核心能力，即整合相关服务要素，降低服务成本，又赋能用户，以此提升竞争力。

7.2.3.2 优化服务模式

传统的装备制造过程中，生产性服务业的产生源自装备产品生产过程中对辅助价值环节的依赖，这属于装备产品的附加内容。因此，服务往往被认为是一种基于产品的衍生，是被动产生于产品周围的存在。优化服务模式通过服务的前置，根据用户应用场景，预判用户需求，主动设计相关服务内容，或者将相对固定项目制的服务内容转化为新的服务产品或工具，预判用户对服务化产品的潜在需求和演化需求。在这种情况下，主动设计服务场景成为装备制造业服务化重要特征，通过用户和服务场景之间的共鸣，形成新的服务需求，产生新的产业价值和客户价值。倡导企业通过高科技手段,从定制化、体验式等多角度深耕服务市场,适应消费结构的不断改变,从而达到提升服务的主动性。

7.2.3.3 引入高水平服务资源

通过技术进步驱动服务资源的高质量发展,以数字经济兴起为契机,推动服务资源与装备制造相互促进的正循环。伴随着我国开放水平的不断提升,国际化、高质量的服务要素资源获取门槛不断降低。尤其是在我国高质量发展和第五次科技革命的交会点,数字技术等科技力量在我国经济发展中与传统工业的联系更加紧密,由此带来的服务数字化、智能化、互联化,进一步形成技术促进服务、服务支持制造、制造激发技术的多向交互发展格局,有利于吸引和培育高水平服务资源。

7.3　文化保障策略

文化保障策略从基于服务化的装备制造业全球价值链升级机制的文化氛围提出保障策略,包括社会文化保障和企业文化保障两个方面。

7.3.1 社会文化保障策略

服务化促进升级的技术伦理应与社会语境相匹配,脱离社会环境的升级机制实现无法明晰服务化促进升级的"指向"。由此,构建打造数据创新环境、培育技术创新环境和加快数字化转型的社会文化保障策略。

7.3.1.1 打造数据创新环境

数据已经成为新型生产要素的典型代表,具有可共享性、可复用性、规模性和规模经济性等特征。基于服务化的装备制造业全球价值链升级机制体系中,数据是产生服务化、延伸服务化和创新服务化的基础,其规模越大、种类越多,越能精准匹配服务化产品与用户之间的供需。而装备制造产品的性能和参数往往涉及核心竞争优势,难以实现有效对接,造成数据不能联通。因此,数据创新环境是服务化各环节供需安全对接的重要途径。借助新一代信息技术,在保护数据主体利益的前提下,通过模型共享多元化数据传递模式,最大程度保障数据的私密传递和日常监管,实现数据可用不可见的交流模式。保证在不同类型、不同服务样本的数据资源融合中,保护数据主体的核心成果,利用数据创新环境打破以服务化推动装备制造业全球价值链升级中的"信息孤岛",在数据融合的基础上促进升级发展。

7.3.1.2 培育技术创新环境

技术是企业立足之本、产业发展之基,技术创新成为推动传统产业向着数字化、网络化、智能化转型发展的重要推动力。服务化转型中,对服务化的技术学习、技术引进是以服务化推动升级的必要基础。相对于服务化模式和服务化技术的复制而言,服务化创新的风险相对较大,但是能够缓解其在技术引进、研发设计上受制于人的局面。装备制造业服务化技术创新植根于规模庞大、充满活力的市场经济环境之中,依托物联网、大数据等新一代信息技术培育的装备制造业服务化转型环境。培育服务化转型技术创新环境应着力激发技术要素供给活力,通过服务创新促进服务化成果转化、规范产权激励,提高科研人员技术创新的积极性和能动性。此外,服务化转型中技术创新环境有利于培育装备制造业服务化核心优势,为以服务化推动升级机制的实施培植技术创新力量。

7.3.1.3 加快数字经济转型

通过人工智能、云计算、大数据、工业物联网等数字技术联结制造与服务重构经营和商业模式,发挥数据、技术、渠道、创意等要素优势。数字技术通过提升设备、工艺自动化、数字化水平促进产品智能化;通过"平台＋服务"模式,优化运营流程,实现过程智能化;通过构建"技术＋终端＋服务"服务化升级生态圈,创新服务模式,聚焦用户需求的智能服务,实现服务智能化。发展信息增值服务,探索和实践智能服务新模式,持续推动装备制造业服务化创新发展,保障以服务化推动升级机制的实施。

7.3.2 企业文化保障策略

企业文化保障策略是从升级机制的日常性要求出发,研究基于服务化的装备制造业全球价值链升级机制在企业层面的文化保障,从培养自上而下的服务意识,树立服务产生价值的企业文化两个方面提出保障。

7.3.2.1 培养自上而下的服务意识

装备制造企业是装备制造业服务化转型的立足点,而企业内部各层级组织的服务意识是指导日常工作、创造自身价值的驱动力。不同于传统装备制造,服务化的装备制造本身以用户需求为核心,落实装备产品的服务需求、建立良好的沟通、挖掘深层次产品功能,是持续获取服务化装备制造优势的关键。为实现这一核心转变,经营者的经营理念应以盈利性为目标向以满足用户需求为目标转变,组织结构和绩效考核均以匹配服务化转型为目标,从企业愿景、组织架构、运营流程、绩效考核等多个角度渗透服务意识,以支持服务化促进升级机制的有效实施。

7.3.2.2 树立服务化企业文化

企业文化体现在产品与用户的交互过程中。传统的装备制造业升级更多依赖财务报表的数字体现,通过财务量化指标进行价值衡量。虽然这些指标能够反映经营业绩,但在隐性价值方面的体现一般。对实施服务化的装备制造业而言,阶段性目标的屈从可能会带来短期的既得利益,但从长远的发展来看，不利于服务化推动升级的愿景。树立以服务为导向，用户需求为中心的服务化企业文化，在为用户提供产品和服务过程中形成服务理念，指导服务化产品标准、服务宗旨和服务效果等，从而在企业内部建立一种关系文化，以促进升级机制的实施。

参考文献

蔡萌，杜巍，任义科，等，2014. 企业员工社会网络度中心性对个人绩效的影响:度异质性的调节作用 [J]. 当代经济科学，36(1)：108-115,128.

曹明福，李树民，2005. 全球价值链分工的利益来源：比较优势、规模优势和价格倾斜优势 [J]. 中国工业经济，23(10)：22-28.

陈爱贞，闫中晓，2022. 资源配置视角下出口强度对产业结构升级的影响 [J]. 东南学术(1)：170-181.

陈瑾，何宁，2018. 高质量发展下中国制造业升级路径与对策：以装备制造业为例 [J]. 企业经济，37(10)：44-52.

陈丽娴，沈鸿，2019. 制造业产出服务化对企业劳动收入份额的影响：理论基础与微观证据 [J]. 经济评论，40(3)：40-56.

陈丽娴，魏作磊，2020. 制造业企业产出服务化有利于出口吗?：基于 Heck-man 模型的 PSM-DID 分析 [J]. 国际经贸探索，36(5)：16-34.

陈雯，李碧珍，2018. 福建省制造业上市公司服务化水平及影响因素研究 [J]. 福建论坛(人文社会科学版)(5)：168-176.

程大中，2015. 中国参与全球价值链分工的程度及演变趋势：基于跨国投入—产出分析 [J]. 经济研究，50(9)：4-16,99.

戴翔，李洲，张雨，2019. 服务投入来源差异、制造业服务化与价值链攀升 [J]. 财经研究，45(5)：30-43.

戴翔，张二震，2016. 全球价值链分工演进与中国外贸失速之"谜" [J]. 经济学家(1)：75-82.

丁秀飞，毕蕾，仲鑫，2021. 中国对外直接投资与制造业全球价值链升级的双向影响关系研究 [J]. 宏观经济研究(12)：69-82.

董思思，董春游，2013. 基于云模型的煤炭建设项目经济评价 [J]. 资源与产业(5)：68-74.

董思思，董春游，2014. 基于云模型的煤炭建设项目环境评价 [J]. 黑龙江科技学院学报(3)：336-340.

窦大鹏，匡增杰，2022. 制造业服务化与全球价值链位置提升：基于制造业企业的分析 [J]. 国际商务研究，13(1)：46-58.

杜传忠，杜新建，2017. 第四次工业革命背景下全球价值链重构对我国的影响及对策 [J]. 经济纵横(4)：110-115.

杜新建，2019. 制造业服务化对全球价值链升级的影响 [J]. 中国科技论坛(12)：75-82,90.

高康，原毅军，2020. 生产性服务业空间集聚如何推动制造业升级？[J]. 经济评论(4)：20-36.

高翔，袁凯华，2020. 中国企业制造业服务化水平的测度及演变分析 [J]. 数量经济技术经济研究，37(11)：3-22.

高智，鲁志国，2019. 产业融合对装备制造业创新效率的影响：基于装备制造业与高技术服务业融合发展的视角 [J]. 当代经济研究(8)：71-81.

葛海燕，张少军，丁晓强，2021. 中国的全球价值链分工地位及驱动因素：融合经济地位与技术地位的综合测度 [J]. 国际贸易问题(9)：122-137.

顾雪芹，2020. 中国生产性服务业开放与制造业价值链升级 [J]. 世界经济研究，39(3)：121-134,137.

韩峰，阳立高，2020. 生产性服务业集聚如何影响制造业结构升级？一个集聚经济与熊彼特内生增长理论的综合框架 [J]. 管理世界，36(2)：72-94,219.

韩永辉,黄亮雄,王贤彬,2017.产业政策推动地方产业结构升级了吗?:基于发展型地方政府的理论解释与实证检验 [J].经济研究,52(8):33-48.

郝凤霞,黄含,2019.投入服务化对制造业全球价值链参与程度及分工地位的影响 [J].产经评论,10(6):58-69.

何宁,夏友富,2018.新一轮技术革命背景下中国装备制造业产业升级路径与评价指标体系研究 [J].科技管理研究,38(9):68-76.

胡峰,袭讯,俞荣建,等,2021.后发装备制造企业价值链转型升级路径分析:逃离"俘获型"价值链 [J].科研管理,42(3):23-34.

黄满盈,邓晓虹,2021.高端装备制造业转型升级驱动因素分析 [J].技术经济与管理研究 (9):56-61.

黄群慧,霍景东,2015.产业融合与制造业服务化:基于一体化解决方案的多案例研究 [J].财贸经济,36(2):136-147.

简兆权,刘晓彦,李雷,2017.制造业服务化组织设计研究述评与展望 [J].经济管理,39(8):194-208.

江小涓,孟丽君,2021.内循环为主、外循环赋能与更高水平双循环:国际经验与中国实践 [J].管理世界,37(1):1-19.

康丽群,刘汉民,2019.复杂组织目标体系的构成与权重:理论分析和实证检验 [J].商业经济与管理(1):35-48.

李方静,2020.制造业投入服务化与企业创新 [J].科研管理,41(7):61-69.

李坤望,马天娇,黄春媛,2021.全球价值链重构趋势及影响 [J].经济学家,33(11):14-23.

李蕾,刘荣增,2022.产业融合与制造业高质量发展:基于协同创新的中介效应 [J].经济经纬,39(2):78-87.

李强,原毅军,孙佳,2017.制造企业服务化的驱动因素 [J].经济与管理研究,38(12):55-62.

李庆雪,刘德佳,张昊,等,2021.行业要素错配下企业服务化意愿与企业绩效：基于装备制造业上市公司的经验分析［J］.中国软科学（9）：128-136.

李庆雪，蔡良群，于金闯，2020.装备制造业服务化科技政策效率及其影响因素研究：基于 DEA-Tobit 的实证分析［J］.商业研究（7）：46-53.

李晓琳，2018.提升我国装备制造业在全球价值链中的地位［J］.宏观经济管理，34(12)：26-33.

李子伦，张文杰，闫开宁，等，2017.装备制造企业服务化转型的路径模式［J］.西安交通大学学报（社会科学版），37(2)：32-37.

凌丹，张玉玲，徐迅捷，2021.制造业服务化对全球价值链升级的影响：基于跨国面板数据的分析［J］.武汉理工大学学报（社会科学版），34(3)：86-93.

令狐克睿，简兆权，2018.制造业服务化升级路径研究：基于服务生态系统的视角［J］.科技管理研究，38(9)：104-109.

刘斌，王乃嘉，2016.制造业投入服务化与企业出口的二元边际：基于中国微观企业数据的经验研究［J］.中国工业经济，34(9)：59-74.

刘斌，魏倩，吕越，等，2016.制造业服务化与价值链升级［J］.经济研究，51(3)：151-162.

刘金全，郑荻，2022.中国在全球价值链中的地位变迁与路径升级［J］.西安交通大学学报（社会科学版），42(2)：14-21.

刘鹏，孔亦舒，黄曼，2021.基于价值增值视角的制造业中间投入服务化水平测算［J］.统计与决策，37(7)：127-131.

刘志彪，凌永辉，2020.结构转换、全要素生产率与高质量发展［J］.管理世界，36(7)：15-29.

楼永，赵铄，郝凤霞，2021.数字化能否调节产品创新与服务转型的交互效应：基于 A 股制造业上市公司的实证研究［J］.科技进步与对策，58(1)：1-9.

陆乃方，尤建新，黄志明，2019.生产性服务外包供应商选择的关键要素分析 [J].经济研究导刊(36)：171-174,184.

逯东，池毅，2019.《中国制造2025》与企业转型升级研究 [J].产业经济研究(5)：77-88.

罗建强，赵艳萍，程发新，2013.我国制造业转型方向及其实现模式研究：延迟策略实施的视角 [J].科学学与科学技术管理，34(9)：55-62.

罗军，2019.生产性服务进口与制造业全球价值链升级模式：影响机制与调节效应 [J].国际贸易问题(8)：65-79.

吕文晶，陈劲，刘进，2019.智能制造与全球价值链升级：海尔 COSMOPlat 案例研究 [J].科研管理，40(4)：145-156.

马盈盈，2019.服务贸易自由化与全球价值链：参与度及分工地位 [J].国际贸易问题(7)：113-127.

毛蕴诗，王婕，郑奇志，2015.重构全球价值链：中国管理研究的前沿领域：基于 SSCI 和 CSSCI(2002—2015年)的文献研究 [J].学术研究，58(11)：85-93,160.

潘安，郝瑞雪，2020.全球价值链分工对贸易与环境失衡的影响 [J].中南财经政法大学学报，63(6)：143-153.

潘文卿，李跟强，2018.中国制造业国家价值链存在"微笑曲线"吗？：基于供给与需求双重视角 [J].管理评论(5)：19-28.

裴桂芬，吴敬茹，2020.当前国际贸易形态变化：基于 OECD 经济体的制造业向服务业转型分析 [J].河南社会科学，28(9)：63-71.

彭永涛，侯彦超，罗建强，等，2022.基于 TOE 框架的装备制造业与现代服务业融合组态研究 [J].管理学报，19(3)：333-341.

彭永涛，罗建强，李丫丫，2019.考虑服务流的产品服务供应链网络均衡模型 [J].中国管理科学，27(11)：116-126.

齐俊妍，任同莲，2020.生产性服务业开放、行业异质性与制造业服务化

[J]. 经济与管理研究，41(3)：72-86.

蔡良群，王金石，崔月莹，等，2021.中国装备制造业服务化水平测度：基于价值流动视角 [J]. 科技进步与对策，38(14)：72-81.

蔡良群，赵少华，蔡渊渊，2014. 装备制造业服务化过程及影响因素研究：基于我国内地 30 个省市截面数据的实证研究 [J]. 科技进步与对策，31(14)：47-53.

乔小勇，凌鑫，2020. 贸易壁垒与中国制造业产出服务化：基于国外对华反倾销经验数据 [J]. 中国科技论坛，36(11)：83-92.

任保平，豆渊博，2021."十四五"时期新经济推进我国产业结构升级的路径与政策 [J]. 经济与管理评论，37(1)：10-22.

邵朝对，苏丹妮，李坤望，2020. 服务业开放与企业出口国内附加值率：理论和中国证据 [J]. 世界经济，43(8)：123-147.

宋怡茹，喻春娇，白旻，2021. 中国高技术产业如何参与全球价值链重构？[J]. 科学学研究，39(9)：1564-1573，1603.

苏杭，郑磊，牟逸飞，2017. 要素禀赋与中国制造业产业升级：基于 WIOD 和中国工业企业数据库的分析 [J]. 管理世界(4)：70-79.

苏向坤，2017."中国制造 2025"背景下老工业基地制造业转型升级的路径选择 [J]. 经济纵横(11)：78-83.

孙天阳，肖皓，孟渤，等，2018. 制造业全球价值链网络的拓扑特征及影响因素：基于 WWZ 方法和社会网络的研究 [J]. 管理评论(9)：49-60.

谭人友，葛顺奇，刘晨，2015. 全球价值链分工与世界经济失衡：兼论经济失衡的持续性与世界经济再平衡路径选择 [J]. 世界经济研究，34(2)：32-42，127.

唐国锋，李丹，2022. 工业互联网背景下制造业服务化模式创新影响因素及驱动机理：基于扎根理论的多案例研究 [J]. 科技管理研究，42(1)：123-130.

王成东，蔡渊渊，2020. 全球价值链下产业研发三阶段效率研究：以中国装备制造业为例[J]. 中国软科学(3)：46-56.

王成东，李安琦，蔡渊渊，2022. 产业融合与产业全球价值链位势攀升：基于中国高端装备制造业与生产性服务业融合的实证研究[J]. 软科学，36(5)：9-14.

王璐，高鹏，2010. 扎根理论及其在管理学研究中的应用问题探讨[J]. 外国经济与管理，32(12)：10-18.

王满四，周翔，张延平，2018. 从产品导向到服务导向：传统制造企业的战略更新：基于大疆创新科技有限公司的案例研究[J]. 中国软科学，33(11)：107-121.

王命宇，赵益维，姚树俊，等，2013. 装备制造企业的服务化过程及其对价值链的影响机理研究[J]. 工业技术经济，32(6)：86-90.

王青，李佳馨，郭辰，2019. 生产性服务业对装备制造业子行业效率的影响：基于东北地区的实证研究[J]. 工业技术经济，38(5)：71-78.

王绍媛，张涵嵋，罗婷，2019. 生产性服务业投入对中国服务业全球价值链长度的影响[J]. 宏观经济研究(3)：80-96.

王文倩，张羽，2022. 金融结构、产业结构升级和经济增长：基于不同特征的技术进步视角[J]. 经济学家(2)：118-128.

王小波，李婧雯，2016. 中国制造业服务化水平及影响因素分析[J]. 湘潭大学学报(哲学社会科学版)，40(5)：53-60.

王一鸣，2020. 百年大变局、高质量发展与构建新发展格局[J]. 管理世界，36(12)：1-13.

王英，陈佳茜，2018. 中国装备制造业及细分行业的全球价值链地位测度[J]. 产经评论，9(1)：118-131.

王直，魏尚进，祝坤福，2015. 总贸易核算法：官方贸易统计与全球价值链的度量[J]. 中国社会科学(9)：108-127.

魏龙，王磊，2017. 全球价值链体系下中国制造业转型升级分析 [J]. 数量经济技术经济研究(6)：71-85.

魏作磊，王锋波，2021. 制造业产出服务化对企业绩效的作用机制：基于产品市场竞争的视角 [J]. 产经评论，12(1)：115-133.

温馨，周佳子，2020. 一种面向效率的系统多序参量识别方法 [J]. 运筹与管理，29(10)：183-189.

吴迪，徐政，2021. 我国制造业新旧动能顺畅转换的实现路径 [J]. 科学管理研究，39(4)：98-104.

吴云霞，马野驰，2020. 制造业投入服务化对价值链升级的影响：基于参与度和分工地位的双重视角 [J]. 商业研究，63(2)：62-72.

夏后学，谭清美，王斌，2017. 装备制造业高端化的新型产业创新平台研究：智能生产与服务网络视角 [J]. 科研管理，38(12)：1-10.

肖挺，2019. 制造企业服务化商业模式与产品创新投入的协同效应检验："服务化悖论"的一种解释 [J]. 管理评论，31(7)：274-285.

肖挺，刘华，叶芃，2014. 制造业企业服务创新的影响因素研究 [J]. 管理学报，11(4)：591-598.

许和连，成丽红，孙天阳，2017. 制造业投入服务化对企业出口国内增加值的提升效应：基于中国制造业微观企业的经验研究 [J]. 中国工业经济，35(10)：62-80.

薛纯，杨瑾，2019. 信息化驱动装备制造业转型升级机理研究 [J]. 西安财经学院学报，32(5)：120-127.

杨蕙馨，高新焱，2019. 中国制造业融入垂直专业化分工全球价值链研究述评 [J]. 经济与管理评论，35(1)：34-44.

杨瑾，解若琳，2020. 颠覆式创新驱动装备制造业转型升级的关键影响因素及路径 [J]. 中国科技论坛(11)：74-82，109.

杨连星，车彦丞，2021. 跨国并购如何影响制造业全球价值链升级？[J]. 国际商务研究，42(5)：82-98.

余东华，水冰，2017.信息技术驱动下的价值链嵌入与制造业转型升级研究 [J].财贸研究，28(8)：53-62.

余海燕，沈桂龙，2020.对外直接投资对母国全球价值链地位影响的实证研究 [J].世界经济研究，39(3)：107-120，137.

喻胜华，李丹，祝树金，2020.生产性服务业集聚促进制造业价值链攀升了吗?：基于 277 个城市微观企业的经验研究 [J].国际贸易问题(5)：57-71.

张建清，陈果，单航，2020.进口贸易、价值链嵌入与制造业生产率进步 [J].科学学研究，38(10)：1768-1781.

张丽，廖赛男，刘玉海，2021.服务业对外开放与中国制造业全球价值链升级 [J].国际贸易问题(4)：127-142.

张其仔，许明，2020.中国参与全球价值链与创新链、产业链的协同升级 [J].改革(6)：58-70.

张衔，范静媛，2020.中美贸易差额与贸易利益分析：产品内分工与贸易视角 [J].经济纵横(8)：24-32，2.

张旭梅，官子力，范乔凌，等，2017.考虑网络外部性的电信业产品服务供应链定价与协调策略 [J].管理学报，14(2)：270-276.

张旭梅，吴黛诗，江小玲，等，2021.动态匹配视角下装备制造企业产品服务价值链构建路径：基于振华重工 1992—2019 年的纵向案例研究 [J].软科学，35(4)：76-82.

张月月，俞荣建，陈力田，2020.国内国际价值环流嵌入视角下中国装备制造业的升级思路 [J].经济学家(10)：107-116.

赵桐，宋之杰，2018.中国装备制造业的双重价值链分工：基于区域总产出增加值完全分解模型 [J].国际贸易问题，44(11)：74-89.

赵艳萍，潘蓉蓉，罗建强，等，2021.产业环境视角下中国制造业服务化与企业绩效关系研究 [J].软科学，35(3)：8-14.

赵振波，岳玮，2019.进出口贸易、产业结构与消费结构的相关关系：基于
　　VAR 模型的实证 [J].商业经济研究(7)：113-116.

郑国姣，常冉，2019.中国装备制造业服务化与绿色全要素生产率研究：基
　　于新型国际分工下的 GVC 视角 [J].技术经济与管理研究(10)：3-8.

周大鹏，2013.制造业服务化对产业转型升级的影响 [J].世界经济研究
　　(9)：17-22.

周念利，包雅楠，2021.数字服务贸易限制性措施对制造业服务化水平的影
　　响测度：基于 OECD 发布 DSTRI 的经验研究 [J].世界经济研究，40
　　(6)：32-45,135-136.

周维富，2018.我国实体经济发展的结构性困境及转型升级对策 [J].经济
　　纵横(3)：52-57.

朱兰，王勇，2022.要素禀赋如何影响企业转型升级模式?:基于制造业与服
　　务业企业的差异分析 [J].当代经济科学，44(1)：55-66.

祝树金，罗彦，段文静，2021.服务型制造、加成率分布与资源配置效率 [J].
　　中国工业经济，39(4)：62-80.

ANDREW W，2006. Product-service systems in the automotive industry：
　　the case of microfactory retailing [J]. Journal of cleaner production，14
　　(2)：172-184.

ANDY，NEELY，2009. Exploring the financial consequences of the serviti-
　　zation of manufacturing [J]. Operations management research，1(2)：
　　103-118.

AVH，BOFB，CGP，et al.，2017. Servitization，digitization and supply
　　chain interdependency [J]. Industrial marketing management (60)：69-81.

BAINES T S，LIGHEFOOT H W，BENEDETTTINI O，2008. The ser-
　　vitization of manufacturing：a review of literature and reflection on future
　　challenges [J]. Journal of manufacturing technology management，20

(5): 547-567.

BOLLEN K A, 2014. A new incremental fit index for general structural e-quation models [J]. Sociological methods & research, 17(3):303-316.

BURT R S, 1992. Structural holes: the social structure of competition[M]. Cambridge: Harvard University Press.

CATALOGUE O, 2001. Fragmentation: new production patterns in the world economy [J]. OUP catalogue, 92(17): 171801.

CEREN, ALTUNTAS, VURAL, 2017. Service-dominant logic and supply chain management: a systematic literature review [J]. Journal of business & industrial marketing, 32(8):1109-1124.

COOK M B, BHAMRA T A, LEMON M, 2006. The transfer and applica-tion of product service system: from academia to UK manufacturing firms [J]. Journal of cleaner production, 14(17): 1455-1465.

CROZET M, MILET E, 2017. Should everybody be in services? The effect of servitization on manufacturing firm performance [J]. Journal of eco-nomics & management strategy, 26(4): 820-841.

DONG S S, QI L Q, 2020. Model analysis and simulation of equipment-manufacturing value chain integration process [J]. Complexity, 11:1-10.

DONG S S, QI L Q, LI J Q, 2022. Evaluation of the implementation effect of China's industrial sector supply-side reform: from the perspective of energy and environmental efficiency [J]. Energies, 15(9): 3147.

DONG S S, SUN Y L, 2020. Upgrading path and value chain upgrading strategy of China's marine equipment manufacturing industry [J]. Journal of coastal research, 107(1): 157-160.

DONI F, CORVINO A, MARTINI S B, et al., 2019. Servitization and sus-tain ability actions: evidence from European manufacturing companies

[J]. Journal of environmental management, 234(15): 367-378.

EDWARD D, ALLEN L, JILL K, et al., 1999. Servicizing the chemical supply chain [J]. Journal of industrial ecology, 3(2/3): 19-31.

EDWARD D, REISKIN, et al., 2000. Servicizing the chemical supply chain [J].Journal of industrial ecology, 3(2/3): 19-31.

ELORANTA V, TURUNEN T, 2015. Seeking competitive advantage with service infusion: a systematic literature review [J]. Journal of service management, 26(3): 394-425.

ESTHER A, ANDREAS M, KAREN H, 2015. R&D, international sourcing, and the joint impact on firm performance [J]. The American economist review, 105(12): 3704-3739.

FALK M, PENG F, 2013. The increasing service intensity of European manufacturing [J]. The service industries journal, 33 (15/16): 1686-1706.

FANG E E, PALMATIEER R W, STEENKAMP J, 2008. Effect of service transition strategies on firm value [J]. Journal of marketing, 72(5): 1-14.

FERNANDES A M, KEE H L, WINKLER D, 2021. Determinants of global value chain participation: cross-country evidence [J]. The world bank economic review(30): 163-169.

FREEMAN L, 1979. Centrality in social networks: conceptual clarification [J]. Social networks, 1(3): 215-239.

FRITSCH M, MATTHES J, 2020. On the relevance of global value chains and the intra-European division of labor [J]. National institute economic review, 252: 4-18.

GARCÍA-GARZA M A, AHUETT-GARZA H, LOPEZ M G, et al.,

2019. A case about the upgrade of manufacturing equipment for insertion into an industry 4.0 environment [J]. Sensors, 19(15): 3304-3322.

GEBAUER H, EDVARDSSON B, GUSTAFSSON A, et al., 2010. Match or mismatch: strategy-structure configurations in the service business of manufacturing companies [J]. Journal of service research, 13 (2): 198-215.

GEBAUER H, FLEISCH E, FRIEDLI T, 2005. Overcoming the service paradox in manufacturing companies [J]. European management journal, 23(1): 14-26.

GEREFFI G, 2001. Shifting governance structures in global commodity chains, with special reference to the internet [J]. American behavioral scientist, 44(10): 1616-1637.

GOLDKUHL G, CRONHOLM S, 2010. Adding theoretical grounding to grounded theory: toward multi-grounded theory [J]. International journal of qualitative methods, 9(2): 187-205.

GREEN K, 2010. National innovation systems: a comparative analysis [J]. R & D management, 26(2): 191-192.

HAUSMANN R, HWANG J, RODRIK D, 2007. What you export matters [J]. Journal of economic growth, 12(1): 1-25.

HAVICE E, CAMPLING L, 2017. Where chain governance and environmental governance meet: interfirm strategies in the canned tuna global value chain? [J]. Economic geography, 93(3): 292-313.

HE Z, YANG X, WANG W, et al., 2017. Measuring service quality in telematics service: development and validation of multidimensional TeleServQ scale [J]. Total quality management & business excellence, 28(9/10): 1166-1182.

HOEKMAN B，SHEPHERD B，2015. Services productivity，trade policy and manufacturing exports ［J］. Social science electronic publishing，40 (3)：499-516.

HOGAN J，HOGAN R，BUSCH C M，1984. How to measure service orientation ［J］. Journal of applied psychology，69(1)：167-173.

HUMPHREY J，SCHMITZ H，2002. How does insertion in global value chains affect upgrading in industrial clusters? ［J］. Regional studies，36 (9)：1017-1027.

IVANOVA I，2021. The relation between complexity and synergy in the case of China：different ways of predicting GDP growth in a complex and adaptive system ［J］. Quality & Quantity(2)：1-21.

JOHNSON M，ROEHRICH J，CHAKKOL M，et al.，2021. Reconciling and re-conceptualizing servitization research：drawing on modularity，platforms，ecosystems，risk and governance to develop mid-range theory ［J］. International journal of operations & production management，41 (5)：465-493.

KASTALLI I V，LOOY B V，2013. Servitization：disentangling the impact of service business model innovation on manufacturing firm performance ［J］. Journal of operations management，31(4)：169-180.

KINDSTROEM D，KOWALKSKI C，2009. Development of industrial service offerings：a process framework ［J］. Journal of service management，20(2)：156-172.

KONG Q X，SHEN C R，SUN W，et al.，2020. KIBS import technological complexity and manufacturing value chain upgrading from a financial constraint perspective ［J］. Finance research letters(1)：101843.

KRUGMAN P，ANTHONY V，1995. Golbalization and the inequality of nation [J]. Quarterly journal of economics(12): 19-22.

LAHIRI A, DEWAN R M, FREIMER M, 2014. Pricing of wireless services: service pricing vs. traffic pricing [J]. Information systems research, 24(2): 418-435.

LALL S, WEISS J, ZHANG J K, 2006. The "sophistication" of exports: a new trade measure [J]. World development, 34(2): 222-237.

LIAO H, CHUANG A, 2007. Transforming service employees and climate: a multilevel, multisource examination of transformational leadership in building long-term service relationships [J]. Journal of applied psychology, 92(4): 1006-1025.

LIU J, CHANG H, FORREST Y L, et al., 2020. Influence of artificial intelligence on technological innovation: evidence from the panel data of China's manufacturing sectors [J]. Technological forecasting and social change, 158: 120142.

LODEFALK M, 2014. The role of services for manufacturing firm exports [J]. Review of world economics, 150(1): 59-82.

LU Y Y, 2017. China's electrical equipment manufacturing in the global value chain: a GVC income analysis based on world input-output database (WIOD) [J]. International review of economics & finance, 52(11): 289-301.

MARJANOVIC U, LALIC B, MEDIC N, et al., 2020. Servitization in manufacturing: role of antecedents and firm characteristics [J]. International journal of industrial engineering and management, 11(2): 133-144.

MOON H, 2019. Determinants of GVC integrated solution implementation strategy and export performance in Korean exporting firms [J]. The e-business studies, 20(1): 147-163.

NICKELL S，ARROW K J，KURZ M，1971. Public investment，the rate of return，and optimal fiscal policy. [J]. Economica，38(151)：328.

PANG M S，ETZION H，2012. Research note-analyzing pricing strategies for online services with network effects [J]. Information systems research，23(4)：1364-1377.

PARNELL J A，2008. Strategy execution in emerging economies：assessing strategic diffusion in Mexico and Peru [J]. Management decision，46(9)：1277-1298.

QIN Y C，YAO M F，SHEN L，et al.，2021. Comprehensive evaluation of functional diversity of urban commercial complexes based on dissipative structure theory and synergy theory：a case of SM City Plaza in Xiamen，China [J]. Sustainability，14(1)：1-41.

RADDATS C，EASINGWOOD C，2010. Services growth options for B2B product centric businesses [J]. Industrial marketing management，39(8)：1334-1345.

RAYMOND W，MAIRESSE J，MOHNEN P，et al.，2015. Dynamic models of R&D，innovation and productivity：panel data evidence for Dutch and French manufacturing [J]. European economic review，78(4)：285-306.

REISKIN E D，WHITE A L，JOHNSON J K，et al.，2010. Servicizing the chemical supply chain [J]. Journal of industrial ecology，3(2/3)：19-31.

ROBINSON T，CLARKE-HILL C M，CLARKSON R，2002. Differentiation through service：a perspective from the commodity chemicals sector [J]. Service industries journal，22(3)：149-166.

RYAN P，BUCIUNI G，GIBLIN M，et al.，2020. Subsidiary upgrading and global value chain governance in the multinational enterprise [J]. Global strategy journal，10(3)：496-519.

SAKAO T, SANDSROM G, MATZEN D, 2009. Framing research for service orientation of manufacturers through PSS approaches [J]. Journal of manufacturing technology management, 20(5): 754-778.

SANTOS P M D, CIRILLO M N, 2021. Construction of the average variance extracted index for construct validation in structural equation models with adaptive regressions [J]. Communication in statistics-simulation and computation(12):1-13.

SARA B, ARMANDO C, NATHAN G, et al., 2021. Explaining the servitization paradox: a configurational theory and a performance measurement framework [J]. International journal of operations & production management, 41(5): 517-546.

SEIDEL S, URQUHART C, 2013. On emergence and forcing in information systems grounded theory studies: the case of Strauss and Corbin [J]. Journal of information technology, 28(3): 237-260.

SONG Y, YU C, HAO L, et al., 2021. Path for China's high-tech industry to participate in the reconstruction of global value chains [J]. Technology in society, 65(5): 101486.

SUAREZ F F, CUSUMANO M A, KAHL S J, 2013. Services and the business models of product firms: an empirical analysis of the software industry [J]. Management science, 59(2): 420-435.

SUN J, LEE H, YANG J, 2021. The impact of the COVID-19 pandemic on the global value chain of the manufacturing industry [J]. Sustainability, 13(22): 12370.

THANGAVELU S M, WANG W X, OUM S, 2018. Servicification in global value chains: comparative analysis of selected Asian countries with OECD [J]. Social science electronic publishing, 41(11): 3045-3070.

THOMAS C L, HAYES A R, 2021. Using exploratory structural equation modeling to investigate the construct validity of the critical thinking disposition scale [J]. Journal of psychoeducational assessment, 39 (5): 640-648.

URQUHART C, LEHMANN H, MD MYERS, 2010. Putting the "theory" back into grounded theory: guidelines for grounded theory studies in information systems [J]. Information systems journal, 20(4): 357-381.

VALENCIA A, MUGGE A, SCHOORMANS R, et al., 2015. The design of smart product-service systems(PSSs): an exploration of design characteristics [J]. International journal of design, 9(1): 13-28.

VALTAKOSKI A, 2017. Explaining servitization failure and deservitization: a knowledge-based perspective [J]. Industrial marketing management, 60 (1): 138-150.

VANDERMERWE S, RADA J, 1988. Servitization of business: adding value by adding services [J]. European management journal, 6(4): 314-324.

VISNJIC I, NEELY D, WIENGARTEN F, 2012. Another performance paradox? A refined view on the performance impact of servitization [J]. SSRN electronic journal (7): 211-214.

VON WARTBURG I, TEICHERT T, ROST K, 2005. Inventive progress measured by multi-stage patent citation analysis [J]. Research policy, 34 (10): 1591-1607.

WIESNER S, MARILUNGO E, THOBEN K D, et al., 2017. Cyber-physical product-service systems:challenges for requirements engineering [J]. International journal of automation technology, 11(1): 17-28.

WILKINSON A, BAINES T, LIGHTFOOT H, et al., 2013. Towards an operations strategy for product centric servitization [J]. International journal of operations & production management, 29(5): 494-519.

WU J, WOOD J, HUANG X H, 2021. How does GVC reconstruction affect economic growth and employment? Analysis of USA-China decoupling [J]. Asian-Pacific economic literature, 35(6): 67-81.

XIE J F, 2021. China's manufacturing servitization level and its impact on enterprise performance: model and empirical study [J]. International journal of industrial and systems engineering, 37(4): 477-505.

XIONG L, ZHAO W, SU J, et al., 2020. Advances in the global value chain of the shipping industry [J]. Journal of coastal research, 106(1): 468-472.

YANG Z, XU W, WONG P K, et al., 2015. Modeling of RFID-enabled real-time manufacturing execution system in mixed-model assembly lines [J]. Mathematical problems in engineering(1):1-15.

YAO E, FANG R, DINEEN B R, et al., 2009. Effects of customer feedback level and (in)consistency on new product acceptance in the click-and-mortar context [J]. Journal of business research, 62(12): 1281-1288.

ZGHIDI A B, ZAIEM I, 2017. Service orientation as a strategic marketing tool: the moderating effect of business sector [J]. Competitiveness review, 27(1): 40-61.

ZHANG W, BANERJI S, 2017. Challenges of servitization: a systematic literature review [J]. Industrial marketing management, 65(8):217-227.

ZHANG Y, WANG L W, GAO J, et al., 2019. Servitization and business performance: the moderating effects of environmental uncertainty [J]. Journal of business & industrial marketing, 35(5): 803-815.

ZHENGCHI L, ZHILI Z, TAO M, 2020. Technology empowerment, user scale and the social welfare of sharing economy [J]. China journal of management science，28(1)：222-230.

ZHU B，CHI F，DU L，2021. Spatial interaction between the industrial undertaking capacity and global value chain position of East Asian countries [J]. Chinese geographical science，31(1)：81-92.

附　录

附录 1
基于服务化的装备制造业全球价值链升级
影响因素研究调查访谈提纲

始终围绕以下五个方面展开：

(1) 服务化战略是否在装备制造业全球价值链升级中发挥了作用？

(2) 服务化是如何在装备制造业全球价值链升级中发挥作用的？

(3) 服务化在装备制造业全球价值链升级中的动力和阻力是什么？

(4) 为实施服务化战略企业做了哪些改变？

(5) 哪些因素对基于服务化的装备制造业全球价值链升级产生了影响？

附录2
基于服务化的装备制造业全球价值链升级
影响因素研究调查问卷

尊敬的先生/女士：您好！

装备制造业作为我国经济发展的基石，正面临着前所未有的机会和挑战，服务化战略转型是我国装备制造业实现全球价值链上的升级的有效途径。为了了解装备制造业实施服务化战略对于其在全球价值链升级的作用情况，挖掘和探析基于服务化的装备制造业全球价值链升级的关键因素和作用关系，我们设计了此次问卷调查，希望得到您的支持。填写这份问卷会占用您五分钟左右的时间，请在以下每个描述后的几个选项中，选择最符合您在实践中实际情况的选项。

非常感谢您的参与，您的作答及宝贵意见将对我们的研究工作产生极大的帮助。我们承诺，这份调查问卷不涉及个人因素，调查的内容和结果仅用于研究，不做其他用途，并保证严格保密，请您放心作答。再次感谢您的配合，祝您工作愉快！

第一部分：基本情况

1.您的性别：（　　）

A.男　　　　　　　　B.女

2.您从事当下工作的年限为：（　　）

A.5年以下　　　B.5～10年　　　C.10～15年　　　D.15年以上

3.您的学历：（　　）

A.大专以下　　　B.大专　　　C.本科　　　D.本科以上

4.您的年收入：（　　　）

A.3万元以下　　B.3万～6万元　C.6万～10万元　D.10万元以上

5.您所从事的单位类别属于：（　　　）

A.服务化转型的装备制造业（提供产品包，即除生产外，还提供围绕产
品的其他增值服务，如研发、设计、营销、售后等）

B.生产性服务业（为装备制造业提供生产性服务的企业，如金融部门、
研发部门等）

C.相关政策制定部门（包括国家、地方和行业）

第二部分：基于服务化的装备制造业全球价值链升级驱动因素调查

对于基于服务化的装备制造业全球价值链升级中起到驱动作用的因素
来说，在以下方面，程度从弱到强，如果您认为程度最弱，请勾选"1"，认为程
度最强，请勾选"5"，请选择最能代表您感受的数字。您的答案没有对错之
分，我们只是希望通过您对基于服务化的装备制造业全球价值链升级的驱
动现状来了解服务化转型中驱动因素的重要程度。

题　项	5级量表评价				
A_1 附加值增值驱动情况	1	2	3	4	5
A_{11} 目前劳动力成本上涨程度	1	2	3	4	5
A_{12} 产品增值能力提高的需求度	1	2	3	4	5
A_{13} 制造加工环节占附加值增值比重	1	2	3	4	5
A_{14} 研发、设计、物流、售后等服务环节占产品附加值比重	1	2	3	4	5
A_{15} 企业价值与用户价值的相关程度	1	2	3	4	5
A_2 服务化产业政策驱动情况	1	2	3	4	5
A_{21} 服务化产业政策在税务方面的支持情况	1	2	3	4	5
A_{22} 服务化产业政策在金融方面的支持情况	1	2	3	4	5
A_{23} 服务化产业政策地域性引导程度	1	2	3	4	5
A_{24} 服务化补贴政策执行的进展情况	1	2	3	4	5

续表

题　项	5级量表评价				
A₂₅ 服务化产业政策对推动相关产业发展的情况	1	2	3	4	5
A₃ 产业链需求驱动情况	1	2	3	4	5
A₃₁ 现有用户中忠诚用户的比例情况	1	2	3	4	5
A₃₂ 需求用户对产品的偏好程度	1	2	3	4	5
A₃₃ 与上下游产业的技术关联性（如市场对某项产品有新需求，会通过技术链条传导到上下游产业，推动渐进式创新和突破式创新）	1	2	3	4	5
A₃₄ 用户关系管理程度（如综合客户支持中心、服务网站、客户满意度计划等）	1	2	3	4	5
A₃₅ 主机企业与配件企业的共生状态	1	2	3	4	5
A₄ 市场竞争驱动情况	1	2	3	4	5
A₄₁ 行业市场饱和程度	1	2	3	4	5
A₄₂ 竞争者对产品模仿难易程度	1	2	3	4	5
A₄₃ 行业低价销售的情况	1	2	3	4	5
A₄₄ 产品的潜在需求情况（如基础设施建设、城镇化建设对产品的潜在需求等）	1	2	3	4	5
A₄₅ 所属企业在行业内的垄断程度	1	2	3	4	5
A₄₆ 所属企业在国际竞争市场中的位置	1	2	3	4	5
A₅ 领导者决策能力情况	1	2	3	4	5
A₅₁ 领导者基于产品相关知识的掌握程度	1	2	3	4	5
A₅₂ 领导者对"服务化"战略转型的理解程度	1	2	3	4	5
A₅₃ 领导者的创新思维情况	1	2	3	4	5
A₅₄ 领导者专门设置服务化部门	1	2	3	4	5
A₆ 资本支撑水平情况	1	2	3	4	5
A₆₁ 国有化程度	1	2	3	4	5
A₆₂ 稳定持续的融资渠道	1	2	3	4	5
A₆₃ 固定资产占总资产比例	1	2	3	4	5
A₆₄ 持续盈利能力	1	2	3	4	5

第三部分:基于服务化的装备制造业全球价值链升级匹配因素调查

对于基于服务化的装备制造业全球价值链升级中起到匹配作用的因素来说,在以下方面,程度从弱到强,如果您认为程度最弱,请勾选"1",认为程度最强,请勾选"5",请选择最能代表您感受的数字。您的答案没有对错之分,我们只是希望通过您对基于服务化的装备制造业全球价值链升级的匹配现状来了解服务化转型中匹配因素的重要程度。

题　项	5级量表评价				
B_1 战略定位情况	1	2	3	4	5
B_{11} 对"客户是创造价值的合作者"的践行程度	1	2	3	4	5
B_{12} "服务主导逻辑"在各事业部、各部门的渗透情况(服务主导逻辑指客户是创造价值的合作者和参与者)	1	2	3	4	5
B_2 服务要素价值环节选择情况	1	2	3	4	5
B_{21} 现有围绕产品的服务对产品销量的支持程度	1	2	3	4	5
B_{22} 选择围绕产品拓展服务时的依据进行论证深度和广度	1	2	3	4	5
B_{23} 提供服务或功能对产品市场开拓程度	1	2	3	4	5
B_{24} 围绕产品的生产性服务业发展水平	1	2	3	4	5
B_3 业务流程设计情况	1	2	3	4	5
B_{31} 服务化合作模式多元化	1	2	3	4	5
B_{32} 业务流程与服务化转型的适应程度	1	2	3	4	5
B_{33} 服务化转型中管理机制调整的幅度	1	2	3	4	5
B_{34} 商业模式布局支撑服务化转型的情况	1	2	3	4	5
B_4 组织结构情况	1	2	3	4	5
B_{41} 组织间匹配程度	1	2	3	4	5
B_{42} 组织灵活多变,有机性程度	1	2	3	4	5
B_{43} 服务绩效考评完善程度	1	2	3	4	5
B_{44} 各职能业务的分散程度(如重大技术装备规划制定、创新研发、产品推广与应用、扶持资金等职能)	1	2	3	4	5

续表

题　项	5 级量表评价				
B_{45} 服务运营管理水平（包括服务运营流程、服务运营绩效、服务运营质量等）	1	2	3	4	5
B_5 人力资源水平情况	1	2	3	4	5
B_{51} 硕士以上学历从业比例	1	2	3	4	5
B_{52} 有三年以上服务化转型经验的从业人员	1	2	3	4	5
B_{53} 专门的科研团队比重	1	2	3	4	5
B_{54} 科研人员占整体从业人员比例	1	2	3	4	5

第四部分：基于服务化的装备制造业全球价值链升级调节因素调查

对于基于服务化的装备制造业全球价值链升级中起到调节作用的因素来说，在以下方面，程度从弱到强，如果您认为程度最弱，请勾选"1"，认为程度最强，请勾选"5"，请选择最能代表您感受的数字。您的答案没有对错之分，我们只是希望通过您对基于服务化的装备制造业全球价值链升级的调节因素现状来了解服务化转型中调节因素的重要程度。

题　项	5 级量表评价				
C_1 资源匹配情况	1	2	3	4	5
C_{11} 内置服务发展水平	1	2	3	4	5
C_{12} 业务流程优化程度	1	2	3	4	5
C_{13} 管理文化对服务化转型的影响程度	1	2	3	4	5
C_{14} 各职能业务的分散程度（如重大技术装备规划制定、创新研发、产品推广与应用、扶持资金等职能）	1	2	3	4	5
C_{15} 服务运营管理水平（包括服务运营流程、服务运营绩效、服务运营质量等）	1	2	3	4	5
C_2 利益分配情况	1	2	3	4	5
C_{21} 差异化的产品创造价值水平	1	2	3	4	5
C_{22} 创造的共同价值在服务化转型参与主体间的分配合理性	1	2	3	4	5
C_{23} 服务业务收入占销售收入比例	1	2	3	4	5

题　项	5级量表评价				
C_{24}服务业务利润与服务业务投入成本的比重	1	2	3	4	5
C_3 风险情况	1	2	3	4	5
C_{31}服务化转型备件需求的不确定程度	1	2	3	4	5
C_{32}产业政策变化影响成本和价格的程度	1	2	3	4	5
C_{33}由于技术问题导致的功能不匹配程度	1	2	3	4	5
C_{34}市场恶性竞争程度	1	2	3	4	5

第五部分:基于服务化的装备制造业全球价值链升级控制和保障因素调查

对于基于服务化的装备制造业全球价值链升级中起到控制和保障作用的因素来说,在以下方面,程度从弱到强,如果您认为程度最弱,请勾选"1",认为程度最强,请勾选"5",请选择最能代表您感受的数字。您的答案没有对错之分,我们只是希望通过您对基于服务化的装备制造业全球价值链升级过程中控制和反馈作用来了解服务化转型中控制和反馈因素的重要程度。

题　项	5级量表评价				
D_1 升级评价水平	1	2	3	4	5
D_{11}高端服务需求程度(如研发、设计、售后等技术要求高的服务)	1	2	3	4	5
D_{12}服务与产品匹配情况	1	2	3	4	5
D_{13}生产性服务要素市场开放程度	1	2	3	4	5
D_2 过程控制	1	2	3	4	5
D_{21}企业内控水平	1	2	3	4	5
D_{22}服务流程合理性	1	2	3	4	5
D_{23}服务化实施路径的合理性	1	2	3	4	5
D_{24}服务化保障体系健全情况	1	2	3	4	5

续表

题　项	5 级量表评价				
D₃ 保障策略	1	2	3	4	5
D₃₁ 制度保障策略	1	2	3	4	5
D₃₂ 资源保障策略	1	2	3	4	5
D₃₃ 文化保障策略	1	2	3	4	5

您对基于服务化的装备制造业全球价值链升级的其他影响因素还有哪些见解？

附录3
装备制造业面向服务的组织目标体系指标研究
调查问卷

尊敬的先生/女士:您好!

　　装备制造业作为我国经济发展的基石,正面临着前所未有的机会和挑战,服务化战略转型是我国装备制造业实现全球价值链升级的有效途径。为了了解装备制造业实施服务化战略过程中,面向服务的组织目标对其在全球价值链升级的作用情况,我们设计了此次问卷调查,希望得到您的支持。填写这份问卷会占用您五分钟左右的时间,请在以下每个描述后的几个选项中,选择最符合您在实践中实际情况的选项。

　　非常感谢您的参与,您的作答及宝贵意见将对我们的研究工作产生极大的帮助。我们承诺,这份调查问卷不涉及个人因素,调查的内容和结果仅用于研究,不做其他用途,并保证严格保密,请您放心作答。再次感谢您的配合,祝您工作愉快!

第一部分:基本情况

1.您的性别:(　　　)

A.男　　　　　　　B.女

2.您从事当下工作的年限为:(　　　　)

A.5 年以下　　　B.5～10 年　　　C.10～15 年　　　D.15 年以上

3.您的学历:(　　　)

A.大专以下　　　B.大专　　　　　C.本科　　　　　　D.本科以上

4.您的年收入:(　　　)

A.3万元以下　　B.3万～6万元　　C.6万～10万元　　D.10万元以上

5.您所从事的单位类别属于：(　　　)

A.服务化转型的装备制造业(提供产品包,即除生产外,还提供围绕产品的其他增值服务,如研发、设计、营销、售后等)

B.生产性服务业(为装备制造业提供生产性服务的企业,如金融部门、研发部门等)

C.相关政策制定部门(包括国家、地方和行业)

第二部分:问卷填写

以下题项中从1至5分别代表您对该题项阐述内容的同意程度。在以下方面,程度从弱到强,如果您认为程度最弱,请勾选"1",认为程度最强,请勾选"5",请选择最能代表您感受的数字。

题　项	5级量表评价				
面向服务的组织目标应考虑净利润指标	1	2	3	4	5
面向服务的组织目标应考虑营业收入增长率	1	2	3	4	5
面向服务的组织目标应考虑经营产生净现金流量	1	2	3	4	5
面向服务的组织目标应考虑市场份额	1	2	3	4	5
面向服务的组织目标应考虑服务化技术创新	1	2	3	4	5
面向服务的组织目标应考虑服务化制度创新	1	2	3	4	5
面向服务的组织目标应考虑服务化文化创新	1	2	3	4	5
面向服务的组织目标应考虑装备制造业效用	1	2	3	4	5
面向服务的组织目标应考虑生产性服务业效用	1	2	3	4	5
面向服务的组织目标应考虑员工效用	1	2	3	4	5
面向服务的组织目标应考虑组织效用	1	2	3	4	5
面向服务的组织目标应考虑服务化价值分配	1	2	3	4	5
面向服务的组织目标应考虑服务化地位	1	2	3	4	5
面向服务的组织目标应考虑规制性	1	2	3	4	5
面向服务的组织目标应考虑规范性	1	2	3	4	5
面向服务的组织目标应考虑认知性	1	2	3	4	5

调查结束,感谢您的支持!

附录 4
实现升级组织社会网络结构洞

		Q_1	Q_1	Q_3	Q_4	Q_5	Q_6	Q_7	Q_8	Q_9	Q_{10}
装备制造业	Q_1	0.02	0.02	0.01	0.02	0.02	0.02	0.01	0	0.01	0.01
	Q_2	0.02	0.02	0.02	0.02	0.02	0.02	0.01	0.01	0.01	0.01
	Q_3	0.01	0.02	0.02	0.02	0.02	0.01	0.02	0.01	0.01	0.01
	Q_4	0.02	0.02	0.02	0.02	0.02	0.02	0.01	0.01	0.01	0.01
	Q_5	0.02	0.02	0.02	0.02	0.02	0.02	0.01	0.01	0.01	0.01
	Q_6	0.02	0.02	0.02	0.02	0.02	0.02	0.01	0.01	0.00	0.01
	Q_7	0.01	0.02	0.02	0.02	0.02	0.02	0.02	0.01	0.00	0.01
生产性服务业	Q_8	0.02	0.04	0.03	0.03	0.04	0.02	0.02	0.03	0.00	0.00
	Q_9	0.05	0.05	0.05	0.05	0.05	0.02	0.02	0.00	0.04	0.00
	Q_{10}	0.04	0.04	0.04	0.04	0.04	0.04	0.04	0.00	0.00	0.04
	Q_{11}	0.04	0.03	0.02	0.02	0.05	0.04	0.04	0.00	0.00	0.00
	Q_{12}	0.04	0.03	0.02	0.05	0.02	0.00	0.00	0.00	0.00	0.00
	Q_{13}	0.03	0.04	0.04	0.04	0.04	0.03	0.03	0.00	0.00	0.00
	Q_{14}	0.03	0.08	0.03	0.03	0.04	0.03	0.03	0.00	0.00	0.00
	Q_{15}	0.03	0.04	0.08	0.08	0.04	0.04	0.03	0.00	0.00	0.00
	Q_{16}	0.05	0.12	0.05	0.00	0.06	0.11	0.05	0.00	0.00	0.00
	Q_{17}	0.05	0.06	0.06	0.06	0.06	0.06	0.03	0.00	0.00	0.00
其他行动者	Q_{18}	0.04	0.04	0.04	0.00	0.05	0.04	0.02	0.03	0.00	0.00
	Q_{19}	0.03	0.03	0.03	0.03	0.03	0.01	0.03	0.02	0.01	0.01
	Q_{20}	0.03	0.03	0.03	0.03	0.03	0.03	0.01	0.02	0.01	0.01
	Q_{21}	0.05	0.04	0.03	0.04	0.04	0.03	0.03	0.03	0.00	0.00

续表

		Q_{11}	Q_{12}	Q_{13}	Q_{14}	Q_{15}	Q_{16}	Q_{17}	Q_{18}	Q_{19}	Q_{20}	Q_{21}
装备制造业	Q_1	0.01	0.01	0.00	0.00	0.00	0.00	0.01	0.01	0.01	0.01	0.00
	Q_2	0.00	0.00	0.00	0.01	0.00	0.00	0.01	0.01	0.01	0.01	0.00
	Q_3	0.00	0.00	0.00	0.00	0.01	0.00	0.01	0.01	0.01	0.01	0.00
	Q_4	0.00	0.00	0.00	0.00	0.01	0.00	0.01	0.00	0.01	0.01	0.00
	Q_5	0.01	0.01	0.00	0.00	0.00	0.00	0.00	0.01	0.01	0.01	0.00
	Q_6	0.01	0.00	0.00	0.00	0.00	0.01	0.01	0.01	0.01	0.01	0.00
	Q_7	0.01	0.00	0.00	0.00	0.00	0.00	0.00	0.00	0.01	0.01	0.00
生产性服务业	Q_8	0.00	0.00	0.00	0.00	0.00	0.00	0.00	0.02	0.02	0.02	0.01
	Q_9	0.00	0.00	0.00	0.00	0.00	0.00	0.00	0.00	0.02	0.02	0.00
	Q_{10}	0.00	0.00	0.00	0.00	0.00	0.00	0.00	0.00	0.00	0.03	0.02
	Q_{11}	0.04	0.00	0.00	0.00	0.00	0.00	0.00	0.02	0.03	0.02	0.00
	Q_{12}	0.00	0.04	0.00	0.00	0.00	0.00	0.00	0.03	0.03	0.03	0.00
	Q_{13}	0.00	0.00	0.05	0.00	0.00	0.00	0.00	0.00	0.03	0.03	0.00
	Q_{14}	0.00	0.00	0.00	0.05	0.00	0.00	0.00	0.00	0.00	0.03	0.02
	Q_{15}	0.00	0.00	0.00	0.00	0.06	0.00	0.00	0.00	0.00	0.02	0.00
	Q_{16}	0.00	0.00	0.00	0.00	0.00	0.09	0.00	0.00	0.00	0.00	0.00
	Q_{17}	0.00	0.00	0.00	0.00	0.00	0.00	0.06	0.00	0.00	0.00	0.00
其他行动者	Q_{18}	0.01	0.03	0.00	0.00	0.00	0.00	0.00	0.00	0.05	0.00	0.00
	Q_{19}	0.01	0.01	0.00	0.00	0.00	0.00	0.00	0.00	0.03	0.00	0.00
	Q_{20}	0.01	0.01	0.00	0.00	0.00	0.00	0.00	0.00	0.00	0.03	0.00
	Q_{21}	0.00	0.00	0.00	0.02	0.00	0.00	0.00	0.00	0.00	0.00	0.05

		EffSize	Efficie	Constra	Hierarc
装备制造业	Q_1	10.178	0.485	0.198	0.076
	Q_2	10.016	0.477	0.197	0.076
	Q_3	10.079	0.480	0.199	0.078
	Q_4	8.145	0.429	0.216	0.069
	Q_5	9.865	0.470	0.199	0.076
	Q_6	9.970	0.475	0.200	0.082
	Q_7	9.703	0.462	0.205	0.089

		EffSize	Efficie	Constra	Hierarc
生产性服务业	Q_8	3.230	0.269	0.312	0.025
	Q_9	1.969	0.197	0.375	0.028
	Q_{10}	1.818	0.182	0.364	0.010
	Q_{11}	2.705	0.246	0.344	0.030
	Q_{12}	2.853	0.259	0.338	0.021
	Q_{13}	2.909	0.291	0.370	0.006
	Q_{14}	2.979	0.298	0.377	0.031
	Q_{15}	2.272	0.252	0.419	0.043
	Q_{16}	1.950	0.279	0.516	0.040
	Q_{17}	1.500	0.187	0.444	0.012
其他行动者	Q_{18}	2.806	0.281	0.365	0.023
	Q_{19}	4.385	0.313	0.276	0.042
	Q_{20}	5.913	0.370	0.259	0.077
	Q_{21}	3.380	0.338	0.370	0.013

后　记

星霜荏苒,居诸不息。落笔于此,我的读书生涯即将接近尾声。读书的六年里,寒来暑往,见证了我从而立走向不惑。

教诲如春风,师恩似海深。衷心感谢我的导师綦良群教授在六年学习生涯中给予我的帮助和指导,教育我青衿之志、履践致远,让我对科学研究有了更深一步的认识和理解。綦老师学识渊博、治学严谨,无论在学习中、工作中,还是在生活中,都给予我莫大的指导、帮助和关怀。同时,也要感谢我的师母王晓东老师,常常带自制美食来实验室,为我们单调的科研生活带来很多乐趣。尤其是新冠肺炎疫情防控期间,在哈尔滨疫情反复多次的情况下,綦老师和师母利用一切条件指导我的论文,是我如父如母般的坚强后盾。

同时,感谢哈尔滨理工大学提供了宽松的学习氛围和优质的学习资源,感谢经济与管理学院让我们有幸认识众多睿智的教授和优秀的同学。在此求学期间,多次得到多位老师的指点,在此向哈尔滨理工大学王宏起教授、高长元教授、陈东彦教授、王宇奇教授、马晶梅教授、王莉静教授表示感谢,感谢各位老师在论文开题、中期检查及答辩过程中给予的大量指导和帮助,我所收获的不仅仅是愈加丰厚的知识,更重要的是在实践中所培养的思维方式、表达能力和做人做事的方式。师恩难忘,醍醐灌顶,铭记于心。

同时,感谢1235实验室的全体成员。感谢王成东、蔡渊渊、张昊、李庆雪、徐莹莹、周凌玥、王琛、高文鞠等老师,吴佳莹、于金闯、刘晶磊、王曦研、王金石、宋雨萌等博士同学,尤其是我的同届同学张靖思,与我风雨相伴,相互督促,共同进步。何其有幸,年岁并进,祝大家日积跬步、终至千里!

最后,还要感谢我的父母、丈夫、儿子和其他亲友,感谢你们一直以来的支持,为我撑起一方自由的空间,希望时间能对你们温柔相待,让我能够弥补多年因求学而未尽的陪伴。

山水一程,感恩相遇,我们后会有期!